STEIDL

Roy Gutman, geboren 1944, war Korrespondent der Nachrichtenagentur Reuter in Bonn, Wien, Belgrad, London und Washington. Seit 1982 arbeitet er für Newsday und ist seit 1990 Europa-Korrespondent. Für seine Reportagen über Bosnien wurde er 1993 mit dem Pulitzer Preis ausgezeichnet.

Andree Kaiser wurde 1964 in Ost-Berlin geboren. Ausbildung zum Fotografen. 1986 Übersiedlung nach West-Berlin. Kaiser arbeitet als freier Fotograf, unter anderem für die Nachrichtenagentur Reuter. Veröffentlichungen in Newsday, Newsweek, STERN und SPIEGEL. Zusammenarbeit mit Roy Gutman seit 1990.

Boris Geilert wurde 1967 in Hamburg geboren. Nach Auslandsaufenthalten in Peru und Südafrika übersiedelte er 1987 nach Berlin. Dort machte er eine Ausbildung zum Fotografen. Seit 1991 arbeitet er als freier Fotograf.

ROY GUTMAN

Augenzeuge des Völkermords

Reportagen aus Bosnien

Mit Fotos von Andree Kaiser und Boris Geilert

Nachwort von Tilman Zülch

Aus dem Englischen von Siegfried Kohlhammer

STEIDL

1. Auflage, Februar 1994
2. Auflage, April 1994

© Steidl Verlag, Göttingen 1994
Umschlag: Klaus Detjen
unter Verwendung eines Fotos von Boris Geilert (G.A.F.F.)
Alle deutschen Rechte vorbehalten
Satz, Scanlithos, Druck, Bindung:
Steidl Verlag, Düstere Str. 4, D-37073 Göttingen
Printed in Germany
ISBN 3-88243-300-0

Für Betsy und Caroline

Inhalt

Danksagung 11

Anmerkung des Autors 13

Einleitung 23

AUGENZEUGE DES VÖLKERMORDS

Die Jugoslawen »brauchen das Eingreifen
des Westens« 49

Auf dem Weg zur Anerkennung
Die Deutschen führen die EG in der Jugoslawien-Frage 53

Anerkennung durch Europa kann Konflikt
ausweiten 55

Ausbruch von Gewalt in Bosnien nach
Abstimmung für Unabhängigkeit 59

Serbischer Autor zündete das Balkan-Pulverfaß 63

Ethnische Säuberungen:
Jugoslawen versuchen 1800 Muslime nach Ungarn
zu deportieren 69

»Der Fluß hat ihn fortgetragen« 73

Gefangene von Serbiens Krieg
Berichte von Hunger und Folter in einem Lager
in Nordbosnien 77

»Es gibt nichts zu essen, man kann nicht atmen« 83

»Wie Auschwitz«
Serben pferchen Muslime in Güterwagen 85

Muslime berichten von Greueltaten 91

Todeslager
Überlebende berichten von Gefangenschaft und Massenmord
in Bosnien 93

Bericht eines Augenzeugen von Tod und Folter
Sechswöchiges Massaker forderte mindestens
3000 Menschenleben 99

Gulag
Krieg gegen muslimische und kroatische Zivilisten:
Ehemalige Gefangene serbischer Truppen berichten
von Greueltaten 103

Persönlicher Bericht über den Terror 107

Todeslager der Serben
Wie die Wachen ihre Opfer aussuchten 111

Der Schrecken der Vergewaltigungen in Bosnien 115

Die Vergewaltigungen in Bosnien
»Die Welt soll es wissen« 119

Opfer berichten von Schreckensnächten in einem Behelfsbordell 125

Unheiliger Krieg
Serben bedrohen Kultur und Tradition der
bosnischen Muslime 129

Zurück von den Toten
Freigelassene Gefangene berichten über die Einzelheiten
der Massaker 135

Schrecken der Todeslager
Fast überall wurde gemordet 141

Aber wohin?
Zögernde Reaktion auf die größte Flüchtlingskrise
seit dem Zweiten Weltkrieg 153

Listen für die Todeslager
In einer Stadt nach der anderen »verschwand« Bosniens Elite 159

Verrat auf einer Bergstraße
Serbische Soldaten berauben, vergewaltigen und terrorisieren
Tausende fliehender Muslime 169

Völlig neutral
»Wir kommen wahrscheinlich zu spät. Ich glaube, alle kommen
zu spät.« 175

Ein tödlicher Weg
Bewohner eines muslimischen Dorfes trotzen den Serben,
aber nur wenige überleben den Treck 180

Menschen im Niemandsland
Hunderte Zivilisten leiden in der Vorhölle eines
serbischen Lagers 187

Dorfbewohner helfen Lagerhäftlingen 191

»Eine nach der anderen«
Die Qual der vergewaltigten und geschlagenen Frauen
in einem bosnischen Lager 193

Auf der Stelle treten:
Die Untersuchungen der UN-Kommission für Kriegsverbrechen über die Todeslager in Bosnien sind
steckengeblieben 199

Drei, die Vergewaltigung und Mord planten
Engerer Kreis der politischen Führer errichtete
Vergewaltigungslager in muslimischer Stadt 207

Ein tägliches Ritual sexueller Mißhandlung 215

**Serben finanzieren Vorträge
von Ex-UN-Befehlshaber** 219

Ausschreitungen in Bosnien
Ex-Häftlinge beschuldigen UN-Truppen der sexuellen Gewalt
an inhaftierten Frauen 225

Dem Tod trotzen
In Mostar liegt jedes Haus an der Front 235

Kroatisch-muslimischer Konflikt
Krieg im Krieg 239

Epilog 245

Nachwort
Tilman Zülch 253

Danksagung

Ereignisse wie die hier beschriebenen treiben Reporter an, aber ich hätte mein Engagement nicht ohne kontinuierliche Unterstützung bewahren können. Meine Frau Betsy und meine Tochter Caroline unterstützten mich vorbehaltlos trotz meiner langen Abwesenheit und den verpaßten Ferien. Die Herausgeber von *Newsday* und *New York Newsday,* Tony Marro, Les Payne, Howard Schneider, Bob Brandt, Don Forst, Jim Toedtman und Jim Dooley ließen mich meinem Reporter-Instinkt folgen und setzten das Ansehen der Zeitung für die daraus resultierenden Berichte aufs Spiel. Jeff Sommer, der Auslandsredakteur, hat stets höchste Ansprüche an unseren Beruf gestellt. Unsere Redakteure Leslie Davis und Jack Klein erledigten kompetent und mit freundlicher Gelassenheit alles, womit ich sie überhäufte. Meine Mitarbeiterinnen vor Ort, Seška Stanojlović in Belgrad und Nada Kronja-Stanić in Ljubljana, erwiesen sich als Profis, deren Fähigkeit und Engagement auf jeder Stufe der Berichterstattung unverzichtbar waren. Andree Kaiser ist einzigartig als Fotograf, und sein Mitarbeiter, Boris Geilert, ist ein As. Das bezeugen ihre außergewöhnlichen Bilder.

Die Idee zu diesem Buch entstand bei einem Gespräch mit Simon Wiesenthal, dem berühmten Nazi-Jäger, der sich sein ganzes Leben lang darum bemüht hat, den Völkermord zu dokumentieren und den Opfern Gerechtigkeit zu verschaffen. Er gab mir einen klar formulierten Grund dafür an: »Wir alle brauchen ein Alibi, damit wir sagen können, daß wir nicht geschwiegen haben, daß wir, die Bescheid wußten, alles taten, um die Öffentlichkeit zu informieren.« Seine Mitarbeiterin, Helen Fein vom *Institute for the Study of Genocide* in Cambridge, Massachusetts, wie auch Vanessa Vasic vom angesehenen *Balkan War Report* in London lieferten prompte und ausführliche Dokumentationen. James Gow vom *Kings College,* London, Patrick Moore von *Radio Freies Europa,* Saul Friedman vom *Newsday*-Büro in Washington und Jim Klurfeld, der Redakteur des Kommentarteils, gaben zur rechten Zeit hilfreiche Ratschläge für die Einleitung.

Heidi Ewich, die Leiterin des *Newsday*-Büros in Bonn, arbeitete unermüdlich, um meine Reisen zu organisieren, das Büro zu leiten und mich anzutreiben. Unsere Nachbarn, Chrystel und Albert Luetzen, nahmen sich in meiner Abwesenheit meiner Familie wie ihrer eigenen an.

Meinen Dank muß ich auch den tapferen und aufrichtigen Menschen ausdrücken, die die internationale Hilfsarbeit leisten und sich immer Zeit nahmen, mich zu informieren. Damit sie ihre Arbeit fortführen können, sollen sie hier ungenannt bleiben. Die Berichte dieses Buches verdanke ich den Bosniern aller Volksgruppen, die mir jeden Arbeitsschritt erleichterten – Männern und Frauen, die unbeschreibliches Leid erduldeten und die das Selbstvertrauen wie das Vertrauen aufbrachten, einem ausländischen Reporter zu erzählen, was mit ihnen und ihren Familien geschehen war. Den Überlebenden dieser Heimsuchung wünsche ich, daß ihnen einst Gerechtigkeit widerfahren wird.

Anmerkung des Autors

»Bitte versuchen Sie, hierher zu kommen. Viele Leute werden umgebracht. Man transportiert Muslime in Viehwagen durch Banja Luka. Gestern nacht war es ein Zug mit 25 Viehwagen, vollgepfercht mit Frauen, alten Leuten und Kindern. Sie waren völlig verschreckt. Man konnte ihre Hände durch die Öffnungen sehen. Man hat uns nicht erlaubt, uns zu nähern. Können Sie sich das vorstellen? Wie Juden, die nach Auschwitz geschickt werden. Im Namen der Menschlichkeit, kommen Sie bitte.«

Die Stimme am anderen Ende der Leitung war die eines führenden muslimischen Politikers in Banja Luka, der zweitgrößten Stadt in Bosnien-Herzegowina. Es war der 9. Juli 1992.

Ich war im November 1991 in Banja Luka gewesen, um die politische Lage in der künftigen Hauptstadt von Bosniens sezessionistischer serbischer Minderheit zu erkunden. Bürgermeister Predrag Radić hatte mir eine farbig schraffierte Landkarte gegeben, die einen serbisch kontrollierten Korridor zeigte, der über hauptsächlich von Muslimen und Kroaten bewohntes Territorium in Nordbosnien nach Belgrad führte. Sie zeigte deutlich, daß die bosnischen Serben, unterstützt von ihren Landsleuten in Serbien, einen großangelegten Eroberungskrieg vorbereiteten.

Der Krieg, der im April 1992 begann, war vorhersehbar gewesen. Niemand jedoch hätte sich die Greueltaten gegen muslimische und kroatische Zivilisten vorstellen können, für die die Serben den Euphemismus »ethnische Säuberungen« erfanden. Da sich Reporter nicht frei bewegen konnten, waren die Ereignisse nur dadurch zu rekonstruieren, daß man die Flüchtlinge befragte, die aus Bosnien herausströmten. Ihre Berichte von willkürlichen Hinrichtungen und Massendeportationen waren äußerst beunruhigend, aber was mich am meisten erschreckte, waren die Anzeichen dafür, daß die jugoslawische Armee, die sich in die bosnisch-serbische Armee verwandelt hatte, den Feldzug überwachte. Unterdessen sorgte die Regierung Serbiens, die territoriale Ambitionen gegenüber dem gerade erst unabhängigen Bosnien-Herzegowina hatte, für logistische Unterstützung. Das ließ vermuten, daß nicht nur ein Plan existierte sondern auch die Organisation, ihn im weitesten Umfang durchzuführen. Ich wußte nicht, wie ich die Hintergründe aufdecken und dokumentieren konnte, aber ich nahm an, daß es viele Indizien geben würde.

Niemand hätte überraschter sein können als ich, die Möglichkeit eines Völkermords im früheren Jugoslawien zu untersuchen. Als Korrespondent einer Nachrichtenagentur in Belgrad hatte ich Anfang der siebziger Jahre die Sprache gelernt, das Land und seine Politik kennengelernt und viele Freunde gefunden. Ich hatte mich in Serbien und ganz Jugoslawien wie zu Hause gefühlt. Dieses Land hatte sich so verändert, daß es nicht wiederzuerkennen war. Anfang Juli, bei der Zwischenlandung in Zagreb, der Hauptstadt Kroatiens, auf einem US-Hilfsflug nach Sarajevo, erhielt ich den Hinweis, daß die Serben mit massenhaften »Säuberungen« in Banja Luka begonnen hatten. Das betraf mindestens 90 000 Menschen, ein schrecklicher Gedanke, der mich zu meinen Telefonanrufen veranlaßte.

Anfang Juli öffnete die von den Serben geführte Armee den Kriegskorridor, wie er auf der Landkarte von Bürgermeister Radić verzeichnet war, und wir gehörten zum zweiten Bus-Konvoi nach Banja-Luka. »Wir« waren ein gut aufeinander eingestimmtes, aber außergewöhnliches Team: Seška Stanojlović, eine hervorragende jugoslawische Journalistin und Übersetzerin mit Erfahrungen als Reporterin in Übersee, und Andree Kaiser, ein begabter freischaffender Fotograf aus Deutschland. Die vierzehnstündige Reise führte uns durch Kampfgebiete, vorbei an zerstörten Dörfern und Städten, über Behelfsbrücken der Armee. Bei unserer Ankunft in Banja Luka luden uns die Organisatoren in einer Turnhalle ab und sagten uns, daß wir auf dem Boden schlafen sollten, da bereits Ausgangssperre herrschte.

Die Stadt mit ihren 200 000 Einwohnern war von den Kämpfen nicht in Mitleidenschaft gezogen worden, aber voll von ergrauten Kämpfern jeden Alters mit Maschinenpistolen, Gewehren, Pistolen und Messern, in einem Dutzend verschiedener Uniformen. Aber im zivilen Bereich gab es noch den Anschein von Ordnung. Die »ethnischen Säuberungen« hatten hier noch nicht wirklich begonnen. Ich suchte den Bürgermeister und den Militärsprecher auf, die beide angaben, sie hätten keine Informationen über Deportationen. Muslimische und kroatische Beamte hatten dagegen sorgfältig Buch geführt und Uhrzeiten, Daten und andere Einzelheiten festgehalten. Da ich der erste westliche Reporter auf dem Schauplatz war und danach fragte, bestätigten das Bosnische Rote Kreuz und der Polizeichef mir die Deportationen in

Güterwagen. Polizeichef Stojan Župljanin gab eine saloppe Erklärung für diesen Rückfall in Praktiken des Dritten Reiches: »Keiner der Flüchtlinge hat um ein 1. Klasse-Abteil gebeten.«

Dieser dreitägige Aufenthalt lieferte mir die Hinweise für zwei weitere wichtige Artikel, der eine über den Massenmord in den von Serben geleiteten Konzentrationslagern, der andere über systematische Vergewaltigungen durch die siegreichen Truppen. Muslimische und kroatische Politiker hatten Berichte über Gefangenenlager gesammelt, die die Serben im nördlichen Bosnien errichtet hatten, das berüchtigtste in Omarska, einer Eisenerzgrube im Tagebau nördlich von Banja Luka. »Ich werde Ihnen von den Lebensbedingungen in den Lagern erzählen«, sagte ein muslimischer Beamter. »Die Leute haben das ganze Gras aufgegessen. Jeden Tag sterben in Omarska zwischen zwölf und sechzehn Menschen. In den ersten Tagen bekommen sie überhaupt nichts zu essen. Es gibt keine Besuchsmöglichkeiten. Keine Möglichkeiten, Pakete zu bekommen. Keine ärztliche Hilfe. Zwei Drittel von ihnen leben unter freiem Himmel. Es ist wie eine offene Grube. Wenn es regnet, stehen viele von ihnen bis zu den Knien im Schlamm.« Ich ging direkt zum Armee-Hauptquartier, wo ich etwas Unerwartetes entdeckte.

Die deutlichsten Hinweise darauf, was die Serben taten, lieferte ihre eigene Propaganda.

Im Hauptquartier in Banja Luka saß Major Milovan Milutinović hinter einer Reiseschreibmaschine und produzierte am laufenden Band blutrünstige Schmähschriften. »Unter solch einem heißen balkanischen Himmel«, begann eines der Traktate, »sind Menschenaugen und -ohren zu Halsketten aufgereiht worden, Schädel sind gespalten und Gehirne verspritzt worden, Eingeweide sind herausgerissen worden, menschliche Bratspieße und die Körper von Kindern sind mit Bajonetten durchbohrt worden, sind wieder Teil der Folklore der Feinde des serbischen Volkes geworden.« Das Dokument trug den Titel »Gewaltsame Hände an die serbische Frau lügen«, (»Lying [sic] violents hands on the Serbian Woman« im Original. Dieses wie die anderen Originalzitate Milutinovićs sind ohne Korrekturversuche aus dem Englischen ins Deutsche übersetzt worden. Anm. d. Übers.) und behauptete im wesentlichen, daß Muslime und Kroaten Völkermord an den Serben verübten. Ihm zufolge war dies »der dritte an den Serben begangene Völkermord in diesem Jahrhundert«, die beiden anderen hätten 1914 und 1941 stattgefunden.

Das Traktat beschuldigte die muslimischen Behörden, einen Dschihad oder Heiligen Krieg gegen die Serben zu führen, Gefangenenlager in den von ihnen kontrollierten Städten zu errichten und die Serben dort »ohne Nahrung, Wasser und elementare Verpflegung« zu lassen. Wörtlich genommen gab das keinen Sinn. Ich sah in dieser Propaganda eine verschlüsselte Botschaft an die Armee und die paramilitärischen Banden, die unter lockerer Kontrolle der Armee operierten. Der Schlüsselsatz fehlte: »Es ist Krieg, und wenn sie uns das antun, werden wir ihnen dasselbe antun.« Auf dem Balkan, wo Rache Teil des Ehrenkodexes ist, verstand sich das von selbst. Es bedeutete grünes Licht für Greueltaten.

Im Text ging es weiter: »Auf Befehl der islamischen Fundamentalisten von Sarajevo werden gesunde serbische Frauen im Alter zwischen siebzehn und vierzig ausgesondert und einer Spezialbehandlung unterzogen. Ihren vor vielen Jahren gefaßten krankhaften Plänen zufolge müssen diese Frauen mit orthodoxem islamischem Samen geschwängert werden, um eine Generation von Janitscharen in den Gebieten aufzuziehen, die sie zweifellos als die ihren betrachten, die Islamische Republik. Mit anderen Worten, ein vierfaches Verbrechen soll an der serbischen Frau begangen werden: sie von ihrer eigenen Familie zu trennen, sie mit unerwünschtem Samen zu schwängern, sie einen Fremden austragen zu lassen und ihn ihr dann wegzunehmen.«

Das war die schriftliche Version. Milutinović gab mir eine kürzere Fassung bei seinem Standard Briefing, dem eigenartigsten, an dem ich jemals teilgenommen habe. Was mich stutzig machte, war der Hinweis auf die Janitscharen. Im Mittelalter war das die militärische Elite der Türken gewesen, die aus jungen Christen bestand, die man gezwungen hatte, zum Islam zu konvertieren. Ich versuchte, ein Grinsen zu unterdrücken. »Von welchem Jahrhundert reden Sie eigentlich?« fragte ich. Er antwortete: »Das ist ein ganz neues Phänomen. Das ist ein Verbrechen gegen Frauen. Es hat häßliche Ziele, die man sich in der zivilisierten Welt kaum vorstellen kann. Sie versuchen dasselbe wie vor Jahrhunderten.«

Ich notierte mir in Gedanken, nach Beweismaterial für serbische Lager dieser Art zu suchen. Milutinović weigerte sich, mich nach Omarska zu bringen, da er, wie er sagte, für meine Sicherheit nicht garantieren könne – eine durchsichtige Ausrede von jemandem, der in der Region über uneingeschränkte Macht verfügte. Er bot mir eine Fahrt zu einem anderen Ort an, dem Kriegsgefangenenlager der Armee in Manjača. Auf einem Feld gleich vor dem Eingang zum Lager sahen Andree und ich eine alptraumartige Szene: zum Skelett abgemagerte Männer mit kahlgeschorenen Köpfen, die einen Zaun um das Lager herum bauten. Wir sahen uns an und sagten kein Wort. Andree war in Ostdeutschland geboren und dort zu drei Jahren Gefängnis verurteilt worden, weil er bei einer politischen Protestveranstaltung ein Transparent getragen hatte. Im Gefängnis hatte er die Kunst des *Runterschraubens* (im Original Deutsch; Anm. d. Übers.) gelernt, was ungefähr bedeutet, im Hintergrund zu verschwinden, und das machte er auch während unseres gesamten Aufenthalts im Lager. Vom Vorhof des Lagers aus konnten wir mehrere hundert Meter entfernt oben auf einer Anhöhe Dutzende von Gefangenen aufgereiht sehen, denen wie Schafen die Haare geschoren wurden. Andree war von einem halben Dutzend Wachtposten umringt, um sicherzustellen, daß er nur autorisierte Fotos aufnahm. Während ich mit Lagerärzten sprach, verteilte Andree Zigaretten an die Wachtposten und tat, als ob er sich langweilte. Als niemand hinsah, machte er drei Schnappschüsse von den Gefangenen auf dem Hügel. Es ist eines der berühmtesten Fotos vom Krieg in Bosnien und zeigt die Erniedrigung, die den Muslimen durch die Eroberer zugefügt wurde. Ich spürte, daß er eine besondere Motivation hatte, dieses Foto zustande zu bringen, die des früheren Gefangenen, der es seinen Verfolgern heimzahlen will.

Während wir in Manjača waren, rief Seška den Polizeichef an und überprüfte weitere Hinweise. Obwohl gebürtige Serbin, hatte sie lange Zeit für die kroatische Tageszeitung *Vjesnik* gearbeitet, einschließlich mehrerer Jahre in Peking, bis sie entlassen wurde: Die Zeitung hatte ihr eigenes Programm »ethnischer Säuberungen«. Als ich sie fragte, wie wir denn diese Dinge überhaupt aufdecken könnten, erinnerte sie sich an ein serbisches Sprichwort: »*Sila Boga ne moli.*« Macht betet nicht zu Gott.

Am selben Nachmittag traf ich eine Gruppe Jugendlicher, die gerade aus Manjača entlassen worden waren. Nichts von dem, was mir die Armee am Morgen gesagt hatte, erwies sich als richtig. Das waren keine Kriegsgefangenen, sondern minderjährige Zivilisten, die bei einer großangelegten Fahndungsaktion festgenommen worden waren. Es wurde routinemäßig geschlagen und gefoltert. Doch nur wenige starben in Manjača: Die Armee entließ die Gefangenen, die dem Tode nahe waren. Ich traf die Jugendlichen bei der Beerdigung eines solchen Gefangenen.

Ich hatte inzwischen gemerkt, daß die Geschichte so weitreichend und ernst war, daß jeder Teil durch Augenzeugen oder offizielle Stellungnahmen belegt werden mußte und daß Fotos unverzichtbar waren, um sofortige Glaubwürdigkeit zu garantieren. Jede Theorie, die ich über die Ereignisse und die dafür Verantwortlichen entwickelte, sollte potentiell falsifizierbar sein, das heißt, so strukturiert, daß sie, falls sie falsch war, widerlegt werden konnte.

Nachdem ich mir so noble Maßstäbe gesetzt hatte, machte ich sofort eine Ausnahme und schrieb über das Lager von Omarska, das ich nicht selbst gesehen hatte, auf der Grundlage einer Zeugenaussage zweiter Hand. Die Zeugin war zu eingeschüchtert, als daß sie direkt mit mir gesprochen hätte, aber ihre Aussage hatte die muslimische Führung in Banja Luka so aufgeschreckt, daß ich sie bat, mir ihre Aufzeichnungen zu diktieren. Falls Omarska ein Vernichtungslager war, dachte ich mir, mußte dies gedruckt werden, um andere zu alarmieren. Auch wenn es keine Möglichkeit gab, direkt vom Tatort zu berichten, müßte der gedruckt vorliegende Bericht eines erfahrenen Reporters in einer seriösen Zeitung das Interesse der politisch Verantwortlichen in Washington wecken. Auf meine Bitten hin alarmierten Kollegen der *Newsday*-Redaktion jede wichtige Regierungsstelle.

Niemand reagierte. Wie ich über die Geschichte berichten sollte, wurde zu einer brennenden Frage. Jeff Sommer, der Auslandsredakteur von *Newsday,* schlug vor – was naheliegend scheint, es aber damals nicht war – in die Region zurückzukehren. Andree und ich fuhren nach Zagreb, Kroatien, dem wichtigsten aller Sammelpunkte für Flüchtlinge aus Nordbosnien. Seška war nach Belgrad zurückgekehrt, und eine andere unermüdliche Journalistin, die in Australien geborene, freiberuflich arbeitende Nada Kronja-Stanić, übernahm die Arbeit als Ermittlerin, Dolmetscherin und Organisatorin. Innerhalb weniger Tage fanden wir einen engagierten Freiwilligen des bosnischen Roten Halbmonds, einen Soziologen namens Musadik Borogovac, der ein Team von Experten zusammengestellt hatte, um Daten über »ethnische Säuberungen« zu sammeln.

»Diese Geschichte wird etwas bewirken«, sagte ich zu ihm. »Wir wissen, daß etwas Schreckliches in den Lagern vorgeht. Wir müssen herausfinden, was das genau ist. Bringen Sie mir Zeugen.« Nach einwöchiger Suche und verschiedenen Fehlschlägen, machte er zwei frühere Häftlinge der Lager Omarska und Luka Brčko ausfindig. Beide waren einverstanden, fotografiert zu werden, aber einer von ihnen bestand auf einem Pseudonym, um einen seiner Söhne zu schützen, der noch in Omarska gefangengehalten wurde.

Ihre Berichte über die routinemäßigen täglichen Morde in den Lagern waren explosiv. *Newsday* ist eine der angesehensten Regionalzeitungen mit einer Auflage von mehr als 800 000 Exemplaren in Long Island und dem Stadtgebiet von New York. Ihren Ruf verdankt sie eher einer seriösen Lokal- und Inlandsberichterstattung und einer Abteilung, die auf dem Gebiet des investigativen Journalismus Pionierarbeit geleistet hat, als ihrem kleinen Team von Auslandskorrespondenten, aber sie war gerade mit dem Pulitzer Preis für internationale Berichterstattung ausgezeichnet worden. Die Herausgeber von *Newsday* beschlossen, die Geschichte mit einer dramatischen Titelseite aufzumachen. DIE TODESLAGER VON BOSNIEN lautete die Schlagzeile in fünf Zentimeter großen Lettern. Es war eine gewagte Entscheidung. Der Bericht wurde sofort von Nachrichtenagenturen, Fernseh- und Radiosendern in den USA und auf der ganzen Welt aufgegriffen.

Einige Tage später überredete ein Fernsehteam des englischen Senders ITN die Behörden in Banja Luka, ihnen Zugang zu Omarska zu gewähren. Die Wachen erlaubten ihnen, einige Gefangene zu fotografieren, die hastig ihre Mahlzeiten zu sich nehmen mußten. In Trnopolje, einem anderen Lager, wurden ihnen zum Skelett abgemagerte Gefangene hinter Stacheldraht gezeigt, die dem Tode nahe zu sein schienen. Dem ITN-Team war nicht bewußt, daß die Behörden diese Gefangenen etwa einen Tag zuvor von Omarska dorthin verlegt hatten. Omarska war geschlossen worden. Ich erfuhr das zwei Monate später, als ich in England und im Flüchtlingslager Karlovac entlassene Gefangene traf.

Irgend etwas an der weltweiten Reaktion stimmte nicht. Warum sollte im Zeitalter der Spionagesatelliten ausgerechnet ein Reporter mit einer solchen Sensation herauskommen? Der amerikanische Geheimdienst oder UN-Organisationen mußten doch einige Informationen gehabt haben und hätten die Praktiken in den Lagern Wochen, wenn nicht Monate früher aufdecken können. Ich fing an, die Theorie zu entwickeln, daß die westlichen Regierungen Bosnien abgeschrieben hatten und sich nicht die Mühe machen wollten, das der Öffentlichkeit mitzuteilen. Berichte wie meiner in den Medien brachten so viele Unannehmlichkeiten mit sich. Der Angriff auf Bosnien wies alle Merkmale eines Völkermords auf, aber kein Beamter wollte das Wort aussprechen, denn das würde sie dazu zwingen, mit einer politischen Antwort aufzuwarten. Es gab also keine offizielle Bestätigung, und das Interesse der Öffentlichkeit nahm ab. Der stellvertretende US-Außenminister ließ sogar öffentlich Zweifel an der ganzen Geschichte laut werden. Ohne meine Berichterstattung anzuzweifeln, legte Sommer mir nahe, die Geschichte von den Lagern noch einmal zu überprüfen. Überraschend wenige meiner Kollegen, falls überhaupt welche, folgten dieser Aufforderung zu intensiven Recherchen.

Ich fuhr Mitte September also in das serbisch kontrollierte Bosnien zurück und erfuhr, daß seit meinem Bericht vom 2. August 360 Reporter im Land gewesen waren. Das Regime hatte Reportern gegenüber eine entspanntere Haltung eingenommen. Ich war zum erstenmal in Omarska, schaute mir Manjača noch einmal an, machte Überlebende der Lager in mehreren Ländern ausfindig und arbeitete die Geschichte von Grund auf um. Omarska war eine Todesfabrik gewesen. Nicht jeder, der dort war, starb, aber wäre das Lager nicht geschlossen worden, wären die Tausende, die sich Ende Juli dort befanden, in wenigen Wochen tot gewesen. Beauftragte der US-Regierung kamen zu dem Schluß, daß serbische Wachen in Omarska nicht weniger als 5 000 von den etwa 13 000 Männern, die dort interniert worden waren, getötet hatten. Während ich Ende Juli in Zagreb nach Überlebenden der Lager suchte, stattete ich auch dem Oberhaupt der muslimischen Gemeinde in Kroatien, einem angesehenen Geistlichen namens Šefko Omerbašić, einen Besuch ab. Er wußte nicht mehr ein noch aus. Es gab so viele Flüchtlinge, so viele Probleme, es war eine so ungeheure Tragödie für sein Volk, und so wenige im Westen interessierten sich dafür. Ich fragte ihn, was man über die systematischen Vergewaltigungen muslimischer Frauen in den Lagern wisse. Er erzählte mir, daß Ende Juni eine Gruppe von Müttern zu Fuß in Tuzla in Zentralbosnien angekommen war, nachdem sie die Minenfelder an der Front überquert hatten; sie waren völlig außer sich, weil man ihnen ihre Kinder weggenommen hatte. »Wo sind unsere Töchter?« schluchzten sie. Die Tragödie hatte am 11. Juni begonnen, als serbische Truppen die Männer in ein Konzentrationslager in Brčko am Fluß Sava brachten. Dann führten sie die Mütter weg. Schließlich vergewaltigten sie die Töchter und ließen sie dann frei; nachdem sie die Minenfelder überquert hatten, sahen sie ihre Mütter in Tuzla wieder.

Die Herausgeber meiner Zeitung stimmten mit mir darin überein, daß die Reise nach Tuzla sinnvoll sei, obwohl ich dann zwei Wochen ohne Telefonkontakte sein würde und es nicht sicher war, ob ich die nötigen Informationen für meinen Artikel bekommen würde. Unter Führung eines Polizeioffiziers und Angestellten aus Zvornik, einer Stadt, die die Serben überrannt hatten, fuhren Andree und ich in einem Fahrzeug mit Allradantrieb von Split nach Tuzla, eine viertägige Reise auf Straßen, die gerade erst aus Gebirgspfaden herausgehauen worden waren.

Die jungen Opfer der Vergewaltigungen waren mit anderen Flüchtlingen in ein Schulgebäude gepfercht. Sie hatten Radio Tuzla Interviews gegeben und waren durchaus bereit, sich mit mir zu treffen und Fragen zu beantworten, aber sie zu fotografieren schien völlig unmöglich zu sein. Ich gewann die Hilfe von Jusuf Šehić, dem Vorsitzenden des muslimischen Wohltätigkeitsvereins Merhamet, und seiner sehr fähigen, englischsprachigen Assistentin Nejira Nalić. Mit einer Ausnahme, einer jungen Frau, die ich einige Tage zuvor in Split interviewt hatte, hatte ich noch nie mit Vergewaltigungsopfern gesprochen. Aber ich dachte daran, daß das Verbrechen nicht nur ein moralisches, sondern auch ein politisches war, und daß irgend jemand ihre Geschichte erzählen mußte, wenn die Welt dem ein Ende machen sollte. Dasselbe Argument brachte ich auch ihnen gegenüber vor. Wir trafen uns gemeinsam mit etwa 20 Müttern und Töchtern und baten sie, zu erzählen, was geschehen war. Andree praktizierte *Runterschrauben* und blieb bis zum nächsten Tag da, als die Frauen zusammenkamen, um sich in der Turnhalle fotografieren zu lassen, in der so viele schliefen. Zuerst die Mütter und Töchter, und dann die Töchter allein. Fast jeder im Raum brach in Tränen aus, auch Andree. Ich dachte immer daran, daß dort meine Tochter hätte sein können.

Newsday brachte die Geschichte in dramatischer Aufmachung auf der Titelseite, aber nur ein kleiner Teil der Presse folgte diesem Beispiel. Erst als das ZDF-Frauenjournal »Mona Lisa« Mitte November eigene Interviews sendete, wurde die europäische Öffentlichkeit aufmerksam. Andrees Fotos erschienen auf den Titelseiten von *Stern, Newsweek* und vielen anderen Zeitschriften. Plötzlich gab es einen neuen Ausbruch öffentlicher Empörung, und internationale Hilfsorganisationen, Frauengruppen und Parlamente schickten Delegationen nach Zagreb. Nur wenige hielten sich im Landesinneren auf; nur wenige investierten die Planung, die Ressourcen und die Zeit, die notwendig waren, um die Wahrheit zu erfahren. Und die Regierungen fanden erneut Wege, die Protestwelle im Sande verlaufen zu lassen.

Die Auswirkungen all der Berichterstattung und Beweissammlung sind zwiespältig. Einige glauben, daß die Nachrichtenmedien die Geschichte »hochgeputscht«, also dramatisiert haben. Dieses Urteil beruht auf Unwissenheit. Die gewissenhaft erarbeiteten Fakten liegen vor.

Die Berichte sprechen für sich.

Einleitung

Die sieben Politiker an der Spitze der Industrienationen hatten reichlich Grund, sich gegenseitig zu bemitleiden, als sie einander Anfang Juli 1992 in Münchens barocker Pracht zutoasteten. Die Wirtschaft ihrer Länder war in einem miserablen Zustand, ihre Karrieren waren gefährdet, und in den nicht einmal 700 Kilometer entfernten schmutzigen Krieg im Süden hineingezogen zu werden, war das Letzte, was sie wollten. Sie beendeten ihr jährliches Gipfeltreffen mit dem Versprechen, die Anwendung militärischer Gewalt zu erwägen, um den Transport von Nahrungsmittelhilfe nach Bosnien zu sichern; aber kurz vor seiner Abreise ließ Präsident George Bush die Maske fallen und gab zu erkennen, was er wirklich über diesen Konflikt dachte. Der Krieg war nur ein Schluckauf. »Ich glaube nicht, daß irgend jemand animmt, daß die Vereinigten Staaten bei einem Schluckauf da oder dort oder einem Konflikt da oder dort ihre Truppen einsetzen werden«, sagte er. Unweit des prunkvollen Tagungsortes der westlichen Spitzenpolitiker hatten ihre Vorgänger vor 54 Jahren den Vertrag unterzeichnet, der die Aufteilung der Tschechoslowakei, damals die letzte funktionierende Demokratie in Osteuropa, durch Nazi-Deutschland absegnete. Diesmal gab es kein Vertragsdokument, aber die Folgen waren die gleichen.

Ein Schluckauf!

In Sarajevo drängten sich Hunderttausende von Einwohnern in die Luftschutzkeller, um der serbischen Artillerie zu entkommen. In Nordbosnien griffen serbische Artillerie und Flugzeuge auf ihrem Vormarsch zur Öffnung eines Militärkorridors von Belgrad nach Banja Luka muslimische und kroatische Städte an. Überall sonst gingen die »ethnischen Säuberungen«, der Euphemismus für Mord, Vergewaltigung und Folter gegen die Muslime und katholischen Kroaten, weiter. Der Angriff der Serben hatte zwei Millionen Zivilisten vertrieben und Zehntausende von Toten zurückgelassen. Es war der grausamste Konflikt, den es seit dem Zweiten Weltkrieg in Europa und fast überall sonst auf der Welt gegeben hatte. Aber die Präsidentschaft Bushs hatte ihren Schwung verloren, und er war abgelenkt durch eine glanzlose Wahlkampagne und die ökonomische Flaute. Seine Militärberater sagten ihm, daß es unmöglich sei, das Blutvergießen in Bosnien noch vor dem Wahltag mit militärischen Mitteln zu beenden. Bush gab sich also gleichgültig und verhielt sich auch dann noch reserviert, als die Realität der Katastrophe nicht mehr zu leugnen war. Im August 1992, nachdem *Newsday* Augenzeugenberichte von systematischen Morden in den serbischen Konzentrationslagern veröffentlicht hatte, erklärte Bush, wie geschockt er sei, beschrieb dann aber den Krieg – fälschlich – als eine alten Feindschaften entsprungene Blutfehde. Um seine Untätigkeit zu rechtfertigen, schrieb Bush Geschichte um. Wie das immer wieder auch die Politiker auf dem Balkan tun. In den USA vergrößerten seine Stellungnahmen die Verwirrung in der öffentlichen Debatte, aber in Belgrad, der Hauptstadt Serbiens, verstanden die raffinierten politischen Drahtzieher, die den Krieg dirigierten, die Botschaft. George Bush bediente sich ihrer Rhetorik.

Alte Feindschaften waren nicht die Ursache des Konflikts. Dies war der dritte in einer Reihe von Kriegen, die Serbien begonnen hatte, der mächtige, militarisierte Staat, der aus den Ruinen des multinationalen Jugoslawien hervorgegangen war. Die serbische Propaganda stellte ihn je nach Gelegenheit als einen Bürgerkrieg dar, obwohl nur eine Seite Waffen besaß und kämpfte, als einen ethnischen Konflikt oder sogar als einen Religionskrieg. Aber am Ende lief es darauf hinaus, daß Serbien die mächtige Militärmaschinerie des jugoslawischen Staates eingesetzt hatte, um den Traum seiner extremen Nationalisten zu verwirklichen: ein Großserbien. Die Beweise deuteten auf versuchten Völkermord an Bosniens Muslimen und Kroaten.

Die Ereignisse, die zu diesem Krieg führten, waren nicht so gradlinig, aber es gab keinen Grund, sie zu erfinden.

Die Geschichte der Balkanvölker ist ein Gewirr aus Legende und Mythos, von Behauptungen und Gegenbehauptungen, wer wem was und wann angetan hat. Aber in Bosnien-Herzegowina, einer Republik mit 4,4 Millionen Einwohnern, gab es keine inhärente traditionelle Feindschaft zwischen den orthodoxen Serben, meist Bauern und Schäfern, die in den Bergen wohnten und 31 Prozent der Bevölkerung ausmachten, und den muslimischen Slawen, zu denen eine säkularisierte, gebildete Elite gehörte, und die einen Bevölkerungsanteil von 44 Prozent hatten. Extreme serbische Nationalisten im benachbarten Serbien bedienten sich des geheimnisvollen Nimbus um die serbische Niederlage in Kosovo Polje gegen das mittelalterliche türkische Reich und erklärten, daß die serbische Nation sich von nun an verteidigen werde. Aber Kosovo Polje, 1389, lag sechs Jahrhunderte zurück. Fast ein halbes Jahrhundert lang hatten keine ernsthaften ethnischen Konflikte den

Frieden gestört, und nur das allerprimitivste Denken konnte einen Angriff auf slawische Muslime als Rache für die Niederlage im 14. Jahrhundert und die darauf folgenden fünf Jahrhunderte türkischer Herrschaft rechtfertigen. Im Gegenteil, Sarajevo mit seiner Silhouette von Minaretten, Kirchtürmen und Synagogen bezeugte Jahrhunderte zivilisierter ethnischer Koexistenz. Es war ein Ort der Gelehrsamkeit und des Handels, eine in Jahrhunderten geschaffene westlich orientierte Stadt in einer exotischen Umgebung: ein europäisches Juwel. Die Stadt war 1984 Austragungsort der Olympischen Spiele, mit einem alten Basar, wo junge Leute in Blue Jeans auf dem kopfsteingepflasterten Marktplatz zu den Klängen von Pop-Musik türkischen Kaffee tranken. Eine Atmosphäre weltlicher Toleranz war für die ganze Republik charakteristisch. Bosnien-Herzegowina war ein wirklicher Schmelztiegel. Und diese Zivilisation wurde angegriffen.

Die »Hände weg!«-Politik Amerikas gegenüber dem Zerfall Jugoslawiens stand im Gegensatz zu der vorherrschenden Haltung des Westens in diesem Jahrhundert. Der Erste Weltkrieg hatte in Sarajevo begonnen, ausgelöst durch die Schüsse eines bosnischen Serben, der entschlossen war, die gerade erst etablierte österreichische Kolonialmacht zu vertreiben. Die Ermordung des Erzherzogs Franz Ferdinand löste eine gut geplante Explosion aus. Es waren gerade zwei Balkankriege geführt worden, um die Beute aus dem Niedergang des türkischen Reiches zu teilen, und in der angespannten Atmosphäre danach entstand ein Bündnissystem, in dem sich das deutsche und das österreichisch-ungarische Kaiserreich auf der einen, Frankreich, England, Serbien und Rußland auf der anderen Seite um die Beute stritten. Obwohl die USA die Isolation vorgezogen hätten, wurden sie in den Krieg mit hineingezogen. Gegen dessen Ende begann der amerikanische Präsident Woodrow Wilson einen Kreuzzug für einen vereinigten südslawischen Staat, der dann mit englischer und französischer Hilfe gegründet und Königreich der Serben, Kroaten und Slowenen genannt wurde. Die Vereinigten Staaten zogen sich wieder in ihre Isolation zurück, und das Königreich, umbenannt in Jugoslawien, begann aufgrund der Spannungen zwischen Serben und Kroaten zu zerfallen, was die Deutschen gründlich für sich ausnutzten. Als der serbische Kronprinz Paul, der jugoslawische Regent, bereit schien, sich mit Nazi-Deutschland zu arrangieren, wurde er von serbischen Offizieren, teilweise auf Betreiben der Engländer hin, in einem Putsch gestürzt. Die Wehrmacht machte kurzen Prozeß mit Serbien und nahm die Republik in etwa einer Woche ein. Hitler setzte ein

Marionettenregime in Belgrad ein und unternahm eine triumphale Reise nach Zagreb, der Hauptstadt Kroatiens, dessen faschistisches Usta-scha-Regime er unterstützte.

Zu Beginn des Zweiten Weltkrieges richteten die Alliierten ihre Hoffnungen auf die royalistischen serbischen Streitkräfte, Četniks genannt. 1943 kam Winston Churchill, der englische Premierminister, zu dem Schluß, daß die Četniks mit den Achsenmächten kollaborierten. Er unterstützte daraufhin die Partisanen unter Josip Broz Tito, einem Kommunisten kroatisch-slowenischer Abstammung, die den Deutschen aktiv Widerstand leisteten.

»Tito« war sein Nom de Guerre, der, so heißt es, von »ti to« stammt, den serbokroatischen Wörtern für »du machst das«. Mit Mut, Charisma, Gerissenheit einte Tito Serben, Kroaten, Slowenen, Muslime und andere, um die deutschen Besatzer zu besiegen und ein Nachkriegsjugoslawien unter kommunistischer Herrschaft zu schaffen, wo alle Völker Jugoslawiens im vollen Besitz ihrer nationalen Rechte leben sollten.

Nachdem Titos Jugoslawien sich mit minimaler Hilfe durch Stalins Sowjetunion von den Deutschen befreit hatte, entwickelte es sich mit der Zeit zum freiesten kommunistischen Regime. Das Land bestand aus sechs Republiken: Bosnien-Herzegowina, Kroatien, Makedonien, Montenegro, Serbien und Slowenien sowie den autonomen Provinzen in Serbien, Kosovo im Süden, hauptsächlich von Menschen albanischer Abstammung bewohnt, und Wojwodina im Norden, bewohnt von Menschen aller jugoslawischen Volksgruppen. Innovative Wirtschaftsreformen, die Aufnahme von Handels-, Tourismus- und wirtschaftlichen Beziehungen und die Einführung einiger bürgerlicher Freiheiten hoben den Lebensstandard auf fast westeuropäisches Niveau. Tito unterdrückte die ethnischen Konflikte durch die Maschinerie der allgegenwärtigen Kommunistischen Partei und des Polizeiapparats. Der Westen war nicht immer begeistert über die Blockfreien-Bewegung, die Tito gründen half, noch von seinen Methoden, die Opposition zum Schweigen zu bringen, aber es war seine strategische Priorität, die Sowjetunion aus der Region herauszuhalten. Jahrzehntelang entmutigte der Westen Anti-Tito-Kräfte im In- oder Ausland, die eine demokratische Alternative zu Titos autoritärem Regime hätten organisieren können. In den siebziger Jahren unterstützte der Westen mit Milliarden von Dollar in Kreditbürgschaften ein unabhängiges Jugoslawien.

Rückblickend läßt sich sagen, daß es Titos größter Fehler war, die nationalen Leidenschaften unterdrückt und die Vergangenheit übertüncht zu haben. Es gibt keine objektive Geschichtsschreibung über den jugoslawischen Bürgerkrieg, der während des Zweiten Weltkriegs stattfand. Die Serben beteuern, daß sie auf seiten der Alliierten kämpften, und das trifft auf viele Serben zu verschiedenen Zeiten und an verschiedenen Orten zu. Aber die Behauptung der Serben, daß die Kroaten und, in geringerem Umfang, die Muslime auf seiten der Achsenmächte gekämpft hätten, ist eine Zweckbehauptung, denn bei den wechselnden Bündnissen hatten Mitglieder aller Gruppen auf allen Seiten gekämpft. Heute gibt es keine allgemein anerkannten Tatsachen, außer der, daß mindestens eine Million Jugoslawen im Krieg umkamen, die meisten in den serbischen und kroatischen Gemeinden. Viele unabhängige Experten schätzen, daß das faschistische Ustascha-Regime 70 000 bis 100 000 Serben, Juden und Zigeuner in Jasenovac hinrichten ließ, einem berüchtigten Konzentrationslager in Südkroatien. Serbische Nationalisten sprechen von einer Million, aber der Führer der Kroaten, Franjo Tudjman schrieb, es seien nicht mehr als 30 000 gewesen. Ohne eine allgemein anerkannte Zahl war es unmöglich, die Debatte zu führen, und Jasenovac wurde zum Schlachtruf für die serbischen Nationalisten. Die Muslime sagen, ihre Verluste hätten 85 000 bis 100 000 Menschen betragen, und sie seien deshalb, in Relation zu ihrem Bevölkerungsanteil, die Hauptopfer des Krieges gewesen. Viele von ihnen starben bei einem Völkermordversuch der Četniks, der in der Tito-Ära nie als solcher zugegeben worden war.

Die Verfassung, die Tito 1974 nach dem Motto, warum einfach, wenn es auch kompliziert geht, entwarf, ging davon aus, daß die Kommunisten sich an der Macht halten würden und die Partei, unterstützt von der Armee, alle Differenzen beilegen könnte. Diese Verfassung sollte nationale Rivalitäten durch den Mechanismus neutralisieren, daß eine kollektive Präsidentschaft für die Nach-Tito-Ära geschaffen wurde und die Führungspositionen zwischen den sechs Republiken und den zwei serbischen Provinzen nach dem Rotationsprinzip wechselten. Das System verhinderte jedoch die Bildung von Institutionen oder einer wahrhaft nationalen Führung, die Titos Balanceakt fortsetzen konnten. Tito selbst hatte einige der fähigsten seiner potentiellen Nachfolger aus dem politischen Leben verbannt. Nachdem er eine Generation kroatischer Kommunisten ausgeschaltet hatte, die 1971 auf einer Woge kroatischen Nationalgefühls an die Macht gekommen waren, wandte sich Tito dann um der ausgleichenden Gerechtigkeit willen Serbien zu und schaltete eine Generation in Ungnade gefallener liberal denkender Technokraten aus. Nach seinem Tod 1980 gewannen Politiker, einschließlich vieler, die in der Tito-Ära für ihre nationalistischen Schriften im Gefängnis gesessen hatten, Wahlen durch Appelle an die nationale Identität.

Slobodan Milošević, ein serbischer Kommunist, war der erste Politiker, der begriff, daß die Tito-Ära vorbei war. Der Sohn eines orthodoxen Priesters und einer serbischen Mutter, die beide Selbstmord begingen, arbeitete sich in der serbischen Staatsbank Beobanka nach oben und war in New York und Belgrad tätig. Er freundete sich Ende der siebziger Jahre mit dem US-Botschafter in Belgrad, Lawrence Eagleburger, an. Nachdem Eagleburger in den Ruhestand getreten war, gingen serbische staatliche Aufträge an die Consulting-Firma, in die Eagleburger eingetreten war: Henry Kissinger Associates.

Milošević war ein brillanter Taktiker und machte sich dadurch einen Namen, daß er die Kontrolle der Nachrichtenmedien an sich brachte und rücksichtslos nationalistischen Haß gegen die Albaner schürte, die die große Mehrheit der Bevölkerung im Kosovo stellten. Nicht er erfand den Nationalismus oder die expansionistische Forderung nach einem Großserbien, aber er setzte sich opportunistisch für eine Sache ein, der serbische Intellektuelle 1986 mit einem Memorandum Ansehen verliehen hatten, wonach die Serben die Verlierer in Titos Jugoslawien gewesen seien. Miloševićs Taktik bestand darin, große öffentliche Kundgebungen und Demonstrationen gegen die Albaner im Kosovo zu organisieren. Getragen von einer Woge nationaler Zustimmung, übernahm er die direkte Kontrolle im Kosovo, leitete eine brutale Unterdrückung der dortigen politischen Führer ein und besetzte die Stelle des Kosovo-Mitglieds der rotierenden Präsidentschaft mit einem anderen Kandidaten. Dasselbe geschah in der Wojwodina. In dem winzigen Montenegro, dessen Bevölkerung mehrheitlich aus Menschen serbischer Abstammung besteht, manipulierte Milošević die Wahlen, um seine Kontrolle des Parlaments abzusichern. Er zerstörte so im Alleingang die verfassungsmäßige Ordnung.

Die Serben sind die größte der jugoslawischen Volksgruppen; von den neun Millionen Serben leben sechs Millionen in Serbien selbst, etwa 1,4 Millionen in Bosnien-Herzegowina und 600 000 in Kroatien. Nachdem er die Serben außerhalb Serbiens dazu angestachelt hatte, um Schutz zu bitten, gewann Milošević wiederholt dadurch Wahlen, daß er behauptete, er allein werde die Rechte der Serben schützen. Er plünderte auch die Staatskasse, um am Vorabend von entscheidenden Wahlen die Löhne zu erhöhen.

Der Kommunismus brach in Jugoslawien, wie anderswo in Osteuropa, aufgrund von Korruptionsskandalen, Unfähigkeit und jener Ermüdung zusammen, die ein halbes Jahrhundert an der Macht mit sich bringt. Die Kommunistische Partei, gestützt von der jugoslawischen Volksarmee, war der Leim gewesen, der alle Nationalitäten des Landes zusammenhielt. Die Serben, die den Zerfall des Landes mehr als jede andere ethnische Gruppe gefördert hatten, waren bereit, sich des Staatsvermögens in Belgrad zu bemächtigen und, wichtiger noch, der Armee. In 45 Friedensjahren hatte die Armee, eine der größten Europas, enorme Vorräte an konventionellen Waffen angehäuft, um sich gegen einen fiktiven Angriff der Ostblockstaaten zu verteidigen. Die Serben und ihre montenegrinischen Brüder hatten immer das Offizierkorps der Armee dominiert, und Milošević machte sich daran, die Armee zu manipulieren und zu seinem persönlichen Machtinstrument auszubauen.

Miloševićs Demagogie und Machtzuwachs schürten den weitverbreiteten Ärger, besonders in den wohlhabenderen westlichen Republiken Slowenien und Kroatien. Mit breiter öffentlicher Unterstützung forderten ihre Führer politische und wirtschaftliche Reformen nach westlichem Modell, was die Distanz zum autoritären Serbien vergrößerte. Sie schlugen auch, mit Unterstützung Bosnien-Herzegowinas und Makedoniens, einen lockeren Staatenbund als Ersatz für den jugoslawischen Bundesstaat vor. Milošević wies jeden Kompromiß zurück.

Für die Verfassung, den Staat und die Völker Jugoslawiens war das Maß endgültig voll, als Milošević im Mai 1991 die Stimmen, die er gestohlen hatte, bei der kollektiven Präsidentschaft dazu benutzte, die routinemäßige Rotation der Position des Präsidenten zu einem Kroaten namens Stipe Mesić zu blockieren. Kroatien und Slowenien erklärten gleichzeitig am 25. Juni ihre Unabhängigkeit.

Obwohl Milošević die Hauptschuld an den darauf folgenden Ereignissen trägt, ist kaum vorstellbar, daß er ohne die Nachgiebigkeit der Vereinigten Staaten und Westeuropas eine Reihe von Kriegen hätte vom Zaun brechen können. Der Westen hatte Jugoslawien während des Kalten Krieges als einen Sonderfall behandelt, aber nach dem Zusammenbruch des Kommunismus war das Land nur noch von sekundärer Bedeutung gegenüber der Hauptsorge des Westens, dem Zerfall von Michail Gorbatschows Sowjetimperium. Es bildete sich ein Konsens im US-Außenministerium und den Kanzlerämtern Westeuropas, keine Schritte in Jugoslawien zu unterstützen, die den Zerfall der Sowjetunion ermutigen würden. Die Beamten im Pentagon vertraten dagegen den Standpunkt, daß eine friedliche Auflösung der Sowjetunion wünschenswert sei und daß die Auflösung Jugoslawiens, falls sie mit friedlichen Mitteln gesteuert werde, das richtige Beispiel geben würde. Das Pentagon ging als Verlierer aus dieser internen Debatte hervor. Bushs Entscheidung war in beiden Punkten falsch. Die wohlwollendste Erklärung dafür war, daß die Ereignisse während der turbulenten Tage des Zusammenbruchs des Kommunismus die Fähigkeit der US-Regierung zur politischen Willensbildung überfordert hatten. Bereits 1990 hatte der CIA die Lage so eingeschätzt, daß es für Jugoslawien keine andere Möglichkeit gab als den Zerfall.

Auch persönliche Vorlieben und Interessen wirkten sich auf den Gang der Ereignisse aus. Neben Eagleburger, der mit der Bush-Regierung als stellvertretender Außenminister in den Staatsdienst zurückkehrte, wurde mit Brent Scowcroft als Sicherheitsberater ein weiterer langjähriger Jugoslawien-Experte Regierungsmitglied. Scowcroft war Anfang der sechziger Jahre Luftwaffenattaché in Belgrad gewesen; später schrieb er an der Columbia-Universität seine Doktorarbeit über Auslandshilfe für Jugoslawien. Unter Reagan gehörten die beiden zwar nicht mehr der Regierung an, pflegten aber weiter ihre Beziehungen zu serbischen und anderen führenden jugoslawischen Politikern. Eagleburger wurde Vorstandsmitglied bei Yugo America, der amerikanischen Niederlassung der serbischen Automobilfabrik, und war Aufsichtsratsvorsitzender bei Henry Kissinger Associates, die Geschäftsbeziehungen zu Yugo America und anderen jugoslawischen Staatsbetrieben unterhielten. Scowcroft war sein Stellvertreter. Beide sprachen Serbokroatisch, gelegentlich auch miteinander, wie es heißt, und nach offiziellen Quellen entschieden sich beide in der internen Debatte der Bush-Regierung für die Position des Außenministeriums.

Am 21. Juni 1991, fünf Tage vor der Auflösung Jugoslawiens, flog Außenminister James Baker nach Belgrad, um die Position der US-Regierung vorzutragen. Baker sagte, der Westen wünsche, daß Jugoslawien weiterhin vereint bleibe und drängte Slowenien und Kroatien, eine einseitige Unabhängigkeitserklärung zu vermeiden und warnte sie, daß Washington ihre Unbhängigkeit nicht anerkennen werde. In der gespannten Atmosphäre bewerteten die Serben seine Position als Übereinstimmung mit ihrer Sicht der Dinge. Im vollen Bewußtsein der möglichen Folgen nahm die US-Regierung dann Abstand von jeglicher aktiven Rolle in der drohenden Krise. »Wir sind offen gestanden besorgt, daß die Geschichte sich wiederholt«, sagte Baker, auf den Konflikt zwischen dem österreichisch-ungarischen Kaiserreich und Serbien anspielend, der den Ersten Weltkrieg ausgelöst hatte.

Die Europäische Gemeinschaft war sehr erpicht, die Sache in die Hand zu nehmen. »Das ist die Stunde Europas«, rief Jacques Poos, der luxemburgische Außenminister aus, der als rotierender Vorsitzender des Ministerrats die erste von einer Serie von Friedensinitiativen der EG einleitete. Aber die EG war eine Wirtschaftsgemeinschaft ohne institutionelle Verfahren zur Formulierung und Durchsetzung einer Außenpolitik. Sie konnte Beobachter und Vermittler entsenden. Sie konnte Handels- oder Waffenembargos verhängen, aber sie verfügte nicht über die Institutionen, um ein von ihr vermitteltes Abkommen mit Gewalt durchzusetzen. Nur die NATO, mit Beteiligung der Vereinigten Staaten, war dazu in der Lage. Es lag im Interesse der amerikanischen Politik, die Kämpfe in Kroatien unter Kontrolle zu bekommen, aber Washington widersetzte sich der dafür nötigen Anwendung von Gewalt.

Einen Tag nachdem Kroatien und Slowenien ihre Unabhängigkeit erklärt hatten, begann Restjugoslawien den Krieg mit den beiden abtrünnigen Staaten. Slowenien hatte seine Verteidigung schon seit zwei Jahren insgeheim organisiert und schlug die schlecht vorbereiteten Wehrpflichtigen der Bundesarmee in die Flucht. Ohne militärische Aufklärung rollten die Panzerkolonnen in die von der slowenischen Territorialverteidigung gelegten Hinterhalte. Die Bundesarmee bat schon nach zehn Tagen um Frieden. Der zweite Krieg, gegen Kroatien, eine überwiegend katholische Republik mit einer beträchtlichen Minderheit orthodoxer Serben, begann langsam, dauerte aber etwas länger als sechs Monate. Mit seiner Unabhängigkeitserklärung tappte Tudjman, ein zum Nationalisten gewandelter kommunistischer General, in die Falle, die Milošević während der einen Monat dauernden öffentlichen Demütigung des kroatischen Kandidaten für die kollektive Präsidentschaft gelegt hatte. Kroatien war auf den Krieg nicht vorbereitet; Serbien war bereit. In Serbien organisierte paramilitärische Einheiten begannen mit der Offensive, indem sie Artillerieangriffe auf Städte in Ostslawonien führten, aber nachdem klar war, daß keine fremde Macht eingreifen würde, ging die Armee selbst im August nahe den größeren serbischen Enklaven in Kroatien zum Angriff über. Die EG versagte bei wiederholten Versuchen, einen Waffenstillstand zu sichern. Im September verhängte der UN-Sicherheitsrat auf die Forderung der Amerikaner und Engländer hin ein Waffenembargo über Jugoslawien und alle seine ehemaligen Teilstaaten. Die Serben, deren Waffen ihnen eine erdrükkende Überlegenheit verschafften, reagierten positiv darauf.

Tudjman verschwieg die schlechten Nachrichten, solange er konnte, und machte die genaue Zahl der Toten nie publik, aber nicht weniger als 25 000 Menschen wurden getötet oder sind vermißt. Der Abstieg der Bundesarmee in die Barbarei schockierte die Welt. Vukovar, einst eine liebenswürdige Stadt an der Donau, wurde dem Erdboden gleichgemacht, und die jahrhundertealten Bauwerke in Dubrovnik, Kroatiens berühmtestem Urlaubsort, unter Artilleriebeschuß genommen – und das waren nur die augenfälligsten Spuren. Serbische Truppen verhafteten, folterten oder ermordeten Tausende von Kroaten, deren einziger Fehler ihre ethnische Identität und die Versuche waren, ihre Dörfer zu verteidigen. Der Krieg endete im Januar 1992, nachdem die Serben etwa ein Viertel Kroatiens eingenommen hatten.

Als die Nachrichtenmedien ihre Aufmerksamkeit auf das Leid und die Zerstörung in einem der beliebtesten Billigurlaub-Länder Europas richteten, verlangte Deutschland, soeben wiedervereint und dem Druck der Öffentlichkeit nachgebend, daß Europa mit mehr Entschiedenheit handele. Die EG reagierte darauf mit dem Beschluß, Kroatien und Slowenien im Dezember 1991 diplomatisch anzuerkennen. Doch Deutschland war aufgrund seiner Nachkriegsverfassung außerstande, seiner Initiative mit der Anwendung von Gewalt Nachdruck zu verleihen. Und während die diplomatische Anerkennung Kroatiens möglicherweise dort zu einem Waffenstillstand beitrug, ermöglichte sie es den Serben andererseits, ihre Rivalität mit Kroatien auf Bosnien-Herzegowina zu übertragen – ein vorhersehbare Konsequenz, die Bonn zu ignorieren versuchte. Die serbische Minderheit in Bosnien bestand darauf, Teil Jugoslawiens zu bleiben, während die Muslime und Kroaten nichts mit einem Staat zu tun haben wollten, den Milošević und die serbischen Nationalisten dominierten. Die bosnischen Serben führten im November 1991 eine Volksabstimmung durch und registrierten eine 98prozentige Zustimmung zum Verbleib in Jugoslawien. Die bosnische Regierung hielt auf Anraten einer Studiengruppe der EG Ende Februar 1992 einen Volksentscheid zur Frage der Unabhängigkeit ab. Er wurde von den Serben boykottiert, aber 99 Prozent der Wähler sprachen sich für die Unabhängigkeit aus.

Der dritte Krieg begann am 6. April, als die Vereinigten Staaten und die EG Bosnien-Herzegowina diplomatisch anerkannten. Theoretisch befand sich der neue Staat in einer besseren diplomatischen Situation als

Slowenien oder Kroatien, denn der führende bosnische Politiker, Alija Izetbegović, war Wort für Wort einem Plan gefolgt, den die Vereinigten Staaten und ihre europäischen Partner ausgearbeitet hatten. Washington erkannte im Fall Bosniens explizit »die Grenzen der Republik, wie sie vor der Krise bestanden haben, als die legitimen internationalen Grenzen« an. Anders als Kroatien und Slowenien konnte Bosnien von sich behaupten, das Opfer einer grenzüberschreitenden Aggression zu sein, und sein Recht auf Selbstverteidigung unter der UN-Charta einklagen. Die Vereinigten Staaten und England zogen es jedoch vor, die Prinzipien des internationalen Rechts selektiv zu interpretieren, und entschieden, daß das Waffenembargo vom September auch auf den gerade diplomatisch anerkannten Staat anzuwenden sei.

Militärisch hätte sich Bosnien-Herzegowina kaum in einer schlechteren Situation befinden können. Die bosnischen Muslime waren nicht die grimmigen Mudschaheddin-Krieger der serbischen Propaganda; sie waren in der Mehrzahl Städter, Handwerker, Lehrer, Ärzte, kleine Geschäftsleute und Bauern, überwiegend Pazifisten. Die Frauen tragen keinen Tschador, die Männer selten einen Fez, und ihre Gottesdienstbesuche sind sporadisch. Die Muslime in Bosnien sahen ihre Religion als eine Sache der nationalen Identität an und betrachteten sich in erster Linie als Europäer und erst in zweiter Linie als Muslime. Izetbegović, ein Rechtsanwalt aus Sarajevo, der unter dem Tito-Regime wegen eines Traktats, in dem er die Rechte der Muslime verteidigte, zweimal im Gefängnis gesessen hatte, ermutigte die pazifistischen Tendenzen durch Friedenskundgebungen und -märsche in der naiven Hoffnung, die Dampfwalze damit aufzuhalten.

In Bosnien waren schon seit langem wichtige Standorte der Bundesarmee, Munitionsfabriken und riesige unterirdische Arsenale konzentriert worden, und die jugoslawische Armee hatte ihre Präsenz dort verstärkt, als sie sich aus Kroatien und Slowenien zurückzog. Im Mai erklärte die Armee angesichts internationaler Kritik, daß sie sich aus Bosnien zurückziehe. Einige Einheiten zogen sich nach Serbien zurück, aber die meisten wechselten einfach ihre Uniformabzeichen und verwandelten sich in die Armee der Serbischen Republik. Serbien händigte in Wirklichkeit die Armee-Arsenale den örtlichen Einheiten als ihren Stellvertretern aus. Damit verschaffte sich die serbische Stellvertreter-Armee nach Angaben des Londoner *International Institute for Strategic Affairs* eine zehnfache Überlegenheit über die Regierungsstreitkräfte. Deren Chancen wurden durch das Waffenembargo noch weiter verringert, wovon einzig die bosnische Regierung wirklich betroffen war.

Bosnien-Herzegowina hatte keine Armee, keine militärischen Traditionen oder Waffen. Es war in der Neuzeit niemals unabhängig gewesen, aber das galt schließlich auch für die anderen jugoslawischen Republiken mit Ausnahme Serbiens und Montenegros. Ohne Zugang zum Meer, wurden seine Versorgungslinien von Serbien und Kroatien sowie deren Stellvertretern in Bosnien kontrolliert. Sowohl Serbien wie auch Kroatien hofften, die Republik unter sich aufzuteilen. Tudjman und Milošević hatten sich 1991 mehrmals getroffen, und obwohl sie in bezug auf Kroatien in allem differierten, konnten sie sich doch über eine Teilung Bosnien-Herzegowinas einigen.

Von außen betrachtet mag das ganze wie ein hoffnungsloser Fall ausgesehen haben, aber es standen Prinzipien auf dem Spiel wie auch die Existenz einer europäischen Nation. Bosnien-Herzegowina hatte außerdem als Beispiel multi-ethnischer Koexistenz einen einzigartigen Beitrag zur westlichen Zivilisation geleistet. Westeuropa stand vor der grundsätzlichen Entscheidung, die Regierungstruppen zu bewaffnen und einzugreifen, um die territoriale Integrität der Republik mit ihren 4,4 Millionen Einwohnern zu bewahren, oder Bosnien seinen ethnischen Grenzen folgend aufzuteilen. Da die Vereinigten Staaten weiterhin passiv und unbeteiligt blieben, entschieden sich die europäischen Staatsmänner für den scheinheiligen Mittelweg: Die territoriale Integrität Bosniens wurde anerkannt, nicht aber die zu ihrer Bewahrung notwendige Anwendung von Gewalt. Um diesen Widerspruch zu verschleiern, optierten die Außenminister für unverbindliche Phrasen wie »Verhandlungslösung«. Das bedeutete letztlich nichts anderes als Appeasement.

Deutschland war mit diplomatischen Mitteln vorgegangen, ohne ihnen durch Zwangsmaßnahmen Nachdruck zu verleihen, und die EG folgte diesem Beispiel. Die strikteste Maßnahme, auf die man sich einigen konnte, waren Wirtschaftssanktionen. Eine solche Ambivalenz unterstützte nolens volens die Eroberer. Portugal, das damals den EG-Vorsitzenden stellte, entwarf auf gutes Zureden von Peter Carrington, dem früheren englischen Außenminister, das entsprechende Muster, kurz nachdem Kroatien und Serbien im Januar 1992 Frieden geschlossen hatten. Bei einem Treffen in Lissabon verlangten die Serben, daß Bosnien-Herzegowina in sechs Kantone aufgeteilt werde. Die EG billigte den Plan; die bosnischen Kroaten reagierten zurückhaltend. Die politische Führung in Bosnien lehnte den Plan ab, aber die bosnischen Kroaten und Serben stimmten ihm später zu.

Die Serben konnten inzwischen davon ausgehen, daß der Eroberung Bosniens keine größeren Hindernisse in den Weg gelegt würden, vorausgesetzt sie brächten die Sache schnell hinter sich. Der Krieg in Kroatien war die Generalprobe gewesen. Die Bundesarmee begann, Sarajevo zu beschießen und nahm in einem Blitzkrieg-Feldzug den Landstreifen an der Drina ein, der die Grenze zwischen Bosnien und Serbien bildete. Dann eroberte sie einen Landstreifen quer durch Nordbosnien, der Belgrad, die Hauptstadt des eigentlichen Serbien, mit Banja Luka, der wichtigsten Stadt in der überwiegend serbischen Region Nordbosniens, verband. Die Armee nahm etwa 70 Prozent des bosnischen Territoriums ein und sperrte alle wichtigen Zufahrtsstraßen in die muslimischen Gebiete.

In Städten des Drina-Tals wie Bijeljina und Foča begannen serbische paramilitärische Einheiten, die den Fluß vom serbischen Ufer aus überquert hatten, mit den »ethnischen Säuberungen«. Der Begriff stammt aus der serbischen Propaganda im Kosovo, wo die serbischen Nationalisten vollkommen grundlos behaupteten, die Albaner planten einen Völkermord an den dortigen Serben. In Bosnien wurde der Begriff »ethnische Säuberungen« ein Euphemismus für Völkermord.

Der Sprecher der Serben war Radovan Karadžić, ein Psychiater und Schriftsteller, der in einem Postgraduate-Kurs der Columbia Universität, New York, Lyrik studiert hatte. Karadžićs Spezialität war es, die Fakten auf den Kopf zu stellen. Er erfand als Begründung des Krieges, daß die Muslime in Bosnien eine islamische Republik errichten und damit alle Serben in Gefahr bringen würden – eine Behauptung, für die er keine Beweise vorlegen konnte. Solange der Konflikt dauerte, widmete Karadžić seine lebhafte Einbildungskraft der Erfindung von Gelegenheitslügen. Schlug ein Artilleriegeschoß in Sarajevo ein und tötete Zivilisten, behauptete Karadžić, daß die Muslime auf ihre eigenen Leute geschossen hätten. Er leugnete rundweg, daß die Serben Zivilisten verhaftet oder systematisch bosnische Frauen vergewaltigt hätten, beschuldigte aber die andere Seite, dasselbe zu tun. Nur wenige Presseleute nahmen für bare Münze, was er sagte, aber viele westliche Regierungen, die nach einem Alibi für ihre Untätigkeit suchten, übernahmen seine Behauptung, daß Aggressor und Opfer moralisch gleichwertig seien. Wenn sie die bosnische Regierung drängten, mit Karadžić zu verhandeln, übersahen sie geflissentlich dessen öffentliche Forderung nach der Vertreibung von Muslimen und Kroaten aus den Gebieten, die die Serben für sich beanspruchten.

Trotz einiger aufsehenerregender Presseberichte über »ethnische Säuberungen« behielten die westlichen Regierungen im allgemeinen ihr Schweigen bei. Aber sie konnten unmöglich die Reaktion der Öffentlichkeit ignorieren, nachdem auch das Fernsehen die serbischen Artillerieangriffe auf Bewohner der Stadt, die vor einer Bäckerei anstanden oder sich auf dem Friedhof von Sarajevo aufhielten, gezeigt hatte. Am 24. Mai 1992 forderte Baker Hilfsmaßnahmen, nicht aber wirkliche Hilfe. Er verurteilte, »was wirklich ein humanitärer Alptraum im Herzen Europas ist«, und sagte, daß der Westen die Anwendung von Gewalt nicht eher in Betracht ziehen solle, als bis er alle anderen Möglichkeiten ausgeschöpft habe, und deutete an, daß der Westen Bosnien wie einen internationalen »Pflegefall« behandeln werde. Aber es gab keine Möglichkeit für Hilfsorganisationen wie das Amt des Hochkommissars der UN für Flüchtlinge und das Internationale Rote Kreuz, das Vakuum auszufüllen, das der Westen in dem von ihm im Stich gelassenen Land geschaffen hatte.

Die Bush-Regierung schien zuweilen mehr Energie darauf zu verwenden, mit den Nachrichten zurechtzukommen als mit der Krise selbst. Einer dieser Fälle war der dramatische Bericht von Überlebenden zweier Todeslager in Nordbosnien in *Newsday* vom 2. August. Zuerst erklärte das Außenministerium, daß ihm Beweise für Mißhandlungen in solchen Lagern vorlägen, daß es aber nicht plane, etwas dagegen zu unternehmen. Das löste in der Öffentlichkeit Empörung aus. Am Tag darauf machte das Ministerium einen Rückzieher und erklärte, es lägen ihm keine Informationen vor, die den Bericht stützten. Die Beamten fürchteten offenbar, daß die öffentliche Empörung Änderungen in der amerikanischen Politik erzwingen könnte. Bush wartete, bis die ersten Fernsehbilder von zum Skelett abgemagerten Gefangenen die Welt schockiert hatten, und brachte dann eine Reihe wohlüberlegter Ausflüchte vor. Er bezeichnete den Krieg gegen Bosnien als eine »Blutfehde«, »einen komplexen und verwickelten Konflikt, der aus jahrhundertealten Feindschaften erwachsen ist«, verlangte aber nicht, daß die Lager geschlossen und die Zivilisten befreit würden. Er forderte nur, daß das Internationale Rote Kreuz Zugang zu den Lagern bekomme.

Unter Zuhilfenahme ihrer ausgefeiltesten Public Relations-Techniken brachten seine engsten Berater ihre Auffassung zum Ausdruck, der Krieg in Bosnien sei ein Bürgerkrieg, an dem alle Seiten die Schuld trügen und alle Seiten seien verrückt. Das Außenministerium riet Delegationen von Kongreßabgeordneten oder Privatleuten ab, den Schauplatz der Ereignisse aufzusuchen und schickte auch niemanden aus den eigenen Reihen. Mitte August sagte Eagleburger, der Baker als Außenminister ablösen sollte, daß eine Untersuchung des CIA keine Beweise für systematische Tötungen in den Lagern gefunden habe, sondern nur »unangenehme Lebensbedingungen«. Er hatte die Aussage von Alija Lujinović vor dem Senatsausschuß für die Streitkräfte übersehen, die in dem *Newsday*-Bericht zitiert war, daß er Zeuge von mehr als 1000 Hinrichtungen gewesen sei.

Die *Newsday*-Artikelserie in diesem Buch listet nur einige Varianten der Barbarei auf: willkürliche Ermordungen, organisierte Deportationen, Todeslager, systematische Vergewaltigung und Kastration und Angriffe auf Flüchtlinge, die um ihr Leben laufen. Die Gesamtzahl der Getöteten ist nicht bekannt, aber sie könnte bis Ende Juni 1993 200 000 bis 250 000 betragen, weit mehr als zehn Prozent der muslimischen Bevölkerung. Ziel und Methode der »ethnischen Säuberungen« erfüllen die Kriterien, die die Konvention über die Verhütung und Bestrafung des Völkermordes definiert. Dieses Abkommen verbietet die Tötung oder Verletzung von Mitgliedern einer nationalen, ethnischen, rassischen oder religiösen Gruppe in der Absicht, sie ganz oder teilweise zu vernichten oder Maßnahmen zu verhängen, die auf die Geburtenverhinderung innerhalb der Gruppe gerichtet sind. »Völkermord hat viele Formen«, sagte mir Simon Wiesenthal. »Es muß nicht jeder getötet werden, damit Völkermord vorliegt. Das ist Völkermord, ganz ohne Zweifel.«

Aber indem sie die Empörung dämpfte, vergab die Regierung eine Chance. In einem kleinen Land wie Serbien, das letzten Endes nach Anerkennung verlangt, kann Öffentlichkeit etwas bewirken. Ungefähr einen Tag nach dem *Newsday*-Bericht über die Todeslager schlossen die bosnischen Serben Omarska, eines der größten Lager, zerstreuten die Gefangenen und gewährten den Nachrichtenmedien und dem Internationalen Roten Kreuz Zugang zu den Lagergebäuden. Wenn sie die Lebensbedingungen in den Lagern untersucht und die Wahrheit veröffentlicht hätten, als die serbischen Politiker verunsichert waren, hätten die Vereinigten Staaten und der Westen die Machtstruktur der Eroberer von Bosnien ins Wanken bringen können. Mittlerweile hat sich herausgestellt, daß enge Berater Karadžićs sowohl die Todeslager wie die Vergewaltigungslager errichtet und geleitet hatten. Aber Bush und Eagleburger taten statt dessen nur das absolute Minimum, und zehn Monate später unterhielten die Serben wieder Gefangenenlager und verweigerten dem Roten Kreuz den Zutritt.

Die Regierung bewegte sich mit Höchstgeschwindigkeit in eine andere Richtung. Inzwischen hatte England den Vorsitz im Ministerrat, und Premierminister John Major, der ein Führungsvakuum erkannte, versuchte, das Kommando über die westliche Politik zu übernehmen.

Major berief in London eine internationale Konferenz über das ehemalige Jugoslawien ein, um eine Politik durchzusetzen, die nie öffentlich bekannt gemacht, geschweige denn diskutiert worden war. Eagleburger gab mit seiner programmatischen Rede über die endlosen Leiden der Serben in der Geschichte und die besonderen historischen Beziehungen zwischen den USA und Serbien den Ton an. Der Konflikt habe »alte und komplizierte Wurzeln«, erklärte er, ohne die international anerkannte Republik Bosnien-Herzegowina auch nur zu erwähnen oder der Hoffnung Ausdruck zu verleihen, daß sie überleben werde. Damit gab er indirekt zu verstehen, daß die westlichen Großmächte den Staat in seiner jetzigen Gestalt abgeschrieben hatten. Die Konferenz beauftragte Cyrus Vance, den früheren US-Außenminister der Carter-Regierung, der die Vereinigten Nationen repräsentierte, und David Owen, den früheren britischen Außenminister, der die EG vertrat, einen »Verhandlungsfrieden« vorzubereiten.

Vance, ein New Yorker Rechtsanwalt, der seiner Integrität, Erfahrung und seines Verhandlungsgeschicks wegen hohes Ansehen genoß, kannte Owen, einen schlagfertigen und aggressiven Arzt und Politiker, von ihren gemeinsamen Bemühungen um eine Beendigung des Bürgerkriegs in Rhodesien Ende der siebziger Jahre. Vance hatte den Waffenstillstand in Kroatien und die Entsendung von UN-Friedenstruppen ausgehandelt und war mit der Lage in Bosnien vertraut. Aber Vance hatte nach Angaben langjähriger Freunde eine tiefverwurzelte Abneigung gegen den Einsatz von Gewalt zur Lösung von Konflikten. Owen dagegen hatte sich öffentlich für militärische Aktionen gegen Serbien ausgesprochen. Sie ergänzten einander, als sie sich an die Arbeit machten, aber ihre Mission war ebenso zum Scheitern verurteilt wie die vorangegangenen Vermittlungsbemühungen der EG.

Sie organisierten als erstes Gespräche mit den, wie sie es nannten, »kriegführenden Parteien«. Die bosnische Regierung hatte Legitimität, aber fast keine Waffen; die serbischen Aufständischen hatten Waffen, aber keine Legitimität; und die weitaus unbedeutendere Führung der bosnischen Kroaten hatte keine Legitimität, aber die Möglichkeit, Waffenlieferungen an die legitime Regierung zu blockieren. Vance und Owen stellten alle drei auf die gleiche Stufe. In New York, Brüssel und

Washington setzten sich Vance und Owen für die Beibehaltung des Waffenembargos gegen die Regierung in Sarajevo ein. Nach Angaben des bosnischen Vizepräsidenten Ejup Ganić versprachen sie jedoch, ihre Einwände fallenzulassen, falls Serbien die vorgeschlagene Lösung zurückweisen sollte. Als Köder für die bosnischen Kroaten bekamen diese von Vance und Owen fast ein Viertel des bosnischen Territoriums zugesprochen, weit mehr als ihrem Bevölkerungsanteil von 18 Prozent entsprochen hätte, und dazu gehörten Städte wie Mostar, Jajce und Travnik, wo Muslime die zahlenmäßig stärkste Volksgruppe ausmachten. Niemand war überrascht, daß Mate Boban, ein bosnisch-kroatischer Nationalist, der gewöhnlich an der Hand seines Gönners Franjo Tudjman bei den Verhandlungen erschien, der erste war, der das Abkommen im Januar 1993 unterzeichnete.

Vance und Owen standen keine Zwangsmittel zur Verfügung, um ihren diplomatischen Bemühungen Nachdruck zu verleihen, und sie bestanden auch nicht auf einem Waffenstillstand als Vorbedingung für Gespräche. Ihre Passivität erlaubte es der serbischen Armee, den Widerstand der bosnischen Regierung schließlich zu brechen. Izetbegović unterzeichnete das Abkommen im März 1993. Der komplexe Plan, der die Republik in zehn autonome Provinzen zersplitterte – drei für jede ethnische Gruppe und eine für Sarajevo – hätte geschickt die Schaffung eines »Großserbien« verhindert, indem er eine überwiegend kroatische Provinz und eine muslimische Zugangsstraße durch den serbischen Korridor zwischen Belgrad und Banja Luka legte. Er hätte die Serben auch gezwungen, das von ihnen eroberte Ostbosnien zurückzugeben. Diese Bedingungen, die die wichtigsten Geländegewinne des Kriegs aufhoben, machten den Plan inakzeptabel für die bosnischen Serben. Zugleich versäumten Vance und Owen es, die Kritik des Plans seitens des neugewählten amerikanischen Präsidenten Bill Clinton zu berücksichtigen, und schienen eiligst vollendete Tatsachen schaffen zu wollen. Die Vermittler und die neue US-Regierung unterboten einander. Vance und Owen überschätzten ihren Einfluß und unterschätzten den Aggressor. Karadžić unterzeichnete das Dokument am 2. Mai 1993, aber es war nur ein weiteres Beispiel für den großen Betrug; im Mai wiesen alle seine politischen Kollegen den Plan in einer Reihe von Abstimmungen zurück. Die Vermittler hatten keine Alternativvorschläge in Reserve und ließen den Plan fallen.

Die Serben hatten die Signale aus dem UN-Sicherheitsrat und von der politischen Bühne in Washington scharfsinnig gedeutet, zum Beispiel die Wirtschaftssanktionen des Sicherheitsrates vom 30. Mai 1992 gegen Restjugoslawien. Einige NATO-Länder schickten einen Verband kleiner Kriegsschiffe in die Adria, die jedoch nicht autorisiert waren, Schiffe aufzuhalten, die gegen die Sanktionen verstießen, und so wurden nur ihre Logbücher mit Aufzeichnungen über die Schiffe gefüllt, die in dem jugoslawischen Hafen Bar anlegten. Die Luftblockade war noch kaum durchgesetzt worden, als die Vereinigten Staaten schon deren Aussetzung zugunsten von Milan Panić verlangten, eines amerikanischen Geschäftsmannes serbischer Abstammung, den Milošević als Premierminister Restjugoslawiens geholt hatte. Der politisch unerfahrene Panić erzählte dem Westen, daß er Milošević stürzen werde, aber Zeit brauche, um mäßigend auf dessen Politik einzuwirken. Er ließ einen äußerst fähigen Mitarbeiter, John Scanlon, das Gesuch stellen. Scanlon war ein weiterer früherer US-Botschafter in Belgrad und, wie Eagleburger, Mitglied der »Belgrad-Mafia« des Außenministeriums. Die Bush-Regierung unterstützte Panićs Gesuch, die Sanktionen im Luftverkehr auszusetzen, um es ihm zu ermöglichen, ungehindert von einem Land zum anderen zu fliegen und seine Botschaft loszuwerden, die genau die Botschaft war, die die westlichen Länder hören wollten. Sie erhob auch keine Einwände, als Scanlon während Panićs kurzer Amtszeit in Belgrad dessen Sicherheitsberater wurde. Der Chargé d'affaires der Botschaft der Vereinigten Staaten sah sich zuweilen in die Lage versetzt, eine diplomatische Note seiner Regierung dem früheren US-Botschafter zu überreichen. Im Dezember dann konnte Milošević Panić nicht mehr gebrauchen und manövrierte ihn problemlos in gefälschten Wahlen aus seinem Amt.

Zu diesem Zeitpunkt bereits wurden die Sanktionen nicht mehr durchgesetzt. Die Kumpane Miloševićs hatten so viele Möglichkeiten entdeckt, die Sanktionen auf dem Landweg zu umgehen, daß es ihm gelang, Serbien am Vorabend seiner erfolgreichen Wiederwahl mit billigem Benzin und importierten Waren zu überschwemmen. Erst am 27. April 1993, elf Monate später, stimmte der Sicherheitsrat einem Durchsetzungsverfahren zu. Serbien fand schon Monate später Wege, es ganz offen zu mißachten.

Obwohl der Westen Bosnien-Herzegowina als ein humanitäres Problem definiert hatte, versagte er sogar bei der Sicherung der Lebensmittellieferungen. Beim Gipfeltreffen im Juli in München hatte Baker öffentlich das Versprechen abgegeben, die US-Luftwaffe einzusetzen, um Hilfskonvois nach Bosnien zu schützen, aber Bush hörte eher auf die Einwände Colin Powells, seines Generalstabschefs, und hielt das Versprechen nicht ein. Am 13. August 1992 stimmte der UN-Sicherheitsrat der Anwendung von militärischer Gewalt zu, um die Lieferung von Hilfsgütern nach Bosnien zu sichern. Einige NATO-Mitglieder schickten tatsächlich Truppen, um die Maßnahmen Ende Oktober durchzuführen, aber unter Gefechtsregeln, die es ihnen, zum Beispiel im Fall Englands, nur dann erlaubten zu schießen, wenn sie sicher sein konnten, nur ihren Angreifer zu treffen. Verteidigungsminister Malcolm Rifkind verabschiedete die 2 400 englischen Soldaten, nachdem er gewarnt hatte, daß sie zurückbeordert würden, wenn sie zu viele Gefallene hätten.

Obwohl der Sicherheitsrat am 9. Oktober 1992 alle Militärflüge über Bosnien verbot, leitete er erst sechs Monate und 465 Flüge später, am 7. April 1993, Schritte ein, um das Verbot durchzusetzen. Ende 1992 zweifelte auch das Außenministerium aufgrund seiner eigenen Befragungen nicht länger, daß die Serben, und in erheblich geringerem Ausmaß die Kroaten und Muslime, zahllose Greueltaten begangen hatten, und Eagleburger veröffentlichte eine Liste mit den Namen von sieben Spitzenpolitikern oder Lagerkommandanten, die verdächtigt wurden, Kriegsverbrechen begangen zu haben, darunter Milošević und Karadžić. In allen anderen Punkten blieb die Regierung bei ihrer bisherigen Politik.

Nachdem er im November die Präsidentschaftswahlen gegen den Gouverneur von Arkansas, Bill Clinton, verloren hatte, befahl Bush 30 000 Soldaten nach Somalia, wo die Vereinigten Staaten wohl kaum langfristige oder vitale Interessen hatten. Berater des Pentagon erklärten, daß der Generalstab selbst die Entsendung der Truppen in der Annahme vorgeschlagen habe, daß es sicherer für die US-Einheiten sei, in der Wüste von Somalia zu kämpfen als in den bewaldeten Bergen Bosniens. Eagleburger betonte, daß die USA nur über begrenzte Mittel verfügten und die Entsendung von Truppen nach Somalia deshalb kein Signal für Bosnien-Herzegowina sei. Das war die Botschaft für Milošević und Karadžić, auf die sie gewartet hatten. Als die US-Einheiten in Mogadischu an Land gingen, verstärkten die Serben die Bombardierung Sarajevos und brachten die Hilfslieferungen zum Erliegen.

Clinton betrat den Schauplatz spät und hatte, als er im Januar 1993 sein Amt antrat, nur wenig Möglichkeiten, sinnvoll zu handeln. Durch seinen Mangel an Erfahrung und sein Unvermögen, im diplomatischen Kaffeesatz zu lesen, war er schwer gehandikapt, aber das wurde durch eine Reihe von Fauxpas noch verschlimmert, für die er innenpolitisch teuer bezahlen mußte. Clintons Begegnungen mit Bosnien erwiesen sich als für ihn politisch ebenso verheerend wie für Bosnien selbst.

Im Wahlkampf hatte Clinton, auf die *Newsday*-Enthüllungen über die Konzentrationslager reagierend, schärfere Maßnahmen gefordert. »Wir werden möglicherweise militärische Gewalt anwenden müssen«, erklärte er. »Ich würde als erstes die Luftwaffe gegen die Serben einsetzen.« Bei seiner Amtseinsetzung sprach sich Clinton für die Anwendung militärischer Gewalt aus für den Fall einer Bedrohung vitaler Interessen der USA oder »der Mißachtung des Willens und des Gewissens der internationalen Gemeinschaft.« Er ließ keinen Zweifel an seinen Bedenken hinsichtlich der Teilung Bosnien-Herzegowinas in ethnisch definierte Provinzen, wie es der Vance-Owen-Plan vorsah.

Vance und Owen, England und Frankreich organisierten eine Kampagne, die der Vereitelung von Clintons Plan, Gewalt anzuwenden, um die Serben zu Verhandlungen zu zwingen, dienen sollte. General Powell und eine wenig beachtete, aber wachsende pro-serbische Lobby, die von serbischen Organisationen in den USA finanziert wurde, ergänzten die Bemühungen in Washington, die zu neutralisieren die bosnische Regierung versäumte.

Angesichts dieser massiven Kampagne und besorgt um seine innenpolitischen Pläne, nahm Clinton eine Kursänderung vor und sprach sich für den Vance-Owen-Plan aus. Berater sagten, er hoffe, den Plan als einen Keil benutzen zu können, um den Einfluß des Westens in Bosnien-Herzegowina wiederherzustellen, und bot deshalb an, dessen Durchsetzung mit Truppen zu unterstützen. Aber er wurde erneut schwankend und fügte die Bedingung hinzu, daß alle beteiligten Parteien dem Verhandlungsergebnis zustimmen müßten, und gab so den bosnischen Serben die Möglichkeit, gegen den Einsatz von US-Truppen ihr Veto einzulegen. Clinton ermutigte gleichwohl Izetbegović, den Plan zu unterzeichnen, und versprach, die Existenz des bosnischen Staates zu garantieren und eine Aufhebung des Waffenembargos zu verlangen, falls Serbien die Unterzeichnung verweigerte, sagten US-Regierungsbeamte.

Der neue Außenminister, Warren Christopher, der der Stellvertreter von Außenminister Vance in der Carter-Regierung gewesen war, stellte im Februar in einer offiziellen Erklärung eine Reihe von Schritten vor, die darauf hindeuteten, daß der Vance-Owen-Plan das absolute Minimum war, mit dem sich die Vereinigten Staaten zufriedengeben würden. Christopher, ein Rechtsanwalt aus San Francisco, dessen farblose Persönlichkeit ihm den Spitznamen »Vances Vance« eintrug, nahm ganz gegen seine Natur kein Blatt vor den Mund, als er vor der Gefahr warnte, daß Bosnien zu einem größeren europäischen Krieg führen würde: »Von unseren humanitären Interessen einmal abgesehen, haben wir auch direkte strategische Interessen. Die fortdauernde Zerstörung eines neuen Mitglieds der UNO stellt das Prinzip in Frage, daß international anerkannte Grenzen nicht gewaltsam geändert werden dürfen. Dieser Konflikt hat zudem keine natürlichen Grenzen. Er droht auf andere Regionen wie etwa Kosovo und Makedonien überzugreifen. Er könnte dann zu einem größeren Balkankrieg werden als die, welche dem Ersten Weltkrieg vorangingen. Die Ausbreitung der Feindseligkeiten könnte weitere Länder wie Griechenland, die Türkei und Albanien in Mitleidenschaft ziehen...«

Clintons anfängliche Erfahrung bewies, daß entschlossenes Auftreten Erfolg hatte. Gegen den Rat seiner Verbündeten und Karadžićs Drohungen ignorierend, befahl Clinton den US-Flugzeugen, Hilfsgüter über den ostbosnischen Enklaven abzuwerfen, wo die serbischen Truppen die UN-Hilfslieferungen blockierten. Die Zivilbevölkerung erhielt so Lebensmittel und Medikamente, und mindestens zwei Enklaven wurden vorübergehend gerettet. Clinton drohte auch weiterhin Bombardierungen aus der Luft an. Das könnte es, zusammen mit der Europareise, die Christopher unternahm, um ein entschlosseneres Vorgehen zu diskutieren, Owen und Vance ermöglicht haben, Karadžić zur Unterzeichnung ihres Plans am 2. Mai zu zwingen. Owen verkündete, es sei ein »großer Tag für den Balkan«. Aber Owen hatte sich am politischen Balkanfieber des Triumphalismus angesteckt und feierte den Sieg, bevor er ganz errungen war; er ermahnte die Vereinigten Staaten öffentlich, alle Militäraktionen zurückzustellen, bis das selbsternannte Parlament der bosnischen Serben den Plan unterzeichnet habe. Das war eine kolossale Fehlkalkulation. Das Parlament stimmte gegen den Plan und kündigte in einem Hinhaltemanöver eine Volksabstimmung an. Clinton, dessen Popularitätskurve in den USA sank, zog sich völlig frustriert von einer aktiven Rolle in dem Konflikt zurück.

Im selben Monat vollendete Christopher später die »Kehrtwendung«. Er erklärte, alle Seiten hätten sich Greueltaten zuschulden kommen lassen, und höhlte so seine eigene moralische Begründung dafür aus, den Bosniern zu Hilfe zu kommen. »Es ist leicht, eine Analogie mit dem Holocaust herzustellen, aber ich habe noch nie von einem Völkermord der Juden an den Deutschen gehört«, sagte er vor dem Kongreß der Vereinigten Staaten. Christopher erläuterte nicht, was er damit meinte, aber es lief darauf hinaus, die Opfer selbst der Aggression zu beschuldigen. Christopher war jedoch teilweise selbst verantwortlich für den politischen Fehlschlag, denn er hatte nicht versucht, die europäischen Staaten von der Wichtigkeit von Luftangriffen zu überzeugen, sondern den führenden europäischen Politikern – nach Angaben von Kongreßabgeordneten – gesagt, daß auch er Bedenken gegenüber einem Kurswechsel habe.

Der Vance-Owen-Plan war gestorben, die amerikanische Politik hing in der Luft, und so flogen Owen und der norwegische Diplomat Thorvald Stoltenberg, der Vance im Mai abgelöst hatte, nach Moskau. Dort schlug Rußland eine Alternative zum Vance-Owen-Plan vor: Die Vereinten Nationen sollten Friedenstruppen entsenden, um das halbe Dutzend Enklaven, das die Muslime nun bewohnten, vor der serbischen Belagerung zu schützen. Clinton gewährte nur halbherzige Unterstützung und vermied Zusagen über die Entsendung von Truppen für einen Einsatz, der leicht in einem ausweglosen Schlamassel enden konnte. Die bosnische Regierung lehnte den Vorschlag ab; sie betrachtete ihn als einen faulen Kompromiß. Karadžić begrüßte ihn.

Angesichts der totalen Verwirrung im Westen begannen die Serben, Sarajevo und die noch verbliebenen muslimischen Enklaven in Ostbosnien unter Beschuß zu nehmen. Bosniens kroatische Truppen gingen, von Tudjman ermutigt, zum Angriff über und nahmen die »ethnischen Säuberungen« muslimischer Städte in Zentralbosnien wieder auf, die dem Vance-Owen-Plan zufolge kroatisch dominiert sein sollten. Anfang Juni veröffentlichten Milošević und Tudjman einen gemeinsamen Aufruf zur Teilung Bosniens, der den Muslimen nur einige wenige Enklaven überließ, die in der Umgebung von Sarajevo konzentriert waren. Clinton erklärte, daß das nicht die von ihm bevorzugte Lösung sei, erhob aber keine Einwände. Owen unterstützte den Plan. Vance prangerte ihn als »das Äquivalent für die Unterstützung ethnischer Säuberungen« an.

Was Bosnien-Herzegowina betraf, war die überraschendste Tatsache, daß die Republik, vierzehn Monate nachdem sie einem Blitzkrieg-Angriff ausgesetzt war und lange nachdem westliche Experten sie abgeschrieben hatten, immer noch am Leben war. »Klassischen Definitionen zufolge müßten wir eigentlich tot sein«, so Vizepräsident Ejup Ganics scherzhafte Bemerkung nach dem ersten Kriegsjahr. Er sagte, er habe keine Ahnung, wie lange die Bevölkerung durchhalten könne. Menschen, die um ihr Leben, für ihre Familien und ihr Land kämpfen, sind hoch motiviert, auch wenn sie nur schlecht bewaffnet sind. Humanitäre Hilfe hatte vielen das Leben gerettet. Zugleich gab es viele Anzeichen dafür, daß die Serben sich auf ihrer militärischen Überlegenheit ausgeruht und nur selten mit der Infanterie angegriffen hatten, und ihre Haupttaktik, Dörfer und Städte mit weitreichender Artillerie zu beschießen, war die eines bis an die Zähne bewaffneten Schlägertypen. Viele westliche Militärexperten ignorierten die politischen Realitäten vor Ort und konzentrierten sich statt dessen aufs »Erbsenzählen«, den zahlenmäßigen Vorteil, den die Serben auf dem Schlachtfeld hatten. Das militärische Potential der Serben, meinte Mitte Juni General John Shalikashvili, Oberbefehlshaber der NATO, »ist allzu sehr überschätzt worden«. Um Jugoslawien zu erobern, bemerkte er, »mußten die Deutschen nicht lange kämpfen. Die Deutschen schafften das sehr schnell, sehr effizient.«

Während es den Serben nicht gelungen war, Bosnien in die Knie zu zwingen, fügten sie der Glaubwürdigkeit und den Institutionen des Westens enorme Schäden zu. Der UN-Sicherheitsrat legte Lippenbekenntnisse zur Unverletzlichkeit der Grenzen ab und fand gleichzeitig einen legalistischen Vorwand, um das grundlegende, in der UN-Charta verankerte Prinzip internationaler Beziehungen zu ignorieren: das Recht auf Selbstverteidigung. Die Vereinigten Staaten erkannten Bosniens territoriale Integrität an und stimmten dann einem Plan nach dem anderen zu, um die Republik zu demontieren. Europa ignorierte die KSZE-Prinzipien, wie zum Beispiel die Unzulässigkeit gewaltsamer Eroberungen, Prinzipien, die den Kalten Krieg gewinnen halfen. Die NATO tat ihr Bestes, um die Differenzen zwischen Griechenland und der Türkei zu übertünchen, aber ihre Lähmung forderte Fragen im US-Kongreß heraus, wozu ein kostspieliger Mechanismus zur Gewährleistung der Sicherheit in Europa eigentlich tauge, wenn er nicht einmal einen kleinen Krieg vor der eigenen Tür beenden könne. Die EG erwies sich als Papiertiger. Die »Stunde Europas«, deren Höhepunkt der »große Tag für den Balkan« war, schrumpfte zu einem kläglichen Moment für die westliche Zivilisation.

Der Krieg in Bosnien dürfte einige Illusionen zerstört haben. Die Europäer, von nationalen Rivalitäten zerrissen, sind auch weiterhin unfähig, mit einer Krise auf ihrem eigenen Kontinent fertig zu werden. Da den großen europäischen Mächten entweder der Wille fehlte, Gewalt anzuwenden, oder sie über kein allgemein anerkanntes Verfahren dafür verfügten, wurden sie zu Appeasement und Verrat getrieben. »Da die politische Führung Amerikas nicht wie… in früheren Krisen… von Anfang an gegeben war, … war es schwierig, die europäischen Nationen zum Handeln zu bewegen«, sagte Shalikashvili. »Das hat uns allen die Bedeutung der amerikanischen Führung gezeigt und den Preis, den wir zahlen, wenn sie fehlt.«

Obwohl sich Clinton aus der diplomatischen Arena zurückzog, ließ er die Frage offen, ob Bosnien wichtig ist. In seiner politischen Grundsatzerklärung vom 10. Februar legte Christopher beredt dar, warum Bosnien wichtig ist und welche Rolle die Vereinigten Staaten dabei spielen könnten.

»Auch wenn dieser Konflikt fern von unseren Grenzen stattfindet, steht er doch sicher nicht unseren Interessen fern. Wir können es uns nicht leisten, ihn zu ignorieren«, sagte er.

»Die Ereignisse im früheren Jugoslawien stellen uns vor die Frage, ob ein Staat mit den Rechten seiner Minderheiten so verfahren darf, daß er diese ausrottet, um ethnische Homogenität zu erreichen. Dreiste Tyrannen und furchtsame Minderheiten erwarten eine Antwort auf die Frage, ob ethnische Säuberungen eine Politik darstellen, die die Welt tolerieren wird. Wenn wir hoffen, die Verbreitung der Freiheit zu befördern, wenn wir hoffen, die Entstehung friedlicher ethnischer Demokratien zu ermutigen, dann muß unsere Antwort ein überwältigendes Nein sein.«

Als hätte im Februar niemand zugehört, definierte Christopher in einem Interview vom 26. Mai das Problem neu und erklärte, daß die Vereinigten Staaten es nun vergessen könnten. Er variierte Neville Chamberlains berühmte Formulierung vom 2. September 1938, daß die Engländer sich keine Sorgen zu machen brauchten »wegen eines Streits in einem fernen Land zwischen Menschen, von denen wir nichts wissen.« In Warren Christophers Fassung von 1993 war Bosnien-Herzegowina »eine humanitäre Krise weit entfernt von unserer Heimat, in der Mitte eines anderen Kontinents«. Die Amerikaner seien davon nicht betroffen, sagte er, weil »unsere Handlungen im Verhältnis zu unseren Verantwortungen stehen. Wir können nicht alles machen. Wir müssen unsere Handlungsmöglichkeit abwägen nach den Interessen der Vereinigten Staaten und unsere Macht für die Situationen bewahren, in denen unsere wesentlichen nationalen Interessen bedroht sind.«

Die Vision einer auf universalen Werten beruhenden Weltordnung war infolge innenpolitischen Drucks und diplomatischen Versagens der Lähmung der Isolationspolitik erlegen.

AUGENZEUGE DES VÖLKERMORDS

Manjača: Die meisten Überlebenden des Omarska-Lagers wurden in das von der Armee geführte Kriegsgefangenenlager gebracht, wo sie auf dem Fußboden in offenen Viehställen von August bis Dezember festgehalten wurden.

Die Jugoslawen »brauchen das Eingreifen des Westens«

Belgrad, Jugoslawien, 21. November 1991

Bei Ausbruch der Gewalttätigkeiten in Jugoslawien im Juni 1991 entsorgte die Bush-Regierung das Problem bei der EG und trat von der politischen Bühne ab, nachdem sie jegliche militärische Intervention des Westens ausgeschlossen hatte. Fünf Monate später sahen EG-Vermittler, denen die Hände gebunden waren, hilflos zu, wie bei dem Angriff Serbiens und der von Serbien geführten Bundesarmee auf das sezessionistische Kroatien nicht weniger als 10 000 Menschen starben und 400 000 aus ihrer Heimat vertrieben wurden. Heute gleitet Jugoslawien nach Ansicht Alija Izetbegovićs, des angesehenen, gemäßigten Führers der Republik Bosnien-Herzegowina, in einen totalen Krieg, der nur durch eine militärische Intervention des Westens aufgehalten werden kann.

Als der erste größere Konflikt seit dem Ende des Kalten Krieges und dem Zusammenbruch des sowjetischen Imperiums stellt Jugoslawien die erste Bewährungsprobe für Präsident George Bushs »Neue Weltordnung« dar. Aber es könnte der Vorbote einer neuen Weltunordnung sein.

Europa hat sich nach Ansicht eines deutschen Diplomaten in Bonn nach fünfmonatigen Vermittlungsbemühungen ohne militärischen Druck »mehr oder weniger als Papiertiger« erwiesen, und die Bush-Regierung ist wesentlich dafür verantwortlich zu machen.

»Was tun die USA? Ihr seid die einzigen, die diesen Krieg hätten beenden können – mit nur einem Flugzeugträger in der Adria. Aber wenn 100 amerikanische Studenten in Grenada festsitzen, nehmt ihr die Insel ein«, sagte dieser Diplomat, der ungenannt bleiben wollte.

Jonathan Eyal vom *Royal United Services Institute* in London, einer militärischen Denkfabrik, ist ebenfalls der Meinung, daß früher hätte eingegriffen werden sollen. Eine Intervention, sagte er, »wäre eine Art Vabanquespiel. Aber ich habe das Gefühl, daß die Serben schnell davonlaufen werden, wenn sie die Möglichkeit einer Intervention des Westens sehen«. Unterdessen, sagte er, habe die EG sowohl darin »versagt, die Hintergründe des Konflikts zu verstehen«, als auch darin, »irgend etwas auf die Beine zu stellen, um ihn zu beenden«.

Beamte des US-Außenministeriums und des Weißen Hauses sagen, daß der Jugoslawien-Konflikt aus sachfremden Gründen als eine interne Auseinandersetzung behandelt wurde. »Was uns wirklich Sorgen macht, ist der Zerfall der Sowjetunion«, sagte ein Regierungsberater während des NATO-Gipfeltreffens in Rom. Es steht zu befürchten, daß eine Unterstützung des Zerfalls Jugoslawiens den Zerfall der Sowjetunion ermutigen wird.« Aber Eyal meint, daß das wirkliche Motiv dafür, sich aus der Sache herauszuhalten, politisch war, denn die Regierung sieht keinen politischen Vorteil und ein hohes Risiko für den Fall einer Intervention.

Den stärksten Einfluß scheint die Jugoslawien-Politik der USA auf Westeuropa zu haben, was wahrscheinlich nicht beabsichtigt war. Indem sie die Sache den Europäern übergaben, belebten die USA eine bittere und emotionale Rivalität neu, die man, wie den Jugoslawien-Konflikt selbst, als eine Fortsetzung des Zweiten Weltkriegs ansehen könnte. Während des Krieges war Deutschland mit Kroatien verbündet. England stellte sich auf die Seite der Serben und, nach der Invasion der Nazis, der kommunistischen Partisanen.

Aber die miteinander zerstrittenen Europäer haben den Konflikt ausgewogen behandelt und beiden Seiten auf die Finger geklopft. Nachdem sie auf dem NATO-Gipfeltreffen in Rom Sanktionen angekündigt hatten, um damit Serbien zu treffen, waren sie unfähig, sich auf konkrete Schritte zu einigen. Sie forderten ein Öl-Embargo durch die Vereinten Nationen, aber dieser Versuch wird wohl eher im Sande verlaufen.

Die Vermittlungsbemühungen der EG mit ihren weißgekleideten Waffenstillstandsbeobachtern, die als »Eis-Verkäufer« verlacht werden und die Demütigungen durch die jugoslawische Armee hinnehmen, sind zur Peinlichkeit verkommen. Die Europäische Gemeinschaft trägt milde Protestnoten vor, die ignoriert werden. Nach Meinung von Beobachtern wie Eyal hat die jugoslawische Armee das impotente Auftreten der EG möglicherweise als grünes Licht für ihre Eroberungen interpretiert.

Täglich lassen sich neue Beispiele anführen:

In den letzten zwei Wochen sind in der Nähe von Vukovar Schiffe aus vier Nationen von Mörserfeuer getroffen worden, als sie auf der Donau Jugoslawien durchquerten. Aber es war nicht ein Laut des Protestes von seiten der EG gegen die Verletzung des Durchfahrtsrechts auf einem internationalen Schiffahrtsweg zu hören.

Die EG-Beobachter standen dabei und zählten, während die von den Serben geführte Armee im vorigen Monat 10 000 Kroaten vertrieb, die gesamte Bevölkerung der ostkroatischen Stadt Ilok, was der Armee ein günstigeres Sprungbrett für ihren Angriff auf Kroatien verschaffte.

Als die Bundesarmee die Bombardierung Dubrovniks verstärkte und die Schlinge um die Stadt fester zog, die als eines der Denkmäler westlicher Zivilisation den Status einer von der UNO geschützten Stadt hat, zog die EG am vergangenen Wochenende stillschweigend ihre kleine Beobachtertruppe ab.

Der Streit innerhalb der EG konzentriert sich nun auf die Forderung Deutschlands, Kroatien und seinen Nachbarstaat Slowenien, die beide am 25. Juni ihre Unabhängigkeit erklärt haben, diplomatisch anzuerkennen. Deren Anerkennung würde effektiv ein Bündnis mit Westeuropa bedeuten und dieses dem Kriegsschauplatz näherbringen. Aber England verweigert hartnäckig eine solche Anerkennung wie auch jegliche Gewaltanwendung, die den Angriff der Armee auf Kroatien zum Stillstand bringen könnte.

Eine beträchtliche Zahl von Beobachtern ist jedoch der Meinung, daß der Krieg nicht länger auf Jugoslawien begrenzt werden kann und daß Westeuropa früher oder später mit hineingezogen wird. »So vieles ist geschehen. So viele Menschen sind getötet worden. Die Jugoslawen sind nicht länger fähig, das unter sich auszumachen«, sagte Jochen Thies, ein Wissenschaftler bei der Deutschen Gesellschaft für Auswärtige Politik. »Und je früher eine Intervention stattfindet, desto besser.«

Manjača, Bosnien-Herzegowina, Juli 1992: Gerade festgenommene muslimische Gefangene werden in einem »Kriegsgefangenen«-Lager im serbisch kontrollierten Nordbosnien von den serbischen Wachen wie
Schafe geschoren. Nach Angaben von Vertretern internationaler Hilfsorganisationen hatten von den schätzungsweise 3000 Gefangenen nur
einige wenige gegen die serbischen Eroberer zu den Waffen gegriffen.

Manjača: Ein mit der Hand geschriebenes Zeichen am Stacheldrahtzaun
um das Lager warnt vor Minen.

Auf dem Weg zur Anerkennung
Die Deutschen führen die EG in der Jugoslawien-Frage

Bonn, Deutschland, 18. Dezember 1991

Deutschland kämpfte wie ein Schwergewichtsboxer gegen die meisten Staaten der Europäischen Gemeinschaft und hat der gesamten EG den Weg zur Anerkennung der sezessionistischen jugoslawischen Republiken Kroatien und Slowenien in weniger als einem Monat gebahnt.

Der Kompromiß, mitten in der Nacht zusammengeschustert wie die meisten EG-Abkommen, wahrte den Anschein europäischer Einheit, indem er Verfahrensregeln aufstellte, nach denen die zwölf Mitgliedsstaaten Beziehungen zu den neuen Ländern aufnehmen können, die Mitte Januar die Nachfolge des multinationalen Staates antreten.

Das ist jedoch nur eine Fassade, denn Kanzler Helmut Kohl erklärte gestern, daß Deutschland die Anerkennung der beiden Staaten morgen bekanntgeben werde. Unter starkem Druck seitens der Vereinigten Staaten, des UN-Sicherheitsrates und von EG-Partnern wie England und Frankreich machte Deutschland nur eine Konzession: den Vollzug bis zum 15. Januar auszusetzen.

Während die EG-Partner sich beglückwünschten, eine offene Spaltung verhindert zu haben, herrschte in Jugoslawien selbst wenig Freude, denn das Vorgehen der EG könnte dort sehr wohl den entgegengesetzten Effekt haben: Statt das Blutbad in Kroatien zu beenden, könnte es den Krieg auf das ethnische Pulverfaß Bosnien-Herzegowina ausweiten.

Das leidenschaftliche Engagement, mit dem Kohl und Außenminister Hans-Dietrich Genscher die Kampagne für die Anerkennung geführt haben, hat viele Beobachter hier überrascht, denn trotz seiner wirtschaftlichen und politischen Potenz vermag Deutschland kaum, Einfluß auf das Kriegsgeschehen zu nehmen. Seine Verfassung verbietet es ihm, Truppen oder Waffen in das Krisengebiet zu schicken, um seinen diplomatischen Bemühungen Nachdruck zu verleihen, und Genscher hat Interventionen für alle Länder ausgeschlossen, die während des Zweiten Weltkriegs von Nazi-Deutschland okkupiert waren.

»Wenn man Genschers Argumentation folgt, kann man nirgends hingehen, außer nach Großbritannien«, bemerkte Jochen Thies, Herausgeber der Zeitschrift *Europa Archiv.*

Viele Diplomaten erklären das deutsche Vorgehen damit, daß Papst Johannes Paul II. den Katholiken Kohl wiederholt dringend gebeten habe, Kroatien und Slowenien, deren Bevölkerung überwiegend katholisch ist, zu Hilfe zu kommen. Kroatiens Präsident Franjo Tudjman, der am 25. Juni die Unabhängigkeit des Landes erklärt hatte, ohne Vorbereitungen für dessen Verteidigung zu treffen, glaubt, daß internationale Anerkennung die Lage ändern wird. Genscher, der kein Katholik ist, bat nach Angaben aus kirchlichen Kreisen vor zwei Wochen den Papst, zu versuchen, auf andere katholische Länder, einschließlich Irlands, Portugals und Polens, einzuwirken, um sicherzugehen, daß Deutschland mit der Anerkennung Kroatiens nicht allein dasteht.

Am meisten überrascht am Vorgehen der Deutschen, daß die normalerweise scharfsinnigen Politiker Genscher und Kohl sich anscheinend keine Gedanken über dessen Folgen vor Ort gemacht haben. Dazu befragt nehmen die Sprecher Genschers Zuflucht bei moralischen und rechtlichen Grundsätzen.

Einer der freimütigsten Kritiker der deutschen Politik ist der Sonderbeauftragte der UNO für die Jugoslawien-Krise, Cyrus Vance. »Wenn die Anerkennung Bosnien dazu veranlaßt, seine volle Unabhängigkeit zu erklären, besteht die große Gefahr, daß dies zu einem Konflikt zwischen den Serben und der Armee in Bosnien führen wird«, erklärte der Außenminister der Carter-Regierung in einem Interview.

Das Problem in Bosnien ist, daß die Führer der serbischen Minderheit, die etwa 30 Prozent der Bevölkerung ausmacht, erklären, daß sie die Unabhängigkeit nicht akzeptieren und in dem von Serbien dominierten Restjugoslawien bleiben werden, was zum Zerfall Bosniens führen würde. Aber die Führer der Muslime und Kroaten, die die Mehrzahl der verbleibenden 70 Prozent stellen, weigern sich, einem Restjugoslawien beizutreten. Schon sind in der alten Stadt Mostar jede Nacht Explosionen zu hören, wenn die Serben und Kroaten gegenseitig Anschläge auf ihre Geschäfte verüben.

Tatsächlich verschafft jedoch das Abkommen einer nach Jugoslawien entsandten Delegation unter Vances Stellvertreter, dem US-Botschafter Herbert Okun, einen gewissen zeitlichen Spielraum, über einen Waffenstillstand und die Entsendung von 10 000 UN-Truppen zu verhandeln. Die Frage aber ist, wieviel Zeit. Das EG-Abkommen sieht vor, daß jede jugoslawische Republik, die am 15. Januar international anerkannt werden will, dies bis Montag beantragen und eine Reihe von Bedingungen erfüllen muß, einschließlich der Garantien für die Rechte ethnischer Minderheiten und der Achtung internationaler Grenzen.

Anerkennung durch Europa
kann Konflikt ausweiten

Banja Luka, Jugoslawien, 22. Dezember 1991

Der westeuropäische Schritt zur Anerkennung der Unabhängigkeit Kroatiens löste gestern eine Kettenreaktion aus, spaltete die multi-ethnische Republik Bosnien-Herzegowina und drohte, den Konflikt auszuweiten und zu verschärfen.

Die Pulverfaß-Republik, wo der Erste Weltkrieg begann, wurde in zwei Teile geteilt, nachdem militante bosnische Serben angekündigt hatten, daß sie alle Gebiete, in denen die Serben die Mehrheit stellen, abtrennen und sich als eine neue Republik um internationale Anerkennung bemühen würden. Dieser Schritt wird erwartungsgemäß auf heftigen Widerstand von seiten der Muslime, Kroaten und anderer Volksgruppen stoßen, die 70 Prozent der bosnischen Bevölkerung ausmachen.

Banja Luka, eine liebenswürdige Stadt, nach einem verheerenden Erdbeben 1969 mit breiten Boulevards wiederaufgebaut, ist das mutmaßliche Epizentrum der künftigen Unruhen. Sie liegt in Nordbosnien und wird wahrscheinlich die Hauptstadt der sezessionistischen serbischen Republik werden, obwohl 49 Prozent der Einwohner keine Serben sind.

Es zeichnet sich ein Krieg katastrophalen Ausmaßes ab. In Bosnien »könnten innerhalb weniger Monate 200 000 bis 300 000 Menschen abgeschlachtet werden«, sagte Haris Silajdžić, der bosnische Außenminister und Muslim, kürzlich in einem Interview. Nach offiziellen Schätzungen beträgt die Zahl der Menschen, die in Kroatien von der serbisch dominierten Bundesarmee und serbischen irregulären Truppen seit der kroatischen Unabhängigkeitserklärung vom 25. Juni getötet wurden, etwa 10 000.

Die EG schaffte den Anlaß für eine Ausweitung des Krieges mit ihrer Forderung, daß jede der sechs jugoslawischen Republiken bis morgen erklären müsse, ob sie eine Anerkennung als unabhängiger Staat wünsche. Dafür sprach sich nun am Freitag Bosnien-Herzegowina als letzter Staat nach Slowenien, Kroatien und Makedonien aus. Serbien, das Anspruch auf die Nachfolge des Balkanstaates erhebt, erklärt, daß es sie nicht wünsche. Montenegro, Serbiens Verbündeter im Krieg, wird morgen entscheiden.

Die überwiegend orthodoxen Serben, deren Anteil an der Bevölkerung 31 Prozent beträgt, hatten den Präsidenten Bosniens, Alija Izetbegović, wiederholt gewarnt, daß sie, falls er die Unabhängigkeit erklärte, sich abspalten und mit Serbien verbünden würden. Gestern, als Reaktion auf Izetbegovićs Erklärung 24 Stunden zuvor, machten sie ihre Drohung wahr. Izetbegović, den westliche Diplomaten für den scharfsinnigsten Politiker in Jugoslawien halten, befand sich in einer unhaltbaren Lage. Wenn er nicht für die Unabhängigkeit optiert hätte, drohten die überwiegend katholischen Kroaten, die 17 Prozent der Bevölkerung stellen, die kroatisch dominierten Gebiete herauszulösen und mit Kroatien zu verbinden.

Die Muslime, deren Bevölkerungsanteil 44 Prozent beträgt und die in ganz Bosnien wohnen, haben es vermieden, Partei zu ergreifen.

Izetbegović, ein Muslim, hatte wegen der zu erwartenden Gewalttätigkeiten monatelang für eine Verschiebung der internationalen Anerkennung Kroatiens gekämpft und wichtige Verbündete gefunden, einschließlich der Vereinigten Staaten und des UN-Sonderbeauftragten Cyrus Vance. Aber es gelang Deutschland, die EG davon zu überzeugen, daß eine Verschiebung der Anerkennung die serbische Aggression belohnen würde.

Izetbegović machte kürzlich in einem Interview die düstere Vorhersage, daß Bosnien »wahrscheinlich früher oder später in den Konflikt hineingezogen wird«. Das würde »den totalen Krieg« bedeuten, und »nur eine internationale Intervention könnte diese Katastrophe verhindern«, sagte er. Er befürwortete wie die Vereinten Nationen und die EG die Entsendung von UN-Friedenstruppen nach Bosnien und Kroatien. Aber die bosnischen Serben haben solche Truppen strikt abgelehnt.

Banja Luka, eine Stadt mit 200 000 Einwohnern, steht im Zentrum der Kontroverse. Die Bevölkerung, davon 51 Prozent Serben, hat radikale serbische Nationalisten in Ämter gewählt, die bereits alle Vorbereitungen getroffen haben, die Gebiete mit serbischer Mehrheit für das eigentliche Serbien zu annektieren. Banja Luka wurde von ihnen zur Hauptstadt der sogenannten bosnischen »Krajina«, oder dem Grenzland, erklärt.

Predrag Radić, der Bürgermeister, empfing kürzlich einen Reporter, um den serbischen Plan für die Auflösung Bosniens zu erläutern. Bei

Kaffee und Kognac überreichte er ihm eine farbig schraffierte Karte. Die Serben stellen nur weniger als ein Drittel der Bevölkerung Bosniens, würden aber dieser Karte zufolge die Hälfte bis zwei Drittel des Landes für sich beanspruchen. War diese Karte nicht ein Rezept für den totalen Krieg?

»Es muß nicht so kommen, wenn die Politiker clever sind«, sagte Radić. Die Serben würden die bosnische Krajina abtrennen, einen großen Brocken Land, der wie ein Eberkopf aussieht, und ihn mit einem sichelförmigen Stück Kroatiens, das Serbien gerade erst als neue Republik anerkannt hat, verbinden, um eine neue Republik namens Krajina zu schaffen. Sie würde die drittgrößte jugoslawische Republik sein. Ebenfalls markiert sind andere serbisch dominierte Teile Bosniens, die sich nach einer bosnischen Unabhängigkeitserklärung abspalten würden.

Um die Krajina mit Serbien zu verbinden, zeigen die Karten zwei Korridore: Der eine im Osten erstreckt sich von Banja Luka in Richtung Serbien, der andere, ein Nord-Süd-Korridor, verläuft entlang der kroatischen Ostgrenze und wird für Straßen- und Nachschubverbindungen gebraucht. Genau dort kämpft die Bundesarmee gerade um Land.

Banja Luka unter seinem Bürgermeister Radić gewährt auch einen flüchtigen Einblick in die zwischen den serbischen Nationalisten und der Armee geknüpften Beziehungen, die es den Serben ermöglichen, die Armee für ihre territorialen Expansionspläne einzuspannen. Laut Radić folgen die führenden Politiker der Krajina nicht mehr den bosnischen Gesetzen, falls diese von den »jugoslawischen« abweichen. Die totale Mobilmachung, die von der bosnischen Regierung abgelehnt wird, wird in der bosnischen Krajina befolgt. »Ich bekomme jeden Tag Faxe vom bosnischen Verteidigungsminister, daß ich die Mobilmachung nicht unterstützen soll, aber ich ignoriere sie einfach«, sagte Radić und zeigte mir das neueste. Schon vor der Unabhängigkeitserklärung, sagte er, habe er vorgehabt, den Behörden der Republik ihre Steuern vorzuenthalten.

Die Armee verfügt anscheinend über unbegrenzte Waffenvorräte, ist aber durch Desertionen und Wehrdienstverweigerung gelähmt, während die bosnischen Serben hochmotivierte Truppen für die Front und klare politische Ziele für deren Einsatz anzubieten haben. Die Führung der ethnischen Serben hier hat unter anderem die Armee gebeten, sie vor der angeblichen Bedrohung durch andere Volksgruppen zu schützen. Das Banja Luka-Korps der Bundesarmee, das weitgehend auf die bosnischen Serben angewiesen ist, hat seinerseits einen 25 Kilometer breiten Korridor durch das Zentrum Kroatiens getrieben. Falls er verlängert wird, wie es die Nationalisten planen, wird er Kroatien in zwei Hälften teilen.

Auch wenn der Krieg Banja Luka noch nicht erreicht hat, rückt doch die Front immer näher an die Stadt heran. Bosanska Gradiška, nur 50 Kilometer nördlich, wo die Armeekonvois zusammengestellt werden, liegt unter ständigem Feuer der Kroaten, die versuchen, die Nachschublinien zu unterbrechen. Auch hier wird nachts geschossen, aber es sind meist betrunkene Soldaten der Reservearmee, die Ausgang haben. Die Atmosphäre erinnert an den Wilden Westen.

»Niemand ruft die Polizei, weil sie gar nicht erst kommt«, sagte Ibro Tabaković, ein früherer Universitätsrektor. »Es gibt zuviele Bewaffnete in der Stadt.« Tausende serbischer Flüchtlinge aus Kroatien haben die Stadt überschwemmt und stellen eine enorme finanzielle Belastung für sie dar.

Es gibt viele Möglichkeiten, wie der Krieg in Bosnien ausbrechen könnte. Nach einer Pause von mehreren Wochen holte das Armeekommando in Banja Luka mehrere Tausend Soldaten in die Stadt; das deutet darauf hin, daß wieder eine größere Offensive gegen Kroatien vorbereitet wird, und es ist durchaus vorstellbar, daß kroatische Einheiten, falls sie verstärkt werden, Strafaktionen nach Bosnien hinein unternehmen. Andererseits scheint es unwahrscheinlich, daß ein unabhängiges Bosnien den serbientreuen Truppen der Bundesarmee erlauben würde, hier zu bleiben. Aber es ist nicht klar, wie man sie dazu bringen könnte, das Land zu verlassen, und wenn sie in den überwiegend serbischen Gebieten bleiben, nachdem diese von Bosnien abgefallen sind, schreiben sie die Abspaltung fest.

Der Krieg in Kroatien endete Anfang Januar 1993 in einem unsicheren Waffenstillstand, und nach den Verhandlungen unter Leitung des UN-Vermittlers Cyrus Vance zwischen Kroatien, Serbien und der selbsternannten autonomen serbischen Region Krajina bewilligte der UN-Sicherheitsrat am 21. Februar den Einsatz von fast 14 000 Friedenstruppen in Kroatien. Inzwischen setzte Bosnien-Herzegowina auf Anraten einer Studiengruppe der EG unter Leitung des französischen Juristen Robert Badinter für den 29. Februar und 1. März ein Referendum über seine Unabhängigkeit an.

Ausbruch von Gewalt in Bosnien nach Abstimmung für Unabhängigkeit

Sarajevo, Jugoslawien, 3. März 1992

Ethnische Serben, Gegner einer unabhängigen Republik Bosnien-Herzegowina, brachten gestern alle in die Hauptstadt führenden Straßen unter ihre Kontrolle und die multi-ethnische Region an den Rand eines Bürgerkriegs.

Fast 24 Stunden lang hallte diese 600 000 Einwohner-Stadt, 1984 Schauplatz der Olympischen Winterspiele, von den Salven der Handfeuerwaffen und Explosionen wider. Nach Angaben der Polizei starben vier Menschen und mindestens acht wurden verletzt, darunter ein Mann und eine Frau, auf die während einer Demonstration für die Unabhängigkeit auf einem Boulevard der Innenstadt geschossen worden war. Die Menge hatte Sprechchöre angestimmt wie »Nieder mit den Barrikaden, wir sind unbewaffnet!« und »Wir lieben Bosnien!«, als die Schüsse aus der Richtung der serbischen Barrikaden abgefeuert wurden.

Auch nachdem die von Muslimen geführte bosnische Regierung und die führende serbische Partei übereingekommen waren, die Belagerung zu beenden, hielten die Schießereien noch bis in die Nacht an, aber mehrere der wichtigsten Barrikaden wurden entfernt.

Die Blockade begann nur wenige Stunden nach der Volksabstimmung, bei der sich die Muslime und die katholischen Kroaten, die zusammen 60 Prozent der 4,3 Millionen Bosnier ausmachen, mit überwältigender Mehrheit für eine Abspaltung von Jugoslawien ausgesprochen hatten. Die Serben hatten die Abstimmung boykottiert, und in einer anscheinend gut vorbereiteten Aktion beschlagnahmten bewaffnete und mit Skimasken getarnte Serben Lastwagen, Busse und Straßenbahnen, um Barrikaden zu errichten, während andere als Heckenschützen in Stellung gingen.

»Wir werden ein unabhängiges Bosnien-Herzegowina nicht akzeptieren«, erklärte Radovan Karadžić, ein serbischer Parteiführer, gestern während der Belagerung. Und falls die Mehrheit der Bosnier auf der Unabhängigkeit bestehe, »werden wir wohl leider einen inter-ethnischen Krieg nicht vermeiden können«, sagte er. »Das soll ihnen eine Warnung sein.«

Karadžić fügte hinzu, daß, verglichen mit dem ethnischen Konflikt in der Republik Bosnien, Nordirland wie ein Urlaub am Meer aussehen werde. Aber der bosnische Außenminister Haris Silajdžić sagte, er erwarte eine automatische Anerkennung durch die EG, die diese Volksabstimmung als Beweis für eine breite Unterstützung der Unabhängigkeit in Bosnien verlangt hatte. »Es ist der Wille der Bürger, daß wir nun ein unabhängiger und souveräner Staat sind«, erklärte er in einem Kommentar zu den inoffiziellen Resultaten.

Die Blockade betraf unmittelbar die Bewohner der überwiegend muslimischen Altstadt, aber unter den dort Eingeschlossenen befanden sich die gesamte Regierung Bosniens, mehr als 100 ausländische Beobachter, die die Abstimmung überwacht hatten, und mindestens 500 Reporter.

»Wir sind heute morgen durch die Barrikaden reingekommen, aber sie wollten uns nicht mehr rauslassen«, sagte Colm Doyle, der Leiter der EG-Beobachtermission. Aber später erlaubten die Serben zwei Bussen mit ausländischen Beobachtern, zum Flughafen Sarajevo zu fahren.

Die Belagerung löste Gegenmaßnahmen der Muslime aus, die Barrikaden um die serbischen Stadtteile errichteten. Und als die Schießereien innerhalb und außerhalb der Altstadt den ganzen Tag andauerten, marschierten junge Muslime schließlich zum Rathaus und forderten Waffen, um sich verteidigen zu können. »Gib mir dein Gewehr! Ich werde drei Četniks [serbische Extremisten] als Geiseln nehmen«, sagte ein junger unbewaffneter Mann in der Menge zu einem Mann mit Sonnenbrille und einer grünen Baskenmütze, der eine halbautomatische Waffe trug.

»Ihr habt zugelassen, daß uns die Waffen weggenommen wurden«, sagte ein anderer; das bezog sich auf die Entwaffnung der Muslim-Milizen letztes Jahr durch die jugoslawische Armee. Die städtischen Beamten wiesen die Forderung nach Waffen zurück, aber ein paar Stunden später schienen die meisten Männer auf den sonst menschenleeren Straßen bewaffnet zu sein.

Die Serben erklärten zunächst, die Belagerung sei eine Reaktion darauf, daß am Sonntagnachmittag ein die serbische Fahne schwenkender Serbe im muslimischen Teil der Stadt erschossen worden sei. Aber Karadžićs Partei legte dann eine ganze Reihe von Forderungen vor, die deutlich machten, daß diese Schüsse nur ein Vorwand waren.

Am 7. April erkannten die Vereinigten Staaten und die Europäische Gemeinschaft Bosnien-Herzegowina, Slowenien und Kroatien förmlich an, und die bosnischen Serben riefen am selben Tag eine unabhängige Republik aus. Die jugoslawische Bundesarmee oder die von ihr kontrollierten paramilitärischen Truppen marschierten von Serbien aus ein und besetzten Städte und Dörfer auf der bosnischen Seite der Drina, die die Grenze zwischen Serbien und Bosnien-Herzegowina bildet. Am 27. August riefen Serbien und das winzige Montenegro eine neue Bundesrepublik Jugoslawien aus. Gleichzeitig erklärte die serbisch dominierte jugoslawische Armee ihren Rückzug aus Bosnien, konzentrierte aber in Wirklichkeit ihre Truppen in den von der serbischen Minderheit dominierten Gebieten, wechselte die Uniformen und ließ ihre Waffen in den Händen der bosnischen Serben zurück. Am 1. Mai begann die Armee, die bosnische Hauptstadt rund um die Uhr zu bombardieren. Zehn Tage später, am 11. und 12. Mai, riefen die EG und die Vereinigten Staaten unter Protest ihre Botschafter aus Belgrad, der Hauptstadt Serbiens, zurück.

»Ethnische Säuberungen«: Serbische Behörden deportierten Tausende von Bosniern in verschlossenen Güterwagen, raubten sie während der Fahrt aus und befahlen ihnen dann, durch ein Niemandsland in die von den Muslimen gehaltenen Gebiete zu marschieren. Began Fazlić, 66, hat sich in Zagreb für den Fotografen in einen Güterwagen gesetzt, der dem ähnelt, in dem er drei Tage und Nächte gefahren war.

Bosanski Šamac, Bosnien-Herzegowina: Die Schreie und das Klagen der Gefangenen, die in der serbischen Polizeiwache gefangengehalten wurden, waren Nacht für Nacht in Slavonski Šamac auf der anderen Seite des Flusses zu hören. Entlassene Gefangene sagen, daß sie jede Nacht von den serbischen Wachen geschlagen wurden; einigen hatte man befohlen, ihre eigenen Exkremente zu essen.

Serbischer Autor zündete
das Balkan-Pulverfaß

Belgrad, Jugoslawien, 28. Juni 1992

Während die Welt entsetzt zusieht, zerstören serbische Truppen systematisch die Stadt Sarajevo, und die serbischen irregulären Verbände »säubern« bosnische Dörfer von ihren muslimischen Bewohnern, eine Touristen-Attraktion in ein Leichenhaus verwandelnd.

Aus der Ferne mag das völlig unbegreiflich erscheinen, aber niemand, der mit den Werken des populärsten Schriftstellers Serbiens vertraut ist, wird von dem Rückfall in mittelalterliche Barbarei auf dem Balkan überrascht sein. Der Entwurf dazu findet sich in den Romanen und politischen Essays von Dobrica Ćosić, der am 15. Juni Präsident der Reste des jugoslawischen Bundesstaates wurde. Ćosić, 71, präsentiert sich gern als »Vater seines Volkes«. In seinen Schriften stellt er Serbien als die überlegene slawische Nation auf dem Balkan dar, glorifiziert seine Siege im Krieg und beklagt zugleich, daß die Serben immer den Frieden verlieren. Ćosić griff die expansionistische Parole des 19. Jahrhunderts wieder auf: Alle Serben in *einem* Staat.

Aber Ćosić (dessen Name doh-brit-sa TSCHOH-sitsch ausgesprochen wird) setzte sich nicht nur für die Aufteilung anderer jugoslawischer Republiken ein. Hinter den Kulissen baute er auch eine Organisation extremer Nationalisten unter den serbischen Minderheiten in Kroatien, Bosnien-Herzegowina und der überwiegend von Albanern bewohnten serbischen Provinz Kosovo auf, die ihr Programm gewaltsam durchzusetzen versuchten.

Ćosić ist der geistige Vater von Slobodan Milošević, Serbiens starkem Mann, und einer seiner Protegés ist Chef des Belgrader Fernsehens, dessen sich Milošević bedient, um nationalistische Leidenschaften anzufachen.

»... er war sicher der einflußreichste Serbe der letzten 15 bis 20 Jahre«, lautete der Kommentar von Aleksandar Tijanić, einem Zeitungsverleger, der Ćosićs Werdegang aufmerksam verfolgt hat.

Was Ćosić dazu veranlaßt hat, die zeremonielle Rolle des Präsidenten der serbisch-montenegrischen Föderation zu übernehmen, ist unklar. Die beiden Staaten sind alles, was von Jugoslawien übriggeblieben ist, nachdem die vier anderen früheren Bundesstaaten gegen den heftigen Einspruch Serbiens ihre Unabhängigkeit erklärt haben. Die Reste der jugoslawischen Armee und irreguläre serbische Verbände führen seit einem Jahr einen Krieg gegen die Separatisten, dessen Höhepunkt die Belagerung Sarajevos darstellt, das das Musterbeispiel einer multi-ethnischen Stadt war.

Angesichts einer täglichen Inflationsrate von vier Prozent, der nahezu ruinierten Kriegswirtschaft und der internationalen Wirtschaftssanktionen, die anfangen wehzutun, verstärkt sich die einheimische Opposition gegen Milošević, und die Gefahr eines Bürgerkriegs in Serbien wächst. Milošević wird von einigen Nationalisten angegriffen, die glauben, daß er den Krieg verloren hat, während eine stärker werdende Oppositionsbewegung, deren Kern die Studenten der Universität Belgrad sind, ihn angreift, weil er den Krieg angefangen hat. Sie sind dabei, für heute eine, wie sie hoffen, machtvolle Demonstration zu organisieren, um Miloševićs Rücktritt zu verlangen.

Viele Oppositionelle glauben, daß Ćosić Milošević beiseite schieben wird. »Serbien muß die Augen schließen und sich die Nase zuhalten in der Hoffnung, daß es Dr. Frankenstein gelingt, das Monster zu stoppen«, schrieb vorige Woche die Wochenzeitung *Vreme.*

Ćosić verkörpert einen wenig bekannten Aspekt des verwirrenden Konflikts, der vor einem Jahr mit der Abspaltung Sloweniens und Kroatiens von dem früheren multi-ethnischen Staat begann. Milošević wird allgemein die Schuld an dem Blutbad in Kroatien und der willkürlichen Zerstörung Bosniens gegeben. Die Männer, die auf Wohnblocks in Sarajevo schießen, mögen ungebildete Bauern sein, aber das all dem zugrundeliegende Programm stammte vor allem von Ćosić, und die Gelehrten und Schriftsteller der einst angesehenen Serbischen Akademie der Künste und Wissenschaften haben ihm ihre Zustimmung verliehen.

Ćosić, der früher ein enger Mitarbeiter von Präsident Josip Broz Tito und ein Mitglied des Zentralkomitees der Kommunistischen Partei Serbiens gewesen war, brach mit der Partei in der Frage des serbischen Nationalismus. Mit der Schwächung des Kommunismus durch den Tod Titos 1981 fiel Ćosić als Beispiel eines zum Nationalisten gewandelten Kommunisten auf, der dadurch an Einfluß und Wohlstand gewann.

Serbien ist heute für Außenstehende ein Mysterium. Belgrad, die Hauptstadt, läßt die Zeichen eines bescheidenen Wohlstands erkennen, und die gebildeten Serben haben mehr als eine Generation von Diplomaten und Journalisten zu der Ansicht verführt, dieses Land sei auf dem Sprung, ein westliches Land zu werden. Das äußere Erscheinungsbild liefert keinerlei Hinweise für den Abstieg eines Volkes in die Barbarei, das eine stolze, wenngleich blutbefleckte Geschichte von Unabhängigkeitskämpfen aufweist und in beiden Weltkriegen auf der Seite der Alliierten stand. Serbien fährt mit Volldampf rückwärts.

Ein Gutteil der Gründe dafür sind darin zu finden, daß Tito es vorzog, nationale Haßgefühle zu unterdrücken, und daß er dabei versagte, eine Marktwirtschaft und stabile politische Institutionen zu schaffen. Serbienkenner jedoch sehen in der Korruption der Bildungseliten den entscheidenden Faktor.

»Unsere Intellektuellen waren immer bezahlt. In der Tito-Ära saßen sie im Zentralkomitee der Kommunistischen Partei oder im Parlament«, sagte Latinka Perović, Historikerin und, bis Tito sie wegen prowestlicher Politik aus der Partei ausschloß, in der Führung der Kommunistischen Partei Serbiens. »Das gesamte kulturelle Leben war ihnen übergeben worden. Das kompromittierte sowohl das Regime wie auch die Intellektuellen. Sie partizipierten tatsächlich an der Macht. Wenn sie jetzt alles auf die nationale Karte setzen, sollte das niemanden verwundern.«

Serbien, sagte sie, ist nicht bereit anzuerkennen, »was es getan hat« in diesem Krieg. »Niemand fragt, wie das möglich war«, sagte sie. »Die Leute hier werden vor der Wahrheit geschützt. Was mich nur überrascht, ist die Haltung unserer Intellektuellen gegenüber dem Leiden anderer. Sie denken, daß sei alles jemand anderem passiert.«

Ćosićs extremer Nationalismus äußerte sich zuerst 1968, als er bei einem Parteitreffen darauf hinwies, daß die Serben im Kosovo, einer südlichen Provinz, die hauptsächlich von Menschen albanischer Herkunft bewohnt wird, unterdrückt würden. Wenn die Unterdrückung nicht aufhöre, warnte er, würden die Serben den multinationalen Staat zerschlagen, indem sie das »alte historische Ziel und nationale Ideal«, »alle Serben in *einem* Staat« zu vereinen, neu belebten.

»Die Zuhörer schwiegen geschockt, und wir kündigten eine Pause an«, erinnert sich Petar Stambolić, der damals zur Parteiführung gehörte. »Das war der Beginn der nationalistischen Tendenz in der serbischen Politik. Sie können den roten Faden von diesem Zeitpunkt an verfolgen.«

Zwanzig Jahre später brachte Milošević, ein kommunistischer Parteibürokrat, Ćosićs Parolen an die Macht, als er im Kosovo mit der Begründung brutal durchgriff, daß die Serben dort unterdrückt würden. »Ich bin mit der Charakterisierung von Milošević als einem Nationalbolschewisten nicht einverstanden«, sagte Slavoljub Djukić, Biograph von Ćosić wie von Milošević. »Ich halte ihn eher für einen Mann ohne politische Überzeugungen.«

Ćosić redigierte 1986 bei der Akademie der Wissenschaften den Entwurf eines Memorandums, in dem er behauptete, der Kosovo sei »nicht die einzige Region, wo das serbische Volk unter Diskriminierungen zu leiden hat«, und daß Serbiens »Überleben und Entwicklung« auch in Kroatien in Frage gestellt seien.

Anfang vorigen Jahres putzte Ćosić die Kroaten als »die stärkste destruktive Macht in Jugoslawien und Anführer der antiserbischen Koalition« herunter. Er wiederholte das »historische Ziel des serbischen Volkes – die Vereinigung aller Serben in *einem* Staat« – und lehnte eine Konföderation von Republiken mit der Begründung ab, daß deren Grenzen »nicht legitim« seien, »weder historisch noch rechtlich«. Milošević übernahm die Parolen, und eine friedliche Umgestaltung Jugoslawiens war damit unmöglich geworden.

Im Juli vorigen Jahres, als irreguläre serbische Truppen Geschütze in Stellung brachten und begannen, ununterbrochen kroatische Städte zu beschießen, und so den Krieg in Ostkroatien auslösten, erklärte Ćosić, daß Jugoslawien zerstört worden sei, daß es »wilden Haß auf das serbische Volk« gebe und die »pazifistische Rhetorik sinnlos« sei. Er rief die Serben auf, »ihren eigenen Staat auf ihren ethnischen Territorien zu schaffen« und endlich »den Kampf für Befreiung und Vereinigung zu Ende zu führen, der zwei Jahrhunderte gedauert hat«. Er rühmte Milošević als den »besten serbischen Führer« seit einem halben Jahrhundert. Ćosić hat seine allgemein gehaltenen Richtlinien niemals präzisiert und sich eines Kommentars zu dem anschließenden Morden enthalten. Er forderte nicht zu dem bewaffneten serbischen Aufstand in Bosnien-Herzegowina auf, aber diese Offensive war in seinem Programm impliziert, alle Serben in *einem* Staat zu vereinen. Ćosićs serbischer Einheitsstaat hat heute nur geringe Erfolgsaussichten, und seine Handlungsfreiheit ist begrenzt.

»Die Serben haben jetzt das Gefühl, die Verlierer zu sein«, sagte die Menschenrechtsaktivistin Sonja Liht; sie meinte, man rechne damit, daß auch der Kosovo bald abfallen werde. Unter wachsendem Druck und mit bewaffneten paramilitärischen Einheiten zu seiner Verfügung könnte Milošević beschließen, sich auch mit der internen Opposition in

Serbien anzulegen, und so einen verheerenden Bürgerkrieg auslösen.

Ćosić steht nun vor der Wahl, zu versuchen, Milošević auszuschalten, oder ihn auf dem sinkenden Schiff zu unterstützen. Er ist aufgefordert, ein neues Kapitel der serbischen Geschichte zu schreiben, aber die Titel seiner zwei Trilogien fassen bereits die Situation, die er schaffen half, zusammen. Die eine trägt den Titel *Die Zeit des Todes* und die andere *Die Zeit des Bösen*.

Kalesija, Ostbosnien: Eine beim Angriff der Serben zerstörte Moschee.

Ethnische Säuberungen:
Jugoslawen versuchen 1800 Muslime nach Ungarn
zu deportieren

Palić, Jugoslawien, 3. Juli 1992

In der vergangenen Woche charterte die serbisch geführte Regierung
Jugoslawiens einen Zug mit 18 Waggons, um alle Bewohner eines muslimischen Dorfes nach Ungarn zu deportieren – so etwas hat Europa seit
dem Ende des Zweiten Weltkriegs nicht mehr gesehen.

Die etwa 1800 Passagiere, darunter 70 Frauen mit Kleinkindern,
waren aus dem ostbosnischen Dorf Kozluk vertrieben worden, nachdem dort zwei Panzer auf den Marktplatz gerollt waren und die serbischen irregulären Kräfte gedroht hatten, das Dorf in die Luft zu jagen,
wie die Bewohner sagten. Sie erhielten den Befehl, in den Zug nach
Ungarn zu steigen, aber nur wenige hatten die Ausweispapiere für die
Reise, und Ungarn weigerte sich, sie ins Land zu lassen. Nach vier Tagen
im Zug wurden die Dorfbewohner in ein Lager für Muslime in Palić,
nahe der ungarischen Grenze, gebracht, womit das Lager um das Dreifache überbelegt war.

Dieser Vorfall stellt die neueste Variante von Grausamkeit in einem
ohnehin schon brutalen Krieg dar, wie ausländische Beobachter sagen,
und gehört zur Politik der serbisch geführten jugoslawischen Regierung, Gebiete in Bosnien, die seit Jahrhunderten muslimisch sind, »ethnisch zu säubern«.

Ausländische Beobachter sind überzeugt, daß der starke Mann Serbiens, Slobodan Milošević, den Einsatz von Panzern und die Terrormaß-
nahmen der serbischen Milizen unterstützt und dann das Serbische
Rote Kreuz einsetzt, um ganze Arbeit zu leisten. Das örtliche Rote
Kreuz, das nach Angaben internationaler Beobachter Hand in Hand mit
der serbischen Regierung operiert, hat oder hat versucht, mindestens
7000 Bosnier aus dem Land zu schicken, was Vertreter der Vereinten
Nationen als einen Bruch des internationalen Rechts, soweit es die
Behandlung von Flüchtlingen betrifft, ansehen.

Der Deportationszug war kein Einzelfall, erklärte Ron Redmond,
ein Sprecher des UN-Hochkommissars für Flüchtlinge in Genf. Die

Kommission betrachtet die Praxis ethnischer Säuberungen und alle sie unterstützenden Aktionen als »einen Hohn«, sagte er. Die UN-Kommission bereite wegen der Deportationen eine Protestnote an die jugoslawische Föderation vor, sagten Vertreter der Kommission in Belgrad.

Der von den Serben unterstützte Angriff in Bosnien hat den größten Flüchtlingsstrom in Europa seit dem Zweiten Weltkrieg ausgelöst. Nach Schätzungen der UN-Kommission von dieser Woche haben im vergangenen Jahr 1,7 Millionen Menschen ihre Häuser und Wohnungen verloren: 1,1 Millionen aus Bosnien-Herzegowina und 617 000 aus Kroatien. Ihre Zahl wächst jeden Tag um mehrere tausend.

Etwa 204 000 sind vor dem Krieg aus Bosnien nach Serbien geflohen, etwa 40 000 von ihnen sind Muslime und der Rest Serben. Das Serbische Rote Kreuz bringt die serbischen Flüchtlinge in Privatquartieren oder Hotels unter, versucht aber nach Angaben von Vertretern des Serbischen Roten Kreuzes, die Muslime, wo immer das möglich ist, außer Landes zu bringen.

In Bajina Bašta, einem Sammelplatz für die Verschickung von Flüchtlingen auf der serbischen Seite der Drina, verteidigte die Sekretärin des örtlichen Roten Kreuzes diese Praxis. »Zu viele [serbische] Leichen kommen über den Fluß. Niemand von denen, die einen Verwandten verloren haben, ist versessen darauf, die von der anderen Seite bei sich unterzubringen«, sagte Nada Ivanović. Sie hatte selbst fünf Busse mit Flüchtlingen gegen deren Willen nach Makedonien verfrachtet. »Sie wollten dahin«, erklärte sie letzte Woche. Aber Abdulahu Osmanagulis, der inoffizielle Führer der Flüchtlinge, sagte: »Wir hatten keine andere Wahl.«

Die zum Serbischen Roten Kreuz gehörende Leiterin des Lagers in Palić, wohin man die Muslime in dem Deportationszug gebracht hatte, behauptete Ähnliches. Die Leiterin des Lagers, die ihren Namen nur mit »Nada« angab, erklärte, daß alle Flüchtlinge »ihre Häuser freiwillig verlassen« und Dokumente unterzeichnet hätten, in denen sie ihr Eigentum den neu etablierten serbischen Behörden in Bosnien übergaben. Sie sagte, mindestens 5 000 Menschen seien in dem Lager abgefertigt worden. Sie bestand darauf, die Interviews mit den Muslimen zu überwachen, was viele von ihnen einschüchterte. Die Lebensbedingungen im Lager sind primitiv, und viele Flüchtlinge, insbesondere die älteren, haben keinen Platz, wo sie sich hinsetzen können. Sie widersprachen alle ausnahmslos Nadas Behauptungen.

Hadim Kavazović-Osmanović, 60, aus Zvornik, saß in dem Lager auf dem Boden, als der Deportationszug in den anderthalb bis zwei Kilometer entfernten Bahnhof einfuhr. Wie die Leute im Zug war er von den serbischen Milizen terrorisiert worden, die ihn gezwungen hatten, aus seiner Heimat zu fliehen.

»Wir wurden gezwungen, wegzugehen. Wir wurden bedroht«, sagte er. »Nachts wurden Leute umgebracht. Jemand von den örtlichen Behörden kam und sagte uns, daß es besser wäre, wenn wir weggingen.«

»Als wir die Brücke nach Serbien überquerten, sagte uns der Grenzbeamte, daß wir einreisen, aber nicht zurückgehen könnten«, sagte Ćamila Mehmedbegović, 59, eine andere Vertriebene aus Zvornik. Zwei andere Frauen aus dieser Stadt sagten, daß sie ihre Häuser, ihr Land und all ihre Besitztümer der serbischen Armee überschrieben hätten.

Die Menschen im Deportationszug berichteten Ähnliches. Leute aus Kozluk, einer Stadt mit 5 000 Einwohnern nördlich von Zvornik, die wie Višegrad im Tal der Drina liegt, schilderten einen Alptraum, der damit begann, daß die Serben im April die Kontrolle über dieses Gebiet übernahmen. Sie setzten eine neue politische Führung ein, die vor etwa einem Monat die Muslime fristlos entließ. Lebensmittel- und Medikamentenlieferungen wurden eingestellt, und nachdem serbische irreguläre Truppen Häuser ausgeraubt und niedergebrannt und mehrere Frauen vergewaltigt hatten, boten die Muslime ihren Abzug an. Vorigen Donnerstag fuhren zwei Panzer ins das Dorf ein.

»Sie haben uns gesagt, daß sie unseren Schutz nicht länger garantieren könnten«, erklärte Mulaibišević Muhamedalisa, 35. »Sie sagten, das sei hier Teil eines ethnisch reinen serbischen Gebiets, und es sei ungünstig, ein muslimisches Dorf an einer wichtigen Straßenkreuzung zu haben.«

Die noch verbliebenen Bewohner Kozluks wurden mit dem Bus nach Šabac in Nordserbien gebracht, wo der Sonderzug auf sie wartete, und an die ungarische Grenze geschickt.

»Das Ganze war vorher abgesprochen«, sagte Judith Kumin, die Beauftragte der UN-Hochkommission für Flüchtlinge in Belgrad, der Hauptstadt Serbiens. Kumin sagte, es sei völlig unmöglich, daß die UN-Hilfsorganisation mit 85 Leuten für alle ehemaligen jugoslawischen Republiken und mit einem Flüchtlingsproblem konfrontiert, das »exponentiell« explodiere, das Personal stellen könne, um die Rechte der Flüchtlinge im Lager von Palić zu schützen.

Kalesija: Ein Soldat flüchtet vor dem Granatfeuer in die Moschee.

»Der Fluß hat ihn fortgetragen«

Miratovac, Jugoslawien, 3. Juli 1992

Hasnija Pjeva sah die Hinrichtung ihres Mannes Nenad von der Terrasse ihres Hauses außerhalb Višegrads mit an.

Es war der 24. Juni, 7.30 morgens, und Nenad kam von der Nachtschicht nach Hause, als die Bewaffneten in der Uniform der serbischen paramilitärischen Einheiten ihn entdeckten. Nenad rannte zum nahegelegenen Flußufer, aber die Irregulären erschossen ihn auf der Stelle. Sie schleppten die Leiche auf die Brücke und warfen sie dann in das grüne Wasser der Drina.

»Ich habe ihn nicht beerdigt«, erzählte Hasnija zwei Tage später mit Tränen in den Augen. »Der Fluß hat ihn fortgetragen.«

Abdulahu Osmanagulis war ein Gefangener in seinem eigenen Haus, seit serbische Truppen die überwiegend muslimische Stadt vor drei Monaten eingenommen hatten. Sie brannten die zwei alten Moscheen nieder und zogen mit ihren Handfeuerwaffen schießend Tag und Nacht durch die Straßen. Anfang voriger Woche wurden drei seiner Nachbarn in ihren Häusern erschossen.

»Die Leichen ließen sie einfach im Hof liegen«, sagte Osmanagulis. Er wußte, daß es Zeit war, sein Haus zu verlassen.

Emina Hodžićs Mann wurde eines Mittags gewaltsam entführt, ihr Sohn am Abend desselben Tages. Mediha Tiras Mann wurde von Männern mit geschwärzten Gesichtern weggebracht.

Diese Morde ereigneten sich alle vorige Woche in der bosnischen Stadt, deren von den Türken erbaute »Brücke über die Drina« der jugoslawische Romancier Ivo Andrić unsterblich gemacht hat. Es gibt dort jetzt zwei Brücken, und nach den Ereignissen der letzten Woche werden beide ihren Platz in der Literatur über Kriegsgreuel einnehmen.

Nach Angaben von zwölf Überlebenden wurden alle gesunden und kräftigen muslimischen Männer und Jugendlichen von Višegrad, die nicht vor den Besatzern geflohen waren, erschossen, mit Ausnahme einer unbekannten, aber offenbar geringen Zahl, denen die Flucht gelang.

»Die meisten Hinrichtungen wurden auf der Brücke ausgeführt. Die Leichen wurden in den Fluß geworfen«, sagte Osmanagulis, 73, der inoffizielle Führer der Überlebenden. Anscheinend sind Dutzende, vielleicht Hunderte hingerichtet worden. Niemand kennt die genaue Zahl.

»Wenn die Drina nur sprechen könnte; sie würde sagen, wieviele Tote fortgetragen wurden«, sagte Hasnija Pjeva.

Višegrad (WIE-sche-grad ausgesprochen), 30 000 Einwohner, ist eine von mehreren Städten, wo nach Angaben der bosnischen Regierung in den letzten zwei Wochen die Muslime Opfer von »ethnischen Säuberungen« durch serbische Truppen wurden.

»In Višegrad herrscht Chaos. Alles wurde niedergebrannt, geplündert und zerstört«, sagte ein aus Višegrad Vertriebener, 43, der bei einer Tasse Kaffee im Café von Miratovac von den schrecklichen Ereignissen erzählte, aber weder seinen Namen noch seinen Beruf angeben wollte. Er konnte nur deshalb entkommen, weil er ein Invalide mit einem brandigen Bein war.

Die Überlebenden des Massakers sind Alte, Gebrechliche, Frauen und Kinder. Was sie erlebt haben, hat sie traumatisiert; sie sind kaum fähig, zu sprechen oder ihre Gefühle zu beherrschen. Zwei von den Frauen seien vergewaltigt worden, sagte Osmanagulis. Aber ihr Leid wurde noch vergrößert durch die Demütigungen, denen sie in den Händen des örtlichen Serbischen Roten Kreuzes ausgesetzt waren.

Gegen ihren Willen wurden 280 Menschen in einem Konvoi von fünf Bussen durch Serbien, dem wichtigsten Staat des neuen Jugoslawien, nach Makedonien verfrachtet, einem sezessionistischen Staat – eine Reise von etwa 400 Kilometern. Das Serbische Rote Kreuz gab ihnen Lebensmittel und Kleidung, bestand aber darauf, daß sie Dokumente unterzeichneten, denen zufolge sie gut behandelt worden waren und nach Makedonien fahren wollten.

»Wir wollten alle nach Kosovo oder Sandžak«, zwei überwiegend muslimischen Gebieten in Südserbien, sagte Osmanagulis, »aber sie schickten uns alle nach Makedonien. Wir hatten keine Wahl.«

Er hatte ein Papier bei sich, in dem die makedonischen Grenzbehörden gebeten wurden, Pässe auszustellen und die ganze Gruppe einreisen zu lassen. Aber Makedonien, wo sich mehr als 30 000 bosnische Flüchtlinge aufhalten, und das von den westlichen Ländern erst noch anerkannt werden oder irgendeine wirkliche Hilfe empfangen muß, hat die Aufnahme von Flüchtlingen, vor allem von Muslimen, wegen erheblicher Schwierigkeiten mit seiner eigenen muslimischen Minderheit gestoppt, wie Mira Jankovska, eine Regierungssprecherin in Skopje, erklärte.

Und so verweigerten die makedonischen Behörden den Überlebenden des Massakers von Višegrad den Grenzübertritt. Es war vier Uhr
morgens. Osmanagulis beriet sich mit den Fahrern, und sie einigten sich
darauf, daß alle aussteigen und versuchen sollten, zu Fuß einzureisen,
aber die makedonische Grenzpolizei wies sie zurück. »Ich bin zu den
Bussen zurückgelaufen, und alle sind mir gefolgt, aber als die Fahrer uns
sahen, haben sie die Busse gewendet und sind weggefahren«, sagte er.

16 Stunden lang saßen die Überlebenden am 25. Juni auf einer internationalen Schnellstraße fest, ohne Nahrung, Wasser, Obdach oder
Hilfe, im Stich gelassen vom Roten Kreuz und nirgends willkommen.
Fünfzehn von ihnen waren über 80, und mindestens ebenso viele Kinder unter zwei. Sie standen und saßen dort von vier Uhr morgens bis
acht Uhr abends, der heißen Mittagssonne und einem heftigen Sommer-
gewitter ausgesetzt.

Albanische Muslime in diesem verarmten Bauerndorf hier in Südserbien, etwa 20 Minuten Fahrzeit vom Grenzübergang entfernt, brachten
Brot, Wasser und Tomaten. Am Abend kamen sie dann mit Traktoren
und Taxis und brachten die Flüchtlinge zu ihrer kleinen Moschee. Auf
Anraten des Dorfarztes, der die Verbreitung von Krankheiten befürchtete, wurden die Überlebenden zwei Tage später in Privatunterkünften
untergebracht.

»Wenn die Leute aus dem Dorf uns nicht geholfen hätten, wäre die
Hälfte von uns an Hunger oder Krankheiten gestorben«, sagte Osmanagulis. Eine Frau, 92, war den Entbehrungen erlegen. Sie ist am Sonntag
begraben worden.

Jetzt sitzen die Überlebenden von Višegrad in diesem Dorf am Ende
einer mit Schlaglöchern übersäten, nicht asphaltierten Straße fest, schlafen auf den Fußböden und den Sofas seiner einfachen Häuser, gefangen
zwischen der Feindseligkeit Serbiens und Makedoniens, von keiner
Flüchtlingsorganisation betreut, ohne jeden Kontakt zur Außenwelt,
denn es gibt kein Telefon.

»Es gibt bei uns ein Sprichwort«, sagte Osmanagulis, ihr Elend zusam-
menfassend: »Der Himmel ist zu hoch, und die Erde ist zu hart.«

Prijedor, Nordbosnien: Eine Frau sammelt Feuerholz im Schutt der katholischen St. Joseph-Kirche, die am 29. August 1992 während einer nächtlichen Ausgangssperre gesprengt wurde, nur Minuten nachdem eine andere Explosion die Prohaska-Moschee in der Nähe zerstört hatte.

Gefangene von Serbiens Krieg
Berichte von Hunger und Folter in einem Lager
in Nordbosnien

Manjača, Bosnien-Herzegowina, 19. Juli 1992

Mit gesenkten Köpfen und auf dem Rücken verschränkten Armen stellten sich die muslimischen Gefangenen vor den Serben auf, die sie festgenommen hatten. Einer nach dem anderen setzten sie sich auf einen Metallhocker und knieten dann nieder, um sich die Köpfe kahlscheren zu lassen.

Ein Befehl wurde gegeben, den man aus der Entfernung von knapp 200 Metern nicht hören konnte, und jede der Gruppen von 20 Personen kehrte dann im Laufschritt zu den Unterständen zurück, wo sie in fast völliger Dunkelheit hausten. Die Wachen am Eingang schwangen ihre Gummiknüppel wie in Vorfreude auf die Schläge, die sie austeilen würden.

Für den Reporter vor Ort war diese Szene eine grauenvolle, wenn auch so nicht beabsichtigte Demonstration der Demütigungen, die die in Bosnien unbeschränkt herrschende serbische Armee Tag für Tag bei ihren ethnischen Säuberungen aller anderen Nationalitäten in den von ihr eroberten Gebieten den Muslimen und Kroaten zufügt.

Die Armee bezeichnet Manjača als Kriegsgefangenenlager. Aber im Innern der riesigen Unterkünfte – der Zugang dazu war dem Reporter untersagt worden – sind nach Angaben gerade entlassener muslimischer Gefangener Schläge und Folter ein fester Bestandteil der täglichen Routine. Mindestens drei Gefangene sind im vergangenen Monat dort gestorben, sagten sie.

Die Gefangenen schlafen auf dem Steinfußboden, mit einer Decke für vier Männer oder Jugendliche, und ihre Matratzen bestehen nur aus Farnkraut. Acht teilen sich einen Raum, der nicht größer ist als eine Pferde-Box. Sie duschen alle zwei Wochen, und die meisten tragen immer noch die Kleider, in denen sie vor sechs Wochen hier ankamen.

Der Anlaß für den ersten Aufenthalt eines westlichen Reporters in Manjača war die Inspektion des Lagers durch das Internationale Rote Kreuz am Dienstag dieser Woche.

»Wir verbergen nichts«, erklärte Oberst Milutin Vuketić, der stellvertretende Kommandeur des Krajina-Korps der Armee, gegenüber *Newsday* in seinem nahegelegenen Hauptquartier, während er die Leute vom Roten Kreuz warten ließ. Aber die Armee lehnte die Bitte von *Newsday* um einen Rundgang durch das Lager ab und bot statt dessen Interviews mit acht eigens ausgewählten Gefangenen und einem Lagerarzt an. Bewaffnete Posten überwachten jedes Gespräch, Beauftragte der Armee stellten die meisten Fragen, und ein Fernsehteam der Armee hielt die Szene fest. Keiner der unter diesen Bedingungen interviewten Gefangenen kritisierte die Bedingungen im Lager, aber ehemalige Gefangene, die außerhalb des Lagers interviewt wurden, beschrieben es als einen Ort, wo Schläge zur Routine gehörten.

Die acht Interviewpartner ließ man in Reih und Glied auf einem kleinen Platz nahe beim Lagereingang aufmarschieren. Sie kamen mit gesenkten Köpfen, die Hände auf dem Rücken verschränkt. Man hatte ihnen Häftlingskleidung gegeben, aber sie trugen die Schuhe, mit denen sie ins Lager gekommen waren. Alle sahen bleich und müde aus und machten den Eindruck, unter Zwang zu stehen. Alles hier ist gut, wenn man die Umstände bedenkt, sagte V., einer der Gefangenen, während die Wachen jedes seiner Wörter registrierten. Es gibt Unterkunft und Verpflegung. Alles ist prima.

Manjača (MAN-ja-tscha ausgesprochen) ist eines von zahlreichen neuen Internierungslagern; ein Beamter der amerikanischen Botschaft in Belgrad bezeichnet sie regelmäßig als Konzentrationslager. Manjača ist ein weiteres Beispiel für die Mißachtung der Menschenrechte, die nun Ausmaße annimmt, wie man es in Europa seit dem Dritten Reich der Nazis nicht mehr gekannt hatte.

Augenzeugen in Banja Luka, Zagreb und anderen Orten berichten von Hinrichtungen, Massendeportationen in geschlossenen Güterwagen, Gewaltmärschen und einer Strategie des Aushungerns und der erzwungenen Obdachlosigkeit.

Manjača steht unter Leitung der Armee, die noch eine gewisse Disziplin unter ihren Soldaten aufrechterhält. Vorsitzende der wichtigsten muslimischen Wohlfahrtsorganisation und politischen Partei bezeichnen Manjača als ein Fünf-Sterne-Hotel, verglichen mit den alptraumartigen Berichten, die sie über die Lager unter der Leitung der örtlichen Polizei in den Gemeinden Nordbosniens gehört haben.

Das Lager befindet sich in den Hügeln etwa 25 Kilometer südlich von Banja Luka, der zweitgrößten Stadt der neuen Republik und Hauptstützpunkt der militanten Serben. Direkt unterhalb des Lagers befindet sich ein riesiger Armeestützpunkt voller Panzer, Raketen und anderem Kriegsgerät. Ein handgeschriebenes Schild am Rand des Lagers warnt: EINTRITT BEI TODESSTRAFE VERBOTEN. Mit seinen mehrfachen Stacheldrahtumzäunungen, neu angelegten Minenfeldern und Wachtposten sieht der frühere Armee-Exerzierplatz aus wie Stalag 17 oder die frühere innerdeutsche Grenze. Hunderte bewaffneter Polizisten und Militärposten bewachen die schätzungsweise 3000 Gefangenen und patrouillieren mit Schäferhunden auf dem Gelände. Als die Delegation des Roten Kreuzes letzte Woche hier eintraf, waren die Gefangenen gerade dabei, außerhalb des Lagers etwas zu bauen, was wie eine weitere Umzäunung aussah.

Es war jedoch keineswegs klar, ob die Häftlinge wirklich Kriegsgefangene waren, denn sehr viele sagen, daß sie nicht einmal dann zu den Waffen gegriffen hätten, als die Serben ihre Städte angriffen. Zwei der für die Interviews präsentierten acht Häftlinge sagten, sie wüßten nicht genau, warum man sie in das Lager gebracht habe, und zwei andere sagten, sie hätten polizeilich registrierte Gewehre gehabt, die sie, wie verlangt, den serbischen Eroberern ihrer Dörfer ausgehändigt hätten.

S., ein Kroate, sagte, er sei unbewaffnet gefangengenommen worden, als er den Verteidigern seines Dorfes Mile bei Jelice, das vor einem Monat von den Serben angegriffen worden war, Lebensmittel brachte. V., ein Muslim, gab an, daß die muslimische Bevölkerung seiner Stadt, Skender Vakuf, vor den Serben kapituliert habe und daß er nicht wisse, warum er gefangengehalten werde. »Ich weiß es selber nicht«, sagte er. »Ich frage mich, wieso.« Die beiden Männer schienen Mitte 30 zu sein. (Die Namen der Gewährsleute werden in diesem Artikel nicht genannt, um sie in der gefährlichen Lage, in der sie sich befinden, zu schützen.)

Nach Angaben eines führenden Vertreters von Merhamet, einer angesehenen muslimischen Wohlfahrtsorganisation in Banja Luka, haben die meisten Leute in Manjača mit den militärischen Zusammenstößen nichts zu tun. Ehemalige Gefangene in Manjača, die vorige Woche entlassen worden sind, sagten ebenfalls, daß nur wenige im Lager jemals gegen die Serben gekämpft hätten. Das Lager dürfte für einen anderen Zweck errichtet worden sein – um Geiseln für einen Gefangenenaustausch zusammenzubringen. Der Bürgermeister von Banja Luka, Predrag Radić, sagte, die Serben hätten angeboten, Häftlinge aus Manjača gegen serbische Kriegsgefangene der Kroaten und Muslime auszutauschen.

Aber wenn die Lagerinsassen nicht an den Kämpfen teilgenommen haben, dann scheint ihre willkürliche und brutale Behandlung während des Transports zum Lager und in der Gefangenschaft fast unerklärlich.

»Sie holten uns am 27. Mai aus unseren Häusern«, sagte S., ein siebzehnjähriger Muslim aus der Stadt Ključ. »Es wurde nicht gekämpft. Man sagte uns, wir würden ein Dokument erhalten, aber wir haben nie eins bekommen.« Sie wurden zuerst nach Sanski Most gebracht und dort zwölf Tage festgehalten; dann wurden er, sein Vater, Großvater und Bruder in einem Konvoi von sechs geschlossenen Lastwagen, jeder vollgepfercht mit 150 oder mehr Leuten, nach Manjača geschickt.

Achtzehn Menschen starben unterwegs, sagte er. »Ich habe den Leichenhaufen nach der Fahrt gesehen. Es gab einfach nicht genug Luft zum Atmen. Sie sind erstickt.«

Der junge Mann, den ich in der Moschee von Banja Luka interviewt hatte, wo die Armee letzte Woche 105 Gefangene abgeladen hat, bat, seinen Namen nicht zu nennen; er fürchtete für seine Familie, darunter seinen Vater, der noch in Manjača ist.

K., ein Siebzehnjähriger aus Sanica Gornja, sagte, er sei am 29. Mai festgenommen worden, als Armeesoldaten in das überwiegend muslimische Dorf eindrangen. »Von muslimischer Seite ist keine einzige Kugel abgefeuert worden, aber die Serben haben auf die Leute geschossen und einige getötet«, sagte er. Sein Onkel, der einen Jagdkarabiner besaß, wurde vor seiner eigenen Haustür hingerichtet, sagte er. Sein Vater wurde weggebracht und hingerichtet; K. sagte, er habe das nach seiner Entlassung aus dem Gefängnis erfahren.

Er und andere kräftige und gesunde Männer aus seinem Dorf wurden in Lastwagen nach Ključ gebracht. Dort wurden sie verhört und mit Stahlkabeln, Schlagstöcken, Gewehrkolben und Gummiknüppeln geschlagen. »In der Schule waren 300 Leute, und neun Tage lang haben wir nur zwei Brote zu essen bekommen«, sagte er.

Aber das war nur das Vorspiel zu einer noch schlimmeren Tortur. Man brachte sie im Bus zu der 35 Kilometer entfernten Stadt Sitnice, und als sie ausstiegen, zwang man sie zu einem fast 150 Meter langen Spießrutenlaufen, wobei sie von den Wachtposten geschlagen wurden. Die jugoslawischen Kommunisten hatten diese – scherzhaft »heißes Kaninchen« genannte – Praktik kurz nach dem Zweiten Weltkrieg im Konzentrationslager Goli angewandt. »Es war unmöglich, in weniger als fünf Minuten von einem Ende zum anderen zu kommen«, sagte K. Nachdem man sie in Sitnice eine Woche festgehalten hatte, wurden sie gezwungen, zu Fuß weitere 35 Kilometer nach Manjača zu gehen. »Zwei Tage lang hatten wir nichts zu essen. Wir haben nur ein Glas Wasser bekommen. Wer nicht mehr gehen konnte, wurde geschlagen«, sagte er.

Am 7. Juni erreichten sie erschöpft das Lager. »Man bekam nur zwei Deziliter Wasser, gerade genug, um jeden zweiten Tag seine Lippen zu befeuchten. An manchen Tagen gab es kein Brot«, erinnerte sich K.

Jeden zweiten Tag schlugen ihn die Lagerwachen am Abend, nachdem die Gefangenen zu Bett gegangen waren. Die Wachen gingen dann die Kojen entlang und lasen laut zehn Namen vor. Die Gefangenen folgten ihnen in einen kleinen Raum bei der Küche, und jeder wurde 20 bis 30 Minuten lang geschlagen.

»Wir wurden geschlagen, bis wir umfielen. Am besten blieb man stehen, solange man konnte. Es war besser, geschlagen als getreten zu werden«, sagte K. Einer der Gefangenen erhielt den Spitznamen »Gummimensch«, weil er sich nie zu Boden schlagen ließ.

In einem Gespräch vorige Woche im Lager sagte der Lagerarzt, ein Muslim und selbst ein Gefangener, daß es keine Todesfälle gegeben habe mit Ausnahme einer Person, die an einem Herzinfarkt gestorben sei. Aber K. sagte, zwei Männer, ein 30 Jahre alter Kroate und ein 26 Jahre alter Muslim, seien vorigen Monat an den Mißhandlungen gestorben.

An dem Nachmittag, als der Arzt mit den Besuchern sprach, wurde Mirsad Mesenović, ein 27 Jahre alter Mann aus Blagoje, im nahegelegenen Banja Luka begraben. Man hatte Mesenović in die Wirbelsäule geschossen, und er war nach Manjača gebracht worden, aber nach Angaben von K. und anderen gerade entlassenen Gefangenen wurde nur Erste Hilfe geleistet. Er wurde am 11. Juli aus dem Lager entlassen und starb am folgenden Tag in Banja Luka.

Viele Gefangene hätten gebrochene Rippen und andere Verletzungen, aber niemand gehe zum Arzt – aus Angst vor weiteren Schlägen, sagte er.

Als sie entlassen wurden, hatten K. und seine Mitgefangenen keine Ausweispapiere oder Dokumente. Man brachte sie nach Banja Luka und setzte sie bei einer Moschee ab. Nach Angaben des örtlichen Amtsblattes, *Banja Luka Glas,* dürfen sie sich zwar in der Stadt frei bewegen, können aber nicht in ihre Häuser in Nordbosnien zurückkehren.

Sie haben keine Ausweispapiere, und sie erwarten nicht, sie zurückzubekommen. In einer letzten Geste der Verachtung der Lagerleitung gegenüber den Gefangenen warfen die Wachen alle persönlichen Papiere – Pässe, Führerscheine, Briefe, Rezepte, sogar Geld – in zwei große Pappkartons in der Praxis des Arztes. Dort bleiben sie.

»Es gibt nichts zu essen, man kann nicht atmen«

Banja Luka, Bosnien-Herzegowina, 19. Juli 1992

Das Lager ist eine offene Grube, wo nach Angaben eines Augenzeugen nur ein Drittel der Gefangenen Schutz vor den Elementen findet, und die meisten im Schlamm stehen müssen. Sechs bis zehn Menschen sterben täglich.

»Die Leichen häufen sich. Es gibt nichts zu essen. Man kann nicht atmen. Keine medizinische Versorgung. Sogar das Gras um die Grube herum ist vollständig weggekratzt worden«, sagte ein Vertreter von Merhamet, der muslimischen Hilfsorganisation, die den Bericht vorige Woche erhielt. »Uns standen die Haare zu Berge, als wir den Bericht hörten.«

Es häufen sich die Hinweise dafür, daß sich in Omarska, einer Stadt in der Nähe dieser Hauptstadt des von den Serben eroberten Nordbosnien, ein Todeslager befindet, in das die serbischen Behörden mit Unterstützung der Armee Tausende Muslime geschafft haben. Es wird von einer Hepatitis-Epidemie berichtet, und andere Krankheiten verbreiten sich schnell. Der Augenzeuge zitierte eine Drohung des Lagerkommandanten, daß die Insassen dort nicht lebend herauskommen würden. Die Berichte konnten nicht durch unabhängige Quellen bestätigt werden.

Im Unterschied zu Manjača, einem Lager, das internationalen Hilfsorganisationen bekannt ist, seit es voriges Jahr von der jugoslawischen Armee in ihrem Krieg gegen Kroatien für die Unterbringung von Gefangenen benutzt wurde, hat man über Omarska und ein Dutzend andere über Nordbosnien verstreute Internierungslager der örtlichen Polizei fast keine genauen Informationen. Das Internationale Rote Kreuz hat Omarska auf eine Liste der Lager gesetzt, die es zu besuchen beabsichtigt, hat aber bislang noch nicht offiziell um Erlaubnis dafür gebeten.

Interviews mit Flüchtlingen aus dieser Gegend Nordbosniens deuten darauf hin, daß zumindest einige der Gefangenen in Omarska zu den Waffen gegriffen und gegen die Armee gekämpft haben, als diese ihre Städte und Dörfer angriff. Omarska könnte so, im Unterschied zu Manjača, ein wirkliches Kriegsgefangenenlager sein.

»Was Sie in Manjača gesehen haben, ist ein Fünf-Sterne-Hotel verglichen mit den anderen Lagern«, sagte der Vertreter von Merhamet, dessen Name zu seinem Schutz nicht genannt sein soll. Er sagte, die Zivil- und Militärbehörden hätten die Bitte von Merhamet, eine Delegation oder Lebensmittel in das Lager zu schicken, wiederholt abgewiesen. Das Problem besteht zum Teil darin, daß keine Behörde angeben will, wer das Lager tatsächlich leitet. »Ich garantiere Ihnen, Sie werden nie herausfinden, wer verantwortlich ist«, sagte der Vertreter von Merhamet.

Eines der führenden Mitglieder der SDA, der politischen Partei der Muslime, schätzte die Zahl der in den Lagern um Banja Luka internierten Muslime und Kroaten auf 30 000. Andere Lager werden für andere ethnische Gruppen benutzt. Es wurden auch Lager für die Serben eingerichtet, die sich weigern, dem Befehl zur Mobilmachung Folge zu leisten.

Ehemalige Gefangene in Manjača erzählen von einem zweiten Lager in der Nähe, wohin junge Serben aus Banja Luka gebracht worden waren. »Soweit wir wissen, sind da 700 Serben. Wir konnten sie nachts hören, wie hungrige Wölfe«, sagte K., ein Siebzehnjähriger, der vor gut einer Woche aus Manjača entlassen wurde.

Die Militärbehörden und das örtliche Rote Kreuz bestätigten die Existenz eines Lagers in Omarska, verweigerten aber eine Besuchserlaubnis. »Es gibt Orte, wo muslimische Extremisten versammelt worden sind«, sagte Major Milovan Milutinović, der Sprecher der ehemaligen jugoslawischen Armee, die sich in Serbische Armee Bosniens umbenannt hat. »Aber ich glaube, sie sind schon verlegt worden.«

Ein Vertreter des örtlichen Roten Kreuzes erklärte, er wisse von »keinen Zivilisten« in Omarska.

Der SDA-Vertreter sagte, das Militär habe alle Besuchserlaubnisse mit der Begründung verweigert, daß Omarska »in einer Risikozone« liege. Er wies darauf hin, daß eine Eisenbahnlinie durch Omarska führt und daß die Züge regelmäßig verkehrten.

»Wie Auschwitz«

Serben pferchen Muslime in Güterwagen

Banja Luka, Bosnien-Herzegowina, 21. Juli 1992

In ihrem Eifer, Nordbosnien von seinen Muslimen und Kroaten zu »säubern«, haben die Serben, die die Region nun kontrollieren, in den letzten Monaten Tausende unbewaffneter Zivilisten in verschlossenen Güterzügen deportiert. Hunderte Frauen, Kinder und alte Menschen sind nach Angaben von Flüchtlingen, die die Tortur überlebt haben, in die Güterwagen gepfercht und bei glühender Hitze auf Reisen, die drei oder mehr Tage dauerten, ins Zentrum Bosniens geschickt worden.

»Es gab nichts zu essen, kein Wasser und keine frische Luft«, sagte Began Fazlić. »Es gab keine Toilette, nur Löcher im Boden«, wo sich die Exkremente häuften. Eine unbekannte Zahl von Menschen, insbesondere Kinder und Alte, sind nach Berichten von Augenzeugen bei den Deportationen umgekommen.

»Man konnte nur die Hände der Leute in den kleinen Ventilationsöffnungen sehen«, sagte ein Vertreter der SDA, der muslimischen politischen Partei, der die ersten beiden Züge gesehen hatte. »Aber man erlaubte uns nicht, näher heranzugehen. Es hat einen an Juden erinnert, die nach Auschwitz deportiert werden.«

Nach Angaben von politischen Führern der muslimischen Gemeinde gibt es in den größeren Städten Nordwestbosniens, wo ihr Anteil an der Bevölkerung bis zu 90 Prozent betragen hatte, keine Muslime mehr.

Die Art, wie die Deportationen durchgeführt worden sind, wurde von Stojan Župljanin, dem Polizeipräsidenten Banja Lukas, bestätigt. »Wir haben eine ›sichere Beförderung‹« für die Muslime »organisiert«, die emigrieren wollten, sagte er.

Während über eine Million Bosnier durch den serbischen Angriff heimatlos wurden, warteten Passagierzüge voll Deportierter an den Grenzen des früheren Jugoslawien darauf, daß ein Land sich bereit erklärte, sie aufzunehmen. Die Transporte innerhalb Nordbosniens fanden jedoch nach Angaben von Vertretern der Muslime hier fast ausschließlich in verschlossenen Güterwagen statt.

Nach Angaben von Augenzeugen kamen die ersten zwei Züge mit etwa 4000 Deportierten aus der Stadt Kozarac um den 12. Juli über

Banja Luka. Einige wurden in Passagierwaggons befördert, die Mehrheit aber in Viehwaggons.

»Selbst die Leute in den Passagierwaggons haben einen erschöpften Eindruck gemacht und waren in sehr schlechter Verfassung. Aber die Wachen haben niemandem erlaubt, mit ihnen zu sprechen«, sagte ein Vertreter von Merhamet, der angesehenen muslimischen Wohlfahrtsorganisation in Banja Luka, der ebenfalls die ersten Züge gesehen hat. (Sowohl die Gewährsleute der Merhamet wie die der SDA sind nun persönlich bedroht, und ihre Namen werden deshalb nicht genannt.)

Seit dem 12. Juni sind nach Angaben von Vertretern der Muslime regelmäßig mit Deportierten vollgepferchte Güterzüge durch Banja Luka gekommen, aber stets während der nächtlichen Ausgangssperre, wenn sich niemand dem Bahnhof nähern darf.

Eine Sprecherin des Internationalen Roten Kreuzes erklärte vorige Woche, daß ihre Organisation Gerüchte über Deportationen in verschlossenen Güterwagen gehört habe, aber nicht in der Lage gewesen sei, zweifelsfreie Fakten zu ermitteln.

Polizeipräsident Župljanin schilderte die Deportationen in rosigen Farben, wobei er unterstellte, daß die älteren Männer, die Mütter mit Säuglingen und die kleinen Kinder tatsächlich darum gebeten hätten, deportiert zu werden – unter Verletzung internationaler Abkommen zum Schutz von Zivilpersonen in Kriegszeiten. Župljanin versicherte, die Züge seien organisiert worden, weil »eine bestimmte Zahl von [muslimischen und kroatischen] Bürgern ihren Wunsch vorgebracht hatten, nach Zentralbosnien zu ziehen.« Er gab zu verstehen, daß die Flüchtlinge froh seien, in Viehwaggons befördert zu werden. »Keiner der Flüchtlinge hat um ein Erste-Klasse-Abteil gebeten«, sagte er. »Keiner von ihnen hat gesagt, ›Wenn ihr keinen Passagierzug habt, dann fahre ich nicht.‹ Es ist auf alle Fälle besser, als zu Fuß zu gehen.« Er deutete an, daß die Alternative ein Gewaltmarsch von bis zu 170 Kilometern gewesen wäre.

Auf die Frage, warum die Polizei den freiwilligen muslimischen Helfern nicht erlaubte, die Flüchtlinge mit Lebensmitteln und Wasser zu versorgen, antwortete Župljanin nur: »Das war eine Sicherheitsmaßnahme.«

Nach Angaben vieler Flüchtlinge haben jedoch die Serben der Region, die letztes Frühjahr die Macht übernommen haben, ohne die Muslime und Kroaten dort lange zu fragen, sie mit Waffengewalt aus den Dörfern und Städten vertrieben, wo ihre Familien seit Jahrhunderten gelebt hatten. Die Muslime standen der Verfolgung eines strategischen Ziels im Wege, das extreme serbische Nationalisten schon seit Jahren verkündeten: einen Korridor zwischen der Republik Serbien und der Krajina zu öffnen, einer serbischen Enklave mitten in Kroatien. Der Bürgermeister von Banja Luka, Predrag Radić, teilte *Newsday* vorigen November mit, die Serben hätten die Absicht, einen sicheren Korridor in Nordbosnien zu schaffen, der die beiden serbischen Gebiete verbinden würde. Eine Großoffensive der jugoslawischen Armee hat diesen Korridor nun verwirklicht, die wichtigste militärische Leistung eines dreimonatigen Krieges.

Der serbischen Strategie folgend, so sagten Flüchtlinge aus ganz Nordbosnien und Vertreter der Muslime in Banja Luka, griff die serbisch kontrollierte Armee mit Artillerie, Mörsern und Panzern fast alle Städte und größeren Dörfer direkt an.

Mitte Mai und Anfang Juni trieben die örtlichen Polizeikräfte und Milizen die Nicht-Serben zusammen, transportierten sie in Lastwagen und Bussen in Turnhallen, Schulen und Stadien und befahlen ihnen dann, in die Güterzüge zu steigen. Der Polizeipräsident bestätigte, daß vor einem Monat zwei Güterzüge mit Vertriebenen durch Banja Luka gekommen seien, fügte aber hinzu, er könne sich an weitere Transporte nicht erinnern. Ein Vertreter des örtlichen Roten Kreuzes sagte, er wisse von weiteren Evakuierungen mit der Bahn von Muslimen und Kroaten aus den Städten Bosanski Novi und Prijedor.

Nach Angaben von Merhamet und der SDA fuhren von Anfang letzten Monats bis Ende letzter Woche mindestens zehn dieser Züge mit insgesamt 100 Waggons. Sie schätzten, daß 20 000 Menschen auf diese Weise deportiert worden seien.

»Eine Freundin von mir ist zum Bahnhof gegangen, um Verwandte im Zug zu suchen«, sagte ein langjähriger Bewohner von Banja Luka, der durch eine Veröffentlichung seines Namens gefährdet wäre. »Sie konnte sie nicht finden, aber sie fand einige von deren Nachbarn. Sie kam schluchzend zurück. Sie sagte, die Leute sähen bleich aus und erschöpft und eingeschüchtert. Einige waren noch in ihren Schlafanzügen.«

Die Weltöffentlichkeit und internationale Hilfsorganisationen haben die »ethnischen Säuberungen«, die zugleich die größten Flüchtlingsströme Europas seit dem Zweiten Weltkrieg auslösten, als barbarisch verurteilt. Aber es war wenig bekannt, was im einzelnen vor sich ging, insbesondere die Deportationen innerhalb der Region selbst, da Nordbosnien bis vor zehn Tagen nur beschränkt zugänglich war, solange die Armee ihre Räumungsoperationen durchführte.

Während des dreitägigen Aufenthalts eines *Newsday*-Reporters und eines freiberuflichen Fotografen in Banja Luka lehnte die Armee es ab, für andere als vom Oberkommando organisierte Reisen logistische Unterstützung zu gewähren oder die Sicherheit der Beteiligten zu garantieren. Aber durch Kontakte zu politischen Parteien und Regierungs- sowie Wohlfahrtsinstitutionen war es möglich, zumindest in groben Zügen etwas über den Deportationsprozeß zu erfahren.

Die Behörden benutzten die einzige Eisenbahnlinie in Nordbosnien, um Flüchtlinge aus Nordwestbosnien zu deportieren. Der Hauptzielort scheint die zentralbosnische Region um Zenica zu sein, die nach dem von den Serben geführten Blitzkrieg zu den wenigen Gebieten in der ganzen Republik gehört, die noch von Muslimen kontrolliert werden. Nachfragen bei den örtlichen Behörden in mehreren Städten entlang der Bahnstrecke ergaben keine Hinweise darauf, daß die Flüchtlinge in Zenica ankamen, mit Ausnahme der ersten beiden Züge vor einem Monat. Wohin die Deportierten in den anderen Zügen gebracht worden sind, ist nicht bekannt.

»Wir mußten überall um Züge bitten. Wir haben unser Bestes getan«, sagte Župljanin. Aber »Bestes« ist eine Frage der Definition. Der Vertreter des regionalen Roten Kreuzes enthüllte, daß bei einer Gelegenheit, am oder um den 18. Juni, ein Güterzug voll Deportierter in ein Kampfgebiet geschickt und dort stehengelassen wurde, bis er mit seinen kroatischen und muslimischen Kollegen die sichere Weiterfahrt aushandeln konnte.

»Wir bekommen mit diesen Evakuierungen nur dann zu tun, wenn die Züge blockiert werden«, sagte Miroslav Djekić, Sekretär des regionalen Roten Kreuzes. »Wir haben Kontakt mit dem Roten Kreuz auf der anderen Seite der Front aufgenommen und sie gebeten, für eine sichere Fahrt zu sorgen. Nachdem ein Waffenstillstand vereinbart worden war, fuhr der Zug weiter und die Flüchtlinge gelangten irgendwie aus Bosnien raus und nach Kroatien rein«, sagte er.

Obwohl das Rote Kreuz fast immer beteiligt ist, wenn es bei Bürgerkriegen und internationalen Kriegen um die Evakuierung von Zivilisten geht, sagte Djekić, daß die serbisch kontrollierte Regierung dieser Region, bekannt als die bosnische Krajina, beschlossen habe, die Rolle des Roten Kreuzes auf Fälle zu beschränken, bei denen über die sichere Fahrt durch eine Konfliktzone verhandelt werden muß. Und sie gründete eine Parallelorganisation mit dem harmlosen Namen »Zentrum für die Aufnahme von Flüchtlingen«, die mit allen Evakuierungen aus Nordbosnien befaßt ist.

Das Zentrum arbeitet auch im Schnellverfahren, wenn man einem anderen Bericht glauben darf, der von Flüchtlingen stammt, die aus einem Deportationszug entkommen waren und nach Banja Luka zurückkehrten. Nach Angaben eines Gewährsmannes, der die Geschichte von den Flüchtlingen gehört hatte, waren die Deportierten vier Tage und Nächte unterwegs, ohne Lebensmittel und Wasser, als der Zug mitten auf einer Lichtung zum Stehen kam. Die Türen der Güterwagen wurden geöffnet und man sagte den Passagieren: »Kommt raus und geht zu Fuß zum muslimischen Gebiet!« Als sie die ganze Nacht etwa 25 Kilometer bis zu der Stadt Maglaj gingen, kamen zwei Frauen nieder und ein alter Mann starb. »Sie mußten ihm das Grab mit den Händen schaufeln«, sagte der Gewährsmann.

Zu diesem Artikel hat Seška Stanojlović beigetragen

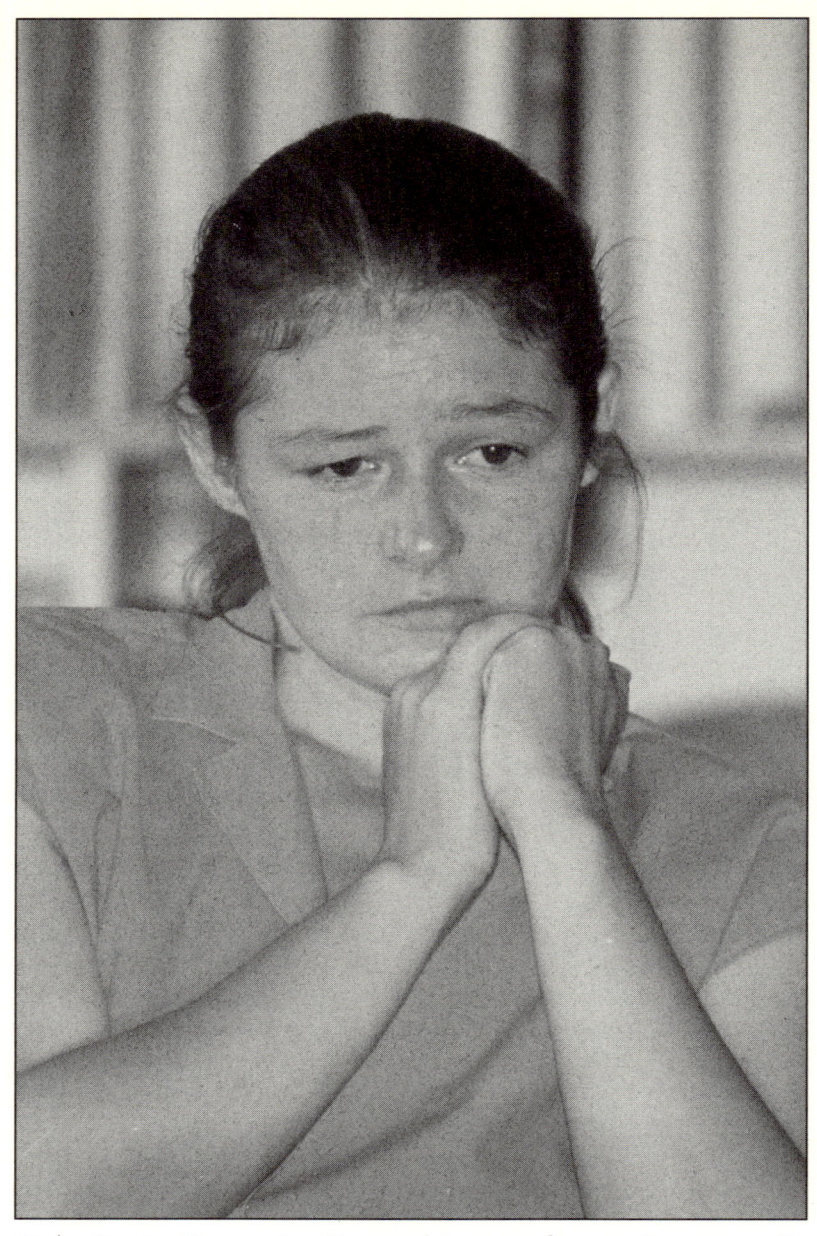

Tuzla, Bosnien-Herzegowina: Vergewaltigungsopfer aus Brezovo polje, Nordbosnien.

Muslime berichten von Greueltaten

Zagreb, Kroatien, 21. Juli 1992

Als er nach drei Tagen aus dem verschlossenen Güterwagen ans Tages-
licht kam, blieben Began Fazlić noch die Erinnerungen an die Foltern,
deren Zeuge er während der serbischen Eroberung seiner Heimatstadt
Kozarac gewesen war. Am 17. Mai, nachdem serbische Truppen in die
Stadt eingedrungen waren, wurden Fazlić und andere ältere Einwohner,
Frauen und Kinder zu dem nahegelegenen Dorf Trnopolje gebracht. Sie
verbrachten zwei Wochen in einem Gefangenenlager, das in einer Turnhalle eingerichtet worden war. Die gesunden und kräftigen Männer und
Jugendlichen von Kozarac, darunter einer von Fazlićs Söhnen, wurden
nach Omarska gebracht. Sie kamen nicht zurück. Vertreter der Muslime
glauben, daß Omarska ein Todeslager ist.

In dem Gefangenenlager, sagt Fazlić, war er Zeuge der Hinrichtung
seines Nachbarn Hadzic Ilijaz und von dessen Frau Ismeta. Ilijaz war der
Vorsitzende der Ortsgruppe der muslimischen SDA-Partei, die den
Widerstand der Stadt organisiert hatte. »Sie verlangten, daß er ihnen die
Namen aller muslimischen Aktivisten liefere«, sagte Fazlić. Ilijaz weigerte sich. Fazlić beschrieb in sachlichem Ton, was mit der Familie Ilijaz
geschehen war.

»Sie nahmen elektrische Bohrer und durchbohrten ihnen die Brust«,
sagte er. Die drei Kinder, ein, drei und fünf Jahre alt, wurden aufgespießt.
»Wir haben es mit unseren eigenen Augen gesehen«, sagte er.

In dem Gefangenenlager in Trnopolje waren 200 Männer und
Frauen, Arm an Arm aneinandergebunden. In der Nacht kam es zu Vergewaltigungen. Wachen kamen mit Taschenlampen herein und suchten
nach jungen Frauen, die sie für die Nacht wegführten. »Wer sich weigerte, wurde getötet. Nur wenige weigerten sich.«

Vertreter der Serben äußerten sich nicht im einzelnen zu diesen
Anschuldigungen. Major Milovan Milutinović, der Armeesprecher in
Banja Luka, erklärte vorige Woche gegenüber *Newsday:* »In Kozarac gab
es eine sehr große Gruppe von Extremisten. Sie haben alle Verhandlungen über die Organisation des Gemeindelebens abgelehnt. Alle Versu-

che, eine friedliche Lösung zu finden, scheiterten. Sie haben offenen Widerstand geleistet, also haben wir ihnen gegenüber energisch reagiert.«

Schließlich wurden die Leute aus Kozarac in zwei verschlossenen Zügen – der eine mit 2 200 Insassen und der andere mit 1 600 – deportiert, wie Vertreter des Roten Kreuzes in der bosnischen Stadt Zenica berichteten, wo sie schließlich landeten, bevor man sie nach Zagreb brachte. Die Deportierten wurden nach Geschlechtern getrennt, nur die Kinder durften bei ihren Müttern bleiben. Am besten erging es noch den Säuglingen, am schlechtesten den kleinen Kindern, sagte Fazlić. »Die meisten Toten waren Kinder«, sagte er. »Sie haben einfach die Tür geöffnet, die Leichen rausgeholt und sie am Straßenrand abgeladen. Man hat uns nicht erlaubt, sie zu beerdigen.«

In seinem Waggon war es drückend heiß. Es gab kein Wasser und kaum Luft zum Atmen. Die Männer entledigten sich fast aller ihrer Kleidungsstücke. Der Zug fuhr als ein Konvoi ab: fünf Güterwagen und dann ein Waggon mit bärtigen Männern mit Maschinengewehren, die, wie er glaubt, zu den serbischen Četniks gehörten, einer Miliztruppe.

Als der Zug nach ein paar Stunden Banja Luka erreichte, bat die Miliz-Einheit die Armee, den Zug zu übernehmen, aber die Offiziere weigerten sich. Die Verhandlungen gingen noch drei oder vier Stunden weiter, und schließlich öffnete die Miliz die Tür eines Frauen-Waggons. Die Armee stellte dann Begleitschutz für die nächste Etappe – ins Kampfgebiet – zur Verfügung. Dann übernahmen neue Wachen den Zug.

»Sie öffneten die Türen. Sie haben uns geschlagen und wollten Geld von uns. Den Frauen haben sie die Ohrringe abgerissen. Sie haben sich alles geschnappt, was sie kriegen konnten.« Die Flüchtlinge blieben dort die ganze Nacht, dann fuhren sie mit demselben Zug weiter nach Maglaj.

Fazlić würde gern nach Kozarac zurückkehren, oder was davon übriggeblieben ist. Die Serben haben es in Radosavci umbenannt. »Es war eine der schönsten Städte in der bosnischen Krajina«, sagte ein Vertreter der muslimischen Partei SDA letzte Woche in Banja Luka. »Aber jetzt, falls ihr Amerikaner euch zur Intervention entschließt, können wir sie euch als einen Golfplatz präsentieren. Sie ist vollständig dem Erdboden gleichgemacht worden.«

Todeslager
Überlebende berichten von Gefangenschaft und
Massenmord in Bosnien

Zagreb, Kroatien, 2. August 1992

Die serbischen Eroberer Nordbosniens haben zwei Konzentrationslager
errichtet, in denen mehr als tausend Zivilisten hingerichtet wurden
oder verhungerten. Weitere Tausende werden gefangengehalten, bis sie
sterben, berichteten zwei kürzlich entlassene Gefangene, die *Newsday*
interviewt hat.

Die Aussage der zwei Überlebenden schien der erste Augenzeugen-
bericht von möglicherweise systematischen Tötungen ungeheuren Ausmaßes zu sein, wie internationale Menschenrechtsorganisationen befürchten. *Newsday* konnte die Lager ebensowenig aufsuchen wie das
Internationale Rote Kreuz oder irgendeine andere internationale Organisation.

In einem der Konzentrationslager, einem ehemaligen Eisenerzkombinat in Omarska in Nordwestbosnien, wurden mehr als tausend muslimische und kroatische Zivilisten in Metallkäfigen ohne sanitäre Anlagen, angemessene Verpflegung, körperliche Bewegung oder Verbindung mit der Außenwelt gefangengehalten, wie ein ehemaliger Gefangener berichtet, der bat, seinen Namen nur mit »Meho« anzugeben.
Unter den Gefangenen im Lager, sagte er, befindet sich die gesamte politische und kulturelle Elite der Stadt Prijedor. Bewaffnete serbische
Wachen haben alle paar Tage Gefangene in Gruppen von zehn oder
fünfzehn hingerichtet, sagte er.

»Sie führten sie zu einem nahegelegenen See. Man hörte eine Ge-
wehrsalve, und dann kamen sie nicht mehr zurück«, sagte Meho.

»Ich glaube, wenn diese Orte keine Todeslager wären, bekämen wir
auch Zugang zu ihnen«, sagte Pierre André Conod, Leiter der Delegation des Internationalen Komitees des Roten Kreuzes in Zagreb, die die
Lage in Nordbosnien beobachtet. »Wenn die Bedingungen in den Lagern akzeptabel wären, würde das ein Grund sein, sie uns zu zeigen.«
Das Rote Kreuz konnte sich zweimal Zugang zu dem Lager in Manjača
verschaffen, das die bosnischen Serben als Kriegsgefangenenlager be-
zeichneten.

Der jugoslawische Ministerpräsident Milan Panić ließ durch einen Stellvertreter erklären, daß er die Existenz von Todeslagern weder bestätigen noch dementieren könne und er für die Schließung aller Lager aller Kriegsparteien in Bosnien sei. Das Land, das Panić von seinem Vorgänger übernommen hat, ist nur ein Schatten des ehemaligen Jugoslawien und besteht nurmehr aus Serbien, das beschuldigt wird, den Krieg in Bosnien zu unterstützen, und dem winzigen Montenegro.

Die Serben, die die Region Nordbosnien für sich beanspruchen, bezeichnen die Politik der Vertreibung von Muslimen und katholischen Kroaten als »ethnische Säuberungen«; Berichte der Überlebenden lassen vermuten, daß dies ein Euphemismus für einen Feldzug der Greueltaten und bestenfalls brutaler Deportationen ist.

In einem zweiten improvisierten Lager in einem Zollspeicher am Ufer der Sava (in der Stadt Brčko in Nordostbosnien) wurden nach Angaben von Alija Lujinović, 53, einem Verkehrsplaner, der Gefangener dieses Lagers war, zwischen dem 15. Mai und Mitte Juni 1350 Menschen ermordet. Den Gefangenen in Brčko wurden von den Wachen die Kehle durchschnitten oder sie wurden erschossen, sagte er.

»Meho«, 63, ein Bauunternehmer aus der nahegelegenen Stadt Kozarac, wurde am Freitag von einem Arzt aus seiner Heimatstadt überredet, für ein zweistündiges Gespräch mit *Newsday* und Leuten vom Roten Kreuz sein Versteck zu verlassen. Meho sagte, daß er im Juni eine Woche in Omarska gefangengehalten wurde, bevor man ihn wegen seines Alters, wie er glaubt, entließ. Er wurde in einem Eisenerzverlader gefangengehalten, in einem 60 bis 70 Quadratmeter großen Käfig, zusammen mit 300 anderen Männern, die darauf warteten, von der Lagerleitung abgefertigt zu werden, sagte er. Die Metallaufbauten enthielten Käfige, von denen jeweils vier übereinander gestapelt und durch Gitter getrennt waren. Es gab keine Toiletten, und die Gefangenen mußten in ihrem eigenen Unrat leben, der durch die Gitter tropfte.

Meho sagte, drei Leute versuchten zu fliehen, indem sie durch ein offenes Rohr vom obersten Käfig auf den Boden sprangen, aber nach ihrem Sturz aus 20 Metern Höhe wurden alle erschossen. Er sagte, er habe auch von anderen Gefangenen gehört, daß während der Woche, die er im Lager war, 35 bis 40 Männer einen qualvollen Tod gestorben seien, nachdem sie geschlagen worden waren.

Die internationalen Hilfsorganisationen erklärten, seine Aussage gegenüber *Newsday* – in Anwesenheit von Vertretern des bosnischen Roten Kreuzes/Roten Halbmonds – sei die erste Bestätigung ihres Verdachts, daß Omarska ein Todeslager ist. Sie erklärten, sie hätten schon seit über einem Monat Gerüchte über solche Lager gehört, aber niemand habe bislang mit einem Überlebenden gesprochen.

Das Internationale Rote Kreuz, sagte Conod, habe schon länger als zwei Wochen versucht, Zugang zu Omarska zu erlangen, aber die serbischen Behörden hätten sie mit der Begründung abgewiesen, man könne ihre Sicherheit nicht garantieren. Die bosnisch-serbische Armee hatte sich vor zwei Wochen geweigert, einen *Newsday*-Reporter und einen freiberuflichen Fotografen nach Omarska zu bringen.

Das Rote Kreuz hat noch keinen Besuchsantrag für Brčko gestellt, da seine Mitarbeiter – nachdem sie sich im Mai nach der Ermordung eines Rote-Kreuz-Vertreters aus Bosnien zurückgezogen hatten – zwar nach Banja Luka zurückgekehrt sind, der wichtigsten Stadt in Nordbosnien, aber ihre Arbeit in Ostbosnien noch nicht vollständig wiederaufgenommen haben.

Als er etwa vom 3. bis 10. Juni in Omarska war, sagte Meho, sei jeder der vier Käfige in dem Eisenerzverlader voller Gefangener gewesen, und andere Gefangene schätzten die Zahl der Lagerinsassen auf etwa 8 000. Die offizielle bosnische Staatliche Kommission für Kriegsverbrechen, eine Regierungsstelle, die eingerichtet wurde, um Kriegsverbrechen zu dokumentieren, schätzte letzte Woche in einem Bericht an den UN-Hochkommissar für Flüchtlinge die Zahl der Gefangenen in Omarska auf 11 000. Omarska wäre damit das größte der 94 Lager, die der Kommission bekannt sind. Sie verfügte über keine Schätzungen zur Zahl der getöteten Gefangenen.

Nach Angaben eines Augenzeugen, den die bosnische muslimische Wohlfahrtsorganisation Merhamet vor zwei Wochen zitierte, wurden auch in einer ehemaligen Eisenerzgrube im Tagebau Tausende Männer unter freiem Himmel gefangengehalten. Meho sagte, andere Gefangene seien offenbar in einem Gebäude für die Eisenerzverhüttung und in einem Verwaltungszentrum untergebracht. Er sagte, er habe nicht bemerkt, daß jemand unter freiem Himmel gefangengehalten worden sei, zumindest solange er da war. Mirza Muftić, ein Bergbauingenieur, der an der Planung der Erzförderungsanlage beteiligt war, sagte, die offene Grube sei etwa zwei Kilometer entfernt gewesen, so daß Meho sie nicht habe sehen können.

Vorige Woche veröffentlichte der UN-Hochkommissar für Flüchtlinge einen Bericht, in dem ein Wachtposten in Omarska zitiert wird, der einem UN-Beobachter mitgeteilt hatte, daß die Behörden planen, die Gefangenen in Omarska umzubringen, indem sie sie schutzlos den Elementen aussetzen. »Wir werden unsere Kugeln nicht an sie verschwenden. Sie haben kein Dach über dem Kopf, aber Sonne und Regen, kalte Nächte und zweimal am Tag Schläge. Wir geben ihnen nichts zu essen und kein Wasser. Sie werden wie Tiere verhungern«, hieß es in dem Notstandsbericht des UN-Hochkommissars für Flüchtlinge, der am Montag anläßlich einer Sonderkonferenz über die bosnischen Flüchtlinge veröffentlicht wurde.

Wie so viele andere Flüchtlinge erklärte Meho, daß er regelmäßig geschlagen wurde und Zeuge von Greueltaten war, als er in Omarska und für kurze Zeit in zwei anderen Lagern auf dem Weg dorthin gefangengehalten wurde. Als er hier interviewt wurde, sagte er, er könne kaum seinen linken Arm heben, und wenn er lachte, zeigte er einen fast zahnlosen Mund; sieben Zähne waren ihm bei den von ihm beschriebenen Mißhandlungen ausgeschlagen worden. Meho sagte, die bosnische serbische Armee habe ihn am 27. Mai in seiner Heimatstadt Kozarac verhaftet.

»Sie befestigten Rote Kreuze auf ihren Ärmeln und an den Panzern und riefen: ›Gebt auf! Das Rote Kreuz wartet auf euch. Man wird euch schützen‹«, erinnerte er sich. Aber als sie zu den Bussen gingen, sagte er, standen Soldaten mit Schlagstöcken an der Tür. »In jedem Bus waren drei bewaffnete Wachen. Sie sagten einem, wenn man den Kopf heben würde, würden sie ihn mit einer Kugel durchbohren.«

Die Lager waren in aller Hast errichtet worden. Meho wurde zuerst nach Keraterm gebracht, einer Keramikfabrik in der Stadt Prijedor, und dann nach Ciglana, einer benachbarten Ziegelei, bevor man ihn nach Omarska schickte. Er sagte, er wurde herausgegriffen, weil die Behörden den Verdacht hatten, seine zwei Söhne hätten gegen die Serben gekämpft.

»Ihre Methode war die, dich für ein Verhör zu holen und dann zu sagen, daß man dich freilassen würde, wenn du etwas über die anderen verrätst. Jeder beschuldigte die anderen, um sich zu retten. Aber sie entließen niemanden«, sagte er.

In dem Eisenerzverlader in Omarska waren die Menschen so eng zusammengedrängt, daß »es keinen Platz gab, um sich hinzulegen. Man schlief langsam ein und fiel dann gegen seinen Nebenmann.« Brot wurde alle drei Tage verteilt, ein Zweipfundbrot für drei Personen, und nach einer Woche bekamen die Gefangenen einmal am Tag eine kleine Tasse dünner Suppe.

In den engen Unterkünften ohne sanitäre Anlagen hatten alle Männer einen Bart, und alle hatten Läuse, sagte er. Die Gefangenen wurden entsprechend den verschiedenen Ebenen des Eisenerzverladers eingeteilt, und Mehos Bruder, ein 51 Jahre alter Röntgentechniker, war in der »B«-Ebene. Meho sagte, er sei in der »C«-Ebene gewesen. Er sagte am Freitag, ein anderer kürzlich entlassener Gefangener habe ihm erzählt, daß sein Bruder gestorben sei, nachdem Meho das Lager verlassen hatte.

Er erklärte, die Wachen hätten ihn jede zweite Nacht zu Verhören geholt und geschlagen. Er habe den Mann, der ihn verhörte, einen Lehrer aus Bosanski Novi, und zwei andere Wachen, einer von ihnen ein Kellner in einem Restaurant, gekannt, aber alle hätten so getan, als würden sie ihn nicht kennen. Er habe nie zugegeben, Söhne oder einen Bruder zu haben. Als der Mann, der ihn verhörte, ihn nach seinen Söhnen fragte, antwortete er: »Genosse, ich habe keine Söhne.« Der Kommandant erwiderte: »Nenn mich nicht Genosse!« Meho sagte, er habe zwei Söhne, einer von ihnen sei noch in Bosnien.

Meho berichtete, daß sich alle Soldaten einen langen Bart nach dem Vorbild der serbischen Četniks wachsen ließen, einer royalistischen Truppe im Zweiten Weltkrieg. Der Kommandant selbst bedrohte Meho nicht mit dem Tode, aber andere Soldaten taten das wiederholt. »Sie sagten zu uns: Für jeden Serben, der auf dem Schlachtfeld fällt, werden wir 300 von euch mitnehmen.«

Er sagte, er war der einzige, der aus der »C«-Ebene herauskam, und das wahrscheinlich wegen seines Alters. Ungefähr 45 Leute aus der »B«-Ebene wurden ebenfalls weggeschafft, alle Männer über 60, während gesunde und kräftige Männer zwischen 18 und 60 im Lager bleiben mußten. Er wurde nach Trnopolje gebracht, einem Dorf zwischen Omarska und Prijedor, das in ein riesiges Gefangenenlager verwandelt worden war. Wegen seines Zustands, sagte Meho, wurde er seiner Ankunft dort von den anderen Gefangenen zunächst gemieden.

Das stimmt mit dem Bericht der Tochter eines prominenten Stadtratsmitglieds von Prijedor überein, die später die Ankunft von Gefangenen aus Omarska gesehen hatte. Die in einem akademischen Beruf tätige Frau, die nicht genannt sein wollte, um ihre Verwandten, die zurückgeblieben sind, zu schützen, sagte in einem Interview, das vor dem mit Meho geführt wurde, daß ein Kollege die entlassenen Männer gesehen und gesagt habe: »Sie waren alle unter 18 oder über 60. In den ersten Tagen mußten sie von den anderen getrennt werden. Sie hatten Läuse, sogar auf den Augenbrauen. Sie waren völlig erschöpft und sehr dünn.«

Die Frau selbst war auch in Trnopolje gewesen, aber nicht in Haft. Sie sagte, unter den Insassen von Omarska seien auch in akademischen Berufen tätige Frauen aus Prijedor gewesen, die offenbar von den Männern getrennt im Verwaltungsgebäude untergebracht waren. Zu ihnen gehörten Zahnärztinnen, Gynäkologinnen, »alle, die Rang und Namen hatten«. Sie befinden sich jetzt im Hungerstreik, sagt die Frau.

Bericht eines Augenzeugen von Tod und Folter

Sechswöchiges Massaker forderte mindestens 3 000 Menschenleben

Zagreb, Kroatien, 2. August 1992

Die Serben richteten einige der Bosnier, die sie gefangengenommen hatten, mit Pistolen hin, aber sie bevorzugten die Methode, ihnen die Kehle durchzuschneiden, berichtete ein Überlebender, Alija Lujinović. Dann wurden die Leichen nackt ausgezogen und in die Sava geworfen. »Sie sagten immer, sie füttern die Fische«, erinnerte er sich.

So kam es nach Angaben der bosnischen Staatlichen Kommission für Kriegsverbrechen zu einem der schrecklichsten der dokumentierten Massaker in diesem von den Serben geführten Krieg in Bosnien. Bei einem sechswöchigen Massaker von Anfang Mai bis in die ersten Juniwochen im Konzentrationslager Brčko und den umliegenden Gebieten wurden mindestens 3 000 Menschen getötet, die höchste Zahl von Toten in einem der 94 Lager, die die Kommission aufführt.

Lujinović, ein 53 Jahre alter Muslim, sagte, daß er einer der nur 150 überlebenden Gefangenen sei, von 1 500, die Anfang Mai in das Lager gekommen waren. Nachdem sie neun Zehntel der Gefangenen massakriert hatten, wandten sich die Wachen gegen die Einwohner der Stadt, die noch nicht gefangengenommen worden waren, berichtete er am Mittwoch *Newsday* in einem zweistündigen Interview.

Statt die Leichen in die Sava zu werfen, befahlen sie dann Gefangenen, sie zu einer Tierfutterfabrik zu fahren, sagte Lujinović. Die Gefangenen hätten die Leichen nicht selbst in den Ofen geworfen, aber sie hatten allen Grund zu der Annahme, daß die Leichen für Tierfutter verbrannt wurden, weil die Luft in Brčko an jenem Tag so fürchterlich stank, daß man die Fenster nicht öffnen konnte.

Lujinović war Verkehrsplaner und bei der Stadt Brčko in Nordostbosnien angestellt, als die von Serbien aus dirigierte jugoslawische Armee Anfang Mai ihre Offensive begann, um einen Landstreifen quer durch Nordbosnien einzunehmen. Er sagte, er sei Zeuge fast aller Formen von Demütigung gewesen, die die Serben ihren muslimischen

Gefangenen antaten, von der Entweihung der dortigen Moschee bis zur Ermordung und Verstümmelung männlicher Gefangener und der Massenvergewaltigung muslimischer Frauen.

Manchmal wurden die Gefangenen schrecklich verstümmelt, bevor man sie in die Sava warf. »Der allerschlimmste Tag – und ich habe es mit eigenen Augen gesehen – war der, als ich zehn junge Männer in einer Reihe liegen sah. Man hatte ihnen die Kehle aufgeschlitzt, die Nase abgeschnitten und die Genitalien ausgerissen. Das war das Schlimmste, was ich je gesehen habe.« Ein serbischer Wachtposten trat vor die Gefangenen, die gezwungen worden waren, dem Morden zuzuschauen; er hatte ein selbstgebasteltes Drahtgerät, an dessen langem Griff drei Zacken befestigt waren. »Er drohte, uns zu kastrieren«, sagte Lujinović.

Die ersten, die hingerichtet wurden, waren die Mitglieder der muslimischen politischen Partei und die bosnische Bürgerwehr, sagte er. »Sie haben Namen gerufen, die Gefangenen herausgeholt und mit dem Morden begonnen. Wir haben dann immer drei Schüsse gehört, und der Mann kam nicht zurück«, erinnerte sich Lujinović.

Aber sie änderten bald ihre Methode und fingen an, den Gefangenen die Kehle durchzuschneiden, sagte er. »Sie befahlen ihnen, sich hinzulegen, und legten ihren Kopf auf einen Betonblock. Die Wachen schnitten ihnen dann die Kehlen durch. Ich habe es mit eigenen Augen gesehen.« Die Leichen wurden so gelegt, daß das Blut in die Sava floß. Und schließlich, nachdem die Hinrichtungen ungefähr einen Monat gedauert hatten, hätten die Wachen angefangen, die Einwohner der Stadt hinzurichten.

Lujinović meint, er sei gerettet worden, weil ein Wohltäter, dessen Namen er nicht nennen wollte, 120 Gefangene freikaufte. Als der Polizeichef am 23. Juni kam und die Namen der 120 Gefangenen vorlas, die entlassen werden sollten, war sein Name allerdings nicht dabei, sagte er. Aber er kannte den Polizeiinspektor, Dragiša Tešanović, und ging über den Hof zu ihm. »Ich fragte ihn, wie er mich nur hierbehalten könne. Ich sagte, wenn ich an seiner Stelle wäre und er an meiner, würde ich ihn nicht einmal für 24 Stunden hierbehalten. Er sagte: ›Du hast recht‹, und holte meine Papiere.«

Lujinović erklärte, daß er aus Bosnien entkommen konnte, weil er seine gesamten Besitztümer den neu etablierten serbischen Behörden in einem eigens für diese Zwecke eingerichteten Amt überschrieb. Dort traf er einen Serben, den er kannte, mit dem Namen Žarko, der erstaunt zu sein schien, ihn zu sehen. Er erinnerte sich, daß Žarko sagte: »Großer

Gott. Bist du immer noch am Leben?« Nachdem er vier Stunden gewartet hatte, bekam Lujinović einen Paß, mit dem er Bosnien verlassen konnte, und am 13. Juli nahm er den Bus nach Nordserbien und fuhr dann über Ungarn nach Kroatien.

Tuzla: Muslimische Vergewaltigungsopfer.

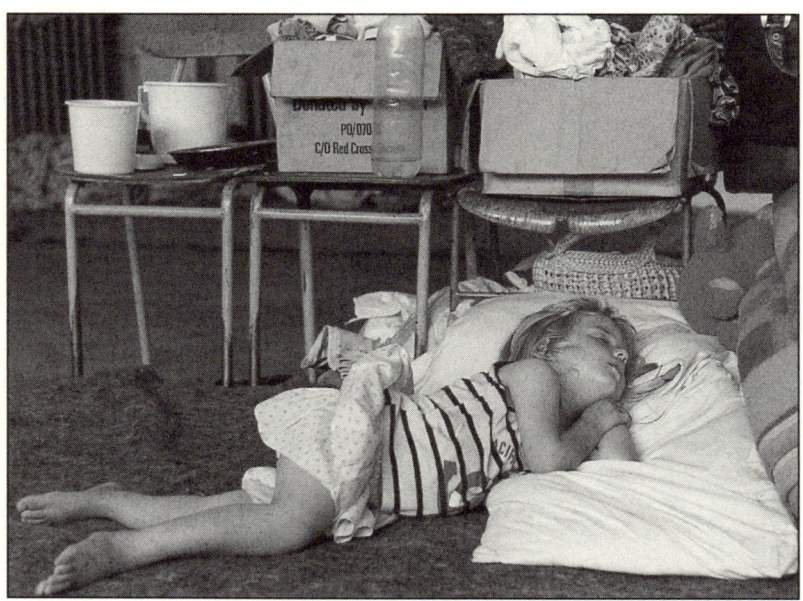

Tuzla: Ein Kind schläft auf dem Fußboden der Schul-Turnhalle.

Gulag

Krieg gegen muslimische und kroatische Zivilisten:
Ehemalige Gefangene serbischer Truppen berichten von
Greueltaten

Slavonski Šamac, Kroatien, 3. August 1992

Nacht für Nacht sind von der anderen Seite der Sava die Schreie und das
Klagen muslimischer und kroatischer Frauen und Kinder zu hören, die
von den Serben in Bosnien gefangengehalten werden. Lastwagen fahren vor der Polizeiwache am Ufer vor. Man hört Schreie. Die Lastwagen
fahren weg.

Für die Männer, die im Frühjahr in den Lagern waren, sind die
Schreie doppelt quälend. Von April bis Juni, sagten sie, kamen die
Schreie von Männern, die auf der Polizeiwache geschlagen wurden,
über den Fluß.

Hier auf der kroatischen Seite des Flusses wissen die muslimischen
und kroatischen Männer, die beim Gefangenenaustausch freikamen,
nicht, was mit den Frauen von Bosanski Šamac geschieht. Werden sie
von ihren Kindern getrennt? Werden sie in andere Lager gebracht? Werden sie auf einen Gefangenenaustausch vorbereitet?

Diese beiden Kleinstädte waren einmal durch Handel, Heirat und
Sport verbunden. Aber die Sava ist nun ein Fluß voller Blut geworden,
wie damals im Zweiten Weltkrieg. Die Brücke ist zerstört, überwacht
von Serben, die unter den Ruinen Posten bezogen haben, und von
Scharfschützen mit raketengetriebenen Granaten und Präzisionsgeweh-
ren in ihren Stellungen oben auf den Getreidesilos.

Jeden Tag treiben sechs oder sieben Leichen der beim Vormarsch der
Serben in Nordbosnien Getöteten den Fluß zwischen den Nachbarstäd-
ten hinunter, sagen die Männer. Vier Männer, die auf der anderen Seite
des Flusses Gefangene waren, erinnern sich an die Frühlingslaute – ihre
eigenen Schreie. Sie erinnern sich, daß die Schläge in den Tagen vor
ihrer Entlassung härter wurden. Einige der ihnen gegenüber angewand-
ten Foltermethoden waren unbeschreiblich. Nach einem zweistündigen Gespräch mit vier ehemaligen Gefangenen überreichte einer von
ihnen dem *Newsday*-Reporter eine schriftliche Erklärung, in der darge-

stellt ist, wie sie der Ermordung von fünfzehn Gefangenen und den Folterungen zusehen mußten. In einem Fall, heißt es in der Erklärung, zwang man einen Gefangenen, seinen eigenen Kot zu essen.

Die Lager waren Teil des von serbischen Truppen errichteten Gulags, die nun dabei sind, das eroberte Gebiet von Muslimen und Kroaten zu »säubern«. Es waren keine eigentlichen Todeslager, trotz der oben erwähnten Blutorgie, bei der fünfzehn Männer hingerichtet wurden. Die vier ehemaligen Gefangenen schätzten, daß 800 Männer dort festgehalten würden; viele von ihnen waren von der Straße gezerrt worden, als sie vormittags ihre Einkäufe machten. Sie wurden in Lagerräume in der Polizeiwache gebracht, in eine landwirtschaftliche Kooperative, die Grundschule, die Oberschule und die Büros der Territorialverteidigung.

Ein ungewöhnlicher Aspekt der Šamac-Lager war, daß ihre Existenz noch bis vor einer Woche der bosnischen Regierung nicht bekannt war, die eine Liste mit 94 Gefangenenlagern an den UN-Hochkommissar für Flüchtlinge geschickt hatte. Diese Lücke läßt vermuten, daß die Gesamtzahl der Lager in Bosnien viel größer ist als die gegenwärtig bekannte Zahl.

Die Internierung von Zivilisten wird von der serbischen Führung in Bosnien schlankweg bestritten. »Die serbische Seite bestreitet nachdrücklich die Existenz von Lagern für Zivilisten irgendwo in der Serbischen Republik von Bosnien-Herzegowina«, erklärte am Samstag der Psychiater Radovan Karadžić, Chef der Serbischen Demokratischen Partei, in einer Stellungnahme gegenüber *Newsday*.

Aber ein Blick auf Gefangene, die nach einer zweimonatigen oder längeren Haft mit Knochenbrüchen, vermindertem Sehvermögen und von den Schlägen geschädigten Organen entlassen werden, liefert eine anschauliche Widerlegung dieser Erklärung. H. D., 38, hat eine Einbuchtung quer über dem Kopf, wo ein Wachtposten ihn mit einer Eisenstange geschlagen hat. Er sagte, die Wachen hätten ihn vielleicht für zusätzliche Schläge herausgegriffen, weil er Mitglied der SDA, der muslimischen politischen Partei gewesen war, aber er fügte hinzu, er sei während seiner siebzigtägigen Haft nicht einmal verhört worden.

»Wir wurden mit Eisenstangen, Baseball-Schlägern und Schlagstöcken geprügelt, aber wir haben die Schlagstöcke ›Bananen‹ genannt, weil sie eine Art Erleichterung bedeuteten.« Er wollte seinen Namen nicht nennen, weil seine Frau, soweit er weiß, in dem Dorf auf der anderen Seite des Flusses gefangengehalten wird. Einmal winkte eine Gruppe von vier Serben ihn zu sich. Sie holten vier Baseball-Schläger aus einem

Lederbeutel und fingen an, auf ihn einzuschlagen. »Ich habe Baseball im Fernsehen gesehen, und sie holten mit den Schlägern so aus, als ob sie einen Ball treffen wollten, mit beiden Händen. In dieser Nacht habe ich von der Welt Abschied genommen. Ich wollte nur noch sterben«, sagte er.

Ein 61 Jahre alter Mann bat, seinen Namen nur als »Überlebender« anzugeben. Seine Geschichte ist eine Geschichte sadistischer Verkommenheit. »Man schlug dem Opfer auf Kopf, Hals, Schultern, Rücken, Brust, Hüften, Füße und Arme, also auf den ganzen Körper«, schrieb er. »Manchmal wurde er von einem Mann, manchmal von dreien und manchmal sogar von zehn Polizisten gleichzeitig geschlagen. Wir wurden in der Regel tagsüber geschlagen, manchmal in dem Raum, wo wir untergebracht waren und manchmal auf dem Hof...« nach einer solchen Folter war das Opfer blutbeschmiert, und sein Rücken war blau und rot von den Schlägen.

Berichten von früheren Gefangenen nach zu urteilen, scheint diese Art der Behandlung von Gefangenen in den Lagern in Nordbosnien weitgehend die Norm zu sein. Die Häftlinge werden so eng in winzige Lagerräume gepfercht, daß sie sich nicht hinlegen und bestenfalls in Schichten nacheinander schlafen konnten. Die Wachen erlaubten ihnen, einmal am Tag, falls überhaupt, auf die Toilette zu gehen, und gaben nur karge Mahlzeiten aus. Aber die Verhaltensmuster waren verschieden. In Bosanski Šamac standen die Wachen in einer Gruppe eng zusammen und ließen den Gefangenen um sie herum gehen, wobei jeder mit einem Holzknüppel oder Schlagstock nach ihm schlug, wenn er an ihm vorbeikam.

Tuzla: Mutter und Sohn in einem Flüchtlingszentrum.

Tuzla: Ihre Väter und Brüder wurden in Konzentrationslager gebracht. Ihre Mütter wurden allein durch ein Kriegsgebiet geschickt. Dann wurden die Töchter systematisch vergewaltigt und entlassen. Das Bild zeigt die Vergewaltigungsopfer zusammen mit ihren Müttern.

Persönlicher Bericht über den Terror

Slavonski Šamac, Kroatien, 3. August 1992

Nach einem ausführlichen Interview überreichte ein ehemaliger Gefangener des Internierungslagers Bosanski Šamac *Newsday* eine schriftliche Erklärung, in der die Folter beschrieben wird, der, wie er sagte, er und andere Gefangene seitens ihrer serbischen Gefängniswärter ausgesetzt waren. Da Verwandte von ihm noch in den Lagern gefangengehalten werden, bestand der Mann darauf, nur als »Überlebender« zitiert zu werden.

»Ich war einer von 800 Gefangenen, die von den serbischen Behörden des sogenannten serbischen Distrikts Bosanski Šamac in ihren Konzentrationslagern gefangengehalten wurden. In Bosanski Šamac gab es fünf von diesen Gefängnissen oder Zentren.

Die Gefangenen waren Kroaten, Muslime und Albaner, das heißt Menschen nicht-serbischer Nationalität. Unter den Gefangenen befanden sich Frauen und alte Männer, Männer über 60 und einer, der 73 Jahre alt war. Die Gefangenen waren nicht auf dem Schlachtfeld gefangengenommen worden, sondern in ihren Häusern. Praktisch alle mußten verschiedene Arten von Folter erdulden: Schläge, enge, heiße, erstickende Räume, unzureichende Nahrung, die Verweigerung von Trinkwasser und Toilettenbenutzung.

Am Anfang teilten die Sondereinheiten aus Serbien die Schläge aus. Später übernahmen die Polizisten, die uns bewachten, diese Arbeit. Es waren Serben aus dieser Gegend, die viel brutaler vorgingen als die Männer der Sondereinheiten. Sie schlugen uns mit Eisenstangen, Holzknüppeln und Schlagstöcken, mit Fäusten und Händen, traten uns mit Füßen – und sie trugen Militärstiefel.

Man schlug dem Opfer auf Kopf, Hals, Schultern, Rücken, Brust, Hüften, Füße und Arme, also auf den ganzen Körper. Manchmal wurde er von einem Mann, manchmal von dreien und manchmal sogar von zehn Polizisten gleichzeitig geschlagen. Wir wurden in der Regel tagsüber geschlagen, manchmal in dem Raum, wo wir untergebracht waren, und manchmal auf dem Hof. Nach einer solchen Folter war das Opfer an Kopf und Rücken blutbeschmiert, und sein Rücken war blau und rot von den Schlägen.

Die Sondereinheiten schlugen uns tagsüber draußen auf dem Hof. Die Polizeiwachen schlugen uns gewöhnlich nachts. Sie holten ihre Opfer eines nach dem anderen, und drei oder vier von ihnen stürzten sich in der Dunkelheit auf es. Und manchmal bis zu zehn Polizisten. Sie schlugen mit allem und jedem zu, so daß die Schreie des Opfers für uns schrecklich anzuhören waren. Jeder von uns hatte Angst, er würde der nächste sein, den sie schlagen.

Ein Opfer, das noch gehen konnte, stießen sie zurück in seinen Raum wie ein Tier, voller Blut und blau von Blutergüssen. Zuweilen konnten die Opfer nicht mehr gehen oder waren bewußtlos geworden, dann mußten zwei andere Gefangene sie in ihren Raum tragen.

Ich weiß, daß sie einen Gefangenen so lange schlugen, bis schließlich ein Polizist ihm mit einem Holzknüppel auf die Stirn traf und er bewußtlos umfiel. Das passierte in der Nacht, und zwei andere Gefangene haben ihn am Morgen hereingetragen. Er ist erst am folgenden Tag gegen zehn Uhr morgens wieder zu sich gekommen.

Nachdem wir durch einen Gefangenenaustausch [gegen serbische Gefangene] aus dem Gefängnis gekommen waren und nach medizinischen Untersuchungen stellte man fest, daß zahlreiche Gefangene mehrere Rippen gebrochen hatten. Der Mann, dem man mit einem Holzknüppel auf die Stirn geschlagen hatte, mußte sich in Zagreb am Kopf operieren lassen.

Außer uns zu schlagen, folterten sie uns damit, daß sie uns nicht auf die Toilette gehen ließen, wenn wir das Bedürfnis dazu verspürten, daß sie uns kein Trinkwasser gaben, und mit anderen Mitteln. Im letzten Monat, vor dem Gefangenenaustausch, bekamen wir nur eine Mahlzeit am Tag, das Mittagessen. Manchmal bestand dies Mittagessen, die einzige Mahlzeit in 24 Stunden, aus einer kleinen Scheibe Brot mit Marmelade.

Bei ihren Folterungen gingen sie so weit, daß sie einen Gefangenen zwangen, Sand zu essen, einen anderen, seine eigenen Exkremente, und wieder einen anderen, sexuelle Handlungen an einem Mitgefangenen auszuführen.

Eine schreckliche Szene war, als ein Mann von den Sondereinheiten aus Serbien uns zeigen wollte, wie die Četniks ihre Opfer massakrieren. Als er daranging, mit einem Messer in der Hand sein Opfer auszusuchen, dachte jeder von uns, daß er das Opfer sein würde. Wir standen starr vor Schreck, während er seine Wahl traf. Als sein Opfer wählte er einen von zwei albanischen Brüdern aus, den jüngeren der beiden. Er befahl ihm, sich auf allen vieren auf dem Boden niederzulassen und dann in der Mitte eines Kreises, den wir um ihn herum bilden mußten, Arme und Beine auszustrecken, soweit er konnte. Er folterte uns und das Opfer schrecklich, und zwar psychisch, indem er sein Messer an allen Seiten des Halses entlangzog, aber ohne wirklich zu schneiden. Dann fing er an, den Kopf und alle anderen Körperteile seines Opfers mit Füßen und Fäusten zu traktieren.

Ich glaube, die schrecklichste Nacht war die vom 7. auf den 8. Mai, als ein Kommando der serbischen Sondereinheiten zu den Lagerräumen der landwirtschaftlichen Kooperative in Crkvina kam [fünf Kilometer von Bosanski Šamac entfernt und eines der fünf Internierungszentren] und 15 von den 45 Leuten dort erschossen. Als die Tür zu dem Lagerraum gewaltsam geöffnet worden war, befahl man uns – das Licht war nicht angemacht worden –, uns auf einer Seite des Raumes aufzustellen, was wir auch in aller Eile taten.

Ein anderer Mann von den Sondereinheiten leuchtete uns einem nach dem anderen mit einer Taschenlampe ins Gesicht, und der erste Mann von den Sondereinheiten suchte sich sein Opfer aus, schlug ihm mit seiner Pistole auf den Kopf, schoß auf ihn und tötete ihn. Die Menschen brachen auf dem Fußboden in einem Haufen zusammen, und Blut ergoß sich über den Betonfußboden. Als er seine erste Runde beendet hatte, befahl er den anderen, die überlebt hatten, sich schnell auf der anderen Seite des Raums aufzustellen, was wir auch taten. Er begann wieder, seine Opfer auszusuchen und zu erschießen. Ich weiß, daß er bei der zweiten Runde jeden nach Namen und Beruf fragte und danach seine Wahl traf, und dann erschoß er die Leute. Ungefähr fünfzehn Leute blieben tot in dem Raum liegen. Um sie herum, auf dem Betonfußboden, war eine Lache von ihrem Blut.

Dann dirigierten sie uns auf die dritte Seite des Raums und befahlen den jüngeren Leuten, die Leichen auf einen Lastwagen zu laden, der bis an den Eingang gefahren war. Dann sagten sie ihnen, sie sollten das Blut vom Boden wischen, was sie auch gemacht haben. Wir verbrachten die Nacht in diesem Raum.

Wir erzählten den anderen Gefangenen nicht, was wir Schreckliches gesehen hatten, und wir sprachen nicht einmal untereinander über diese furchtbare Nacht.«

Tuzla: Verzweifelt, verletzt, wütend. Vergewaltigungsopfer aus Brezovo polje.

Karlovac, Kroatien: Zwei Brüder, die zur ersten Gruppe der aus den Konzentrationslagern Omarska, Keraterm und Trnopolje entlassenen Gefangenen gehörten, sind wieder mit der Tochter von einem der beiden vereint.

Todeslager der Serben
Wie die Wachen ihre Opfer aussuchten

Zagreb, Kroatien, 5. August 1992

Serbische Wachen im Konzentrationslager Omarska in Bosnien exekutierten täglich Dutzende muslimischer und kroatischer Gefangener von den Tausenden, die an mindestens drei Orten innerhalb des ausgedehnten ehemaligen Bergbau-Kombinats gefangengehalten wurden; das ergab sich aus Interviews, die *Newsday* gestern geführt hat.

Nach Angaben eines 53 Jahre alten muslimischen Überlebenden des Lagers, der gestern interviewt wurde, selektierten die Wachen jede Nacht willkürlich sieben oder acht ihrer Opfer mit einer Taschenlampe in einem verdunkelten Lagerhaus, wo 600 bis 700 Gefangene zusammengepfercht waren. Der Überlebende, der seinen Namen nur mit »Hujca« angegeben wissen wollte, sagte, das einzige gemeinsame Merkmal der Opfer sei ihr muskulöser Körperbau gewesen.

»Am nächsten Morgen waren sie nicht mehr da«, sagte Hujca. Die Wachen kamen am nächsten Tag zurück, um eine Gruppe junger Männer auszusuchen, die die Toten begraben sollten; einigen hatte man durch den Mund geschossen, während anderen die Kehle aufgeschlitzt worden war, sagte er. Er selbst hatte die Morde nicht gesehen. Einmal sah er acht Leichen, die mit Decken zugedeckt waren. An anderen Tagen berichteten ihm Mitglieder der Beerdigungsmannschaft, was sie gesehen hatten.

Die Schilderung Hujcas, zusammen mit einem neuen, indirekten Bericht über Gefangene in einer offenen Grube in Omarska, den *Newsday* gestern erhielt, fügte den Augenzeugenberichten, die *Newsday* am 2. August veröffentlicht hatte, grauenvolle neue Details hinzu. *Newsday* hatte von Beschuldigungen berichtet, daß es in dem Lager Omarska und einem anderen Lager in Brčko in Nordostbosnien Tausende Toter gegeben habe. Die neuen Enthüllungen ergänzen das sich nun abzeichnende Bild des Lagers Omarska und eines, wie internationale Menschenrechtsorganisationen befürchten, Mordens gewaltigen Ausmaßes. *Newsday* konnte die Lager ebensowenig aufsuchen wie das Internationale Rote Kreuz oder eine der anderen internationalen Organisationen. Der

UN-Sicherheitsrat forderte gestern abend, daß die Gefangenenlager in der Region einer unparteiischen internationalen Untersuchung zugänglich gemacht werden.

Vertreter der Serben in Bosnien haben bestritten, daß überhaupt Zivilisten in Gefangenenlagern festgehalten werden. Der jugoslawische Ministerpräsident Milan Panić, der nur Serbien und das winzige Montenegro regiert, gibt zu, daß alle Seiten Gefangenenlager unterhalten. Er erklärte, daß er die Existenz von Todeslagern weder bestätigen noch dementieren könne und eine Schließung aller Lager befürworte.

In einem gestern geführten Interview untermauerte Hujca frühere Anschuldigungen hinsichtlich des Lagers Omarska. Er sagte, er wurde im Mai zwölf Tage lang in einem Lagerhaus gefangengehalten, eingezwängt in einen Raum, der so mit Menschen vollgepfercht war, daß niemand sich zum Schlafen hinlegen konnte. Er hatte auf der Seite der bosnischen Streitkräfte gekämpft, sich aber seiner Maschinenpistole entledigt und war nicht entdeckt worden, als er sich unter die Einwohner von Kozarac mischte, einer Stadt in Nordwestbosnien, die im Mai von serbischen Truppen eingenommen worden war. Aber Tausende Zivilisten wurden von den serbischen Einheiten verhaftet, und sie wurden alle schließlich nach Omarska gebracht.

Als er in dem Lager ankam, sagte Hujca, sah er einen Gefangenen durch ein Glasfenster im Lagerverwaltungsgebäude springen und direkt auf einem Soldaten landen. »Die Wachen in der Nähe von uns feuerten eine Salve auf ihn ab, aber ich glaube, er konnte fliehen.« Und kurz nach seiner Ankunft dort sah er, wie die Wachen einen Mann mit Knüppeln erschlugen. Er erkannte in dem Opfer den Betriebsleiter der Sägemühle von Kozarac wieder.

Hujca wurde während derselben Zeit in Omarska gefangengehalten wie ein anderer Überlebender namens »Meho«, über dessen Aussage *Newsday* am 2. August berichtet hat. Beide sagten, daß in dieser Zeit 8 000 Gefangene festgehalten wurden, die meisten von ihnen, aber nicht alle, Männer. Die bosnische Regierung schätzt, daß dort 11 000 Gefangene sind. Meho wurde in einem Metallkäfig gefangengehalten, der Teil eines Eisenerzverladers in der Förderungsanlage war. Hujca war in einem Lagerhaus in einem anderen Teil des Kombinats.

Wie die Gefangenen in dem Eisenerzverlader waren auch die im Lagerhaus unterernährt, sagte Hujca. Sie bekamen alle 24 Stunden ein winziges Stück Brot. Ein Bericht aus zweiter Hand lieferte zusätzliche Details über die Zustände in einer riesigen offenen Grube, wo Hunderte gefangengehalten wurden. Die Wachen ließen Gefangene aus der über 30 Meter tiefen Grube an die Oberfläche klettern, und sie kamen nie wieder zurück, so zitiert Fahrudin Ganić, 30, Mitglied der bosnischen muslimischen Streitkräfte, einen 15 Jahre alten muslimischen Jungen, der Mitte Juni länger als eine Woche in der Grube gefangen gehalten wurde. Der Junge wußte nicht, was aus ihnen geworden ist.

Ganić und zwei andere bosnische Kämpfer, die kürzlich aus Nordbosnien hier eingetroffen waren, sagten auch, daß sie erst vor zwei Wochen Zeugen eines Massakers in dem Dorf Bišćani gewesen seien, bei dem mindestens 150 Menschen aus nächster Nähe von serbischen Truppen erschossen wurden.

Der muslimische Junge kam aus dem Dorf Cerići, und Ganić konnte ihn nur mit seinem Familiennamen Gredelje identifizieren. Er war etwa eine Woche lang in Omarska gewesen und offenbar entlassen worden, weil man ihn für minderjährig hielt. Er wurde von serbischen Soldaten von Omarska in ein nahegelegenes Lager in Trnopolje überführt und dann in sein Heimatdorf entlassen, sagte Ganić. Zwei Tage nach seiner Rückkehr erfuhr der Junge, daß man ihn wieder festnehmen wollte, und er flüchtete in die Wälder, wo er Männer von der Bürgerwehr traf, sagte Ganić. Gredelje verließ nach Angaben von Ganić Bosnien mit einer anderen Gruppe, die sich Richtung Süden auf den Weg gemacht hatte.

Dieser Bericht über die Zustände in der Grube stützt zwei andere Berichte aus zweiter Hand, die früher in *Newsday* zitiert worden waren. Ein Einwohner Banja Lukas und ein UN-Gewährsmann hatten erklärt, daß Tausende in der Grube gefangengehalten wurden und dort verhungerten oder starben, weil sie ungeschützt den Elementen ausgesetzt waren.

Wenn es regnet, müssen die Gefangenen in dem roten Schlamm stehen, denn sie können sich nirgends unterstellen, sagte Ganić. Es gibt keine Toiletten, keine Betten, und die Männer müssen in unmittelbarer Nähe ihrer Körperausscheidungen stehen oder hocken.

Darmkrankheiten sind endemisch, und die Gefangenen werden wie Tiere gefüttert. Die Wachen werfen jeweils etwa acht Gefangenen ein Brot zu. Die Hitze am Tag wurde nur dadurch gelindert, daß ein Wachtposten die Häftlinge gelegentlich mit einem Schlauch bespritzte, sagte Ganić.

Ganić sprach mit dem *Newsday*-Reporter im inoffiziellen Hauptquartier der bosnischen Streitkräfte in Zagreb im Beisein von zwei seiner

Kameraden, die sich nur als »Mirsad«, ein 33 Jahre alter Anwalt, und »Edwin«, ein 32 Jahre alter Zimmermann, vorstellten. Die drei waren kürzlich aus Nordbosnien entkommen, nachdem serbische Truppen ihre Verteidigungsstellungen durchbrochen hatten.

Das Außenministerium der USA erklärte zunächst, daß ihm ähnliches Beweismaterial über Folter und Hinrichtungen in serbischen Gefangenenlagern vorliege, zog dann aber diese Stellungnahme zurück, was die öffentliche Empörung angesichts der Enthüllungen noch verstärkte. Schließlich – nachdem ein englisches Fernsehteam in Omarska und anderen Lagern bis zum Skelett abgemagerte Gefangene gefilmt hatte – forderte Präsident Bush öffentlich, daß die dortigen Behörden dem Internationalen Roten Kreuz Zugang zu den Lagern gewährten. In Bosnien schlossen die serbischen Behörden das Lager Omarska und verteilten die Gefangenen auf andere Lager. Unter dem Druck der Weltöffentlichkeit autorisierte der UN-Sicherheitsrat die Mitgliedsstaaten zur Anwendung militärischer Gewalt, um den Transport von Lebensmitteln und Medikamenten nach Sarajevo und in andere bosnische Städte zu sichern. Der Sicherheitsrat verurteilte auch die »ethnischen Säuberungen« als eine Verletzung des internationalen Rechts, und die UN-Menschenrechtskommission beauftragte Tadeusz Mazowiecki, den früheren polnischen Ministerpräsidenten, die Vorwürfe massiver Menschenrechtsverletzungen zu untersuchen. Auf einer Konferenz Ende desselben Monats in London versprachen die bosnischen Serben, alle Gefangenenlager für Zivilisten zu schließen. Diese Zusicherung wurde von den bosnischen Kroaten und der überwiegend muslimischen Regierung Bosniens mitunterzeichnet.

Der Schrecken der Vergewaltigungen in Bosnien

Split, Kroatien, 9. August 1992

In Dschungel-Uniform und mit Messern und Gewehren bewaffnet suchten die Wachen den dunklen, überfüllten Raum mit ihren Taschenlampen ab, auf der Suche nach Mädchen, die sie für die Nacht gewaltsam entführen konnten. Dann bemerkte einer von ihnen die sechzehnjährige S. T.

»Steh auf!« befahl er, mit dem Gewehr in der Hand.

Ihre Mutter begann zu weinen. Aber der Wachtposten wußte, wie man damit fertig wird. »... deine Mutter«, sagte er und zog sein Messer.

S. T.s Mutter fiel in Ohnmacht, und die junge Frau wurde mit vorgehaltenem Gewehr mit drei anderen Mädchen zu einem grünen Lastwagen mit einer Plane geführt, wo sie dreimal vergewaltigt wurde.

Die dreifache Vergewaltigung der jungen muslimischen Frau im Juni war nur eines von Tausenden, vielleicht Zehntausenden solcher Verbrechen, die, so befürchten Regierungsvertreter in Bosnien-Herzegowina, in den serbischen Gefangenenlagern Nordbosniens an muslimischen und kroatischen Frauen begangen wurden.

Berichte über Vergewaltigungen waren derart zahlreich, daß einige Beobachter glauben, es handele sich um systematische Vergewaltigungen. Šefko Omerbašić, Führer der muslimischen Volksgruppe in Kroatien und Slowenien, der jede Woche direkten Kontakt zu Hunderten von Flüchtlingen hat, ist zu diesem Schluß gekommen. »Es gibt immer mehr Beweise dafür, daß alle jungen Frauen vergewaltigt wurden«, teilte er *Newsday* kürzlich in einem Interview mit.

Es gibt eine erstaunlich hohe Zahl von Berichten über Massenvergewaltigungen von Mädchen, die gerade erst geschlechtsreif geworden sind. Und im Unterschied zu S. T., die Ende Juni aus dem Lager Trnopolje entlassen wurde, befinden sich möglicherweise immer noch Tausende, vielleicht Zehntausende Vergewaltigungsopfer in diesen Gefängnissen, die in Schulen, Fabriken und Dörfern errichtet worden sind.

Die bosnische Regierung schätzte am Freitag, daß 200 000 Menschen, meist Frauen, Kinder und ältere Leute gefangengehalten werden. Regierungsvertreter sagten, sie wüßten von mindestens einem Lager, das ausschließlich für Frauen und Kinder bestimmt ist, aber sie sagten, Schätzungen, wieviele vergewaltigt wurden, seien unmöglich.

Radovan Karadžić, der Regierungschef der bosnischen Serben, bestritt, daß es überhaupt Gefangenenlager für Zivilisten in Bosnien gebe, und fügte hinzu, daß nirgends Frauen oder Kinder gefangengehalten würden. Zu den Berichten über systematische Vergewaltigungen befragt, erklärte er gegenüber *Newsday:* »Es gibt allein in Sarajevo sechs Orte, wo sie [die Muslime] serbische Frauen vergewaltigen. Wir Serben wissen, was wirklich geschieht.«

Für ihre Familie war die Tortur, die S.T. erlitten hatte, ein weiteres schmerzhaftes Trauma in der Tragödie, die ihnen widerfahren ist, seit die Serben mit den »ethnischen Säuberungen« in Nordbosnien begonnen haben. Die Familie ist praktisch zerstört worden, und niemand weiß, ob sie wieder zusammengeführt werden kann. Die Serben brachten S.T.s Vater, einen Maler, in das Lager Omarska, wo nach Berichten von Zeugen zahlreiche Morde an Gefangenen begangen wurden. Niemand weiß, wo S.T.s Bruder ist oder ob er noch lebt.

Die siegreiche Truppe requirierte das Haus der Familie in Kozaruša und hat es höchstwahrscheinlich geplündert. Das Schicksal der vierzehn Verwandten, die in der Region Nordwestbosnien geblieben sind, ist bestenfalls ungewiß. Und S.T. muß für immer mit dem Trauma jener Nacht im Lager Trnopolje leben.

Aber allem, was sie durchgemacht haben, zum Trotz, oder vielleicht deswegen, stimmten Mutter und Tochter dem Vorschlag eines Arztes zu, am Donnerstag mit einem *Newsday*-Reporter zu reden. Ihre einzige Bedingung war, daß sie nur mit Initialen genannt würden.

Der Abend in der bescheidenen Wohnung von S.T.s Onkel in dieser adriatischen Hafenstadt hätte sich als kathartisch erweisen können, wäre nicht ganz unerwartet im Fernsehen eine Video-Aufzeichnung gezeigt worden, die zum erstenmal die Insassen der Gefangenenlager Omarska und Trnopolje zeigte. Als sie die bis zum Skelett abgemagerten Gefangenen sah, die kaum fähig waren, ihre Suppenlöffel mit der gefärbten Flüssigkeit, die man in ihre Schalen geschüttet hatte, an den Mund zu führen, begann M.T., die 42 Jahre alte Mutter, zu weinen, und S.T. saß still daneben und schluchzte hin und wieder.

Die Aufzeichnung wurde noch einmal gezeigt, und sie suchten unter den Gesichtern der Gefangenen hinter dem Stacheldraht nach ihrem vermißten Vater und Bruder. Keiner der beiden war zu sehen. S.T. sah niedergeschlagen aus. Niemand sagte ein Wort.

Die Vergewaltigung war ebenfalls eine ziemlich sprachlose Angelegenheit. Die drei Wachen waren glattrasiert, sagte S.T. Jeder hatte eine »vier S«-Tätowierung auf der Hand, die Initialen der Parole, unter der die serbischen Truppen Bosnien verwüstet haben: »Nur Solidarität rettet die Serben.« Die drei Soldaten und die vier Mädchen stiegen hinten auf den Militärlastwagen, der mit einem Fahrer gekommen war, und sie hielten in der Nähe einer Tankstelle ein paar Kilometer vom Lager entfernt. S.T. weinte, und die Wachen ließen sie im Lastwagen. Die anderen drei Mädchen, die älter waren, wurden in ein Haus geführt, das früher einem prominenten Muslim in der Stadt gehört hatte, und jetzt den Lagerwachen als Bordell diente. Es waren noch ungefähr ein Dutzend andere Männer in dem Haus.

Der Soldat, der zurückgeblieben war, befahl S.T., sich auszuziehen und sich auf die Ladefläche des Lastwagens zu legen. Er ließ seine Sachen an und zwang sie zum Beischlaf. Als der erste Soldat befriedigt war, holte er seinen Freund. Schließlich kam auch der Dritte an die Reihe.

»Was machst du denn?« erinnerte sich S.T., habe sie den letzten ihrer Vergewaltiger gefragt.

»Was eure Leute uns auch antun«, antwortete er. Er überlegte eine Minute und sagte dann: »Ich bring dich hier weg.« Er sagte ihr, sie solle sich anziehen. Bevor er wegfuhr, rief er seinen Kumpanen zu: »Ich hol noch ein paar mehr.« Dann fuhr er sie in den überfüllten Raum in der Schule im Lager Trnopolje zurück und ließ sie dort. Er suchte den Raum mit seiner Taschenlampe ab, und das Ganze fing wieder von vorn an. Es war der zweite von drei Besuchen in dieser Nacht.

S.T. hatte in gewisser Weise Glück. Die anderen Mädchen blieben in dem Bordell, und eine von ihnen sagte S.T., sie sei in dieser Nacht von zwölf verschiedenen Männern vergewaltigt worden. Die Soldaten brachten sie gegen halb vier Uhr morgens zurück.

S.T. und ihre Mutter verließen einige Tage später das Lager Trnopolje, wie Vieh in geschlossene Güterwagen verladen für eine Tagesreise durch ein Kampfgebiet in muslimisches Territorium. Nachdem sie zu Fuß gegangen, gefahren und mit dem Bus transportiert worden waren und eine achtstündige Zugreise nach Zagreb mitgemacht hatten, kamen sie schließlich mittellos, hungrig und schwach im Hauptbahnhof der Stadt an. S.T. fiel auf dem Bahnsteig in Ohnmacht und wurde in eine Frauenklinik gebracht. Als sie am 25. Juni in einer Vorortklinik in Zagreb erschien, stand sie unter Schock. »Sie stand wie versteinert da«, erinnerte sich die Ärztin, Vanda Panjkota. Die Ärztin verschrieb ihr ein hormonelles Antischwangerschaftspräparat. Sie stellte keine Fragen. »Es war nonverbale Kommunikation. Ich glaube, sie sagte nicht mehr als zwei oder drei Worte«, sagte Panjkota.

S.T.s Mutter war auch dabei und konnte kaum sprechen. »Sie benutzte die Zeichensprache«, erinnerte sich die Ärztin, »als ob sie sagen wollte: ›Bitte, helfen Sie uns‹«.

Auch zwei Krankenschwestern beobachteten die Szene. »Wir sahen sie an und hätten am liebsten mit ihr geweint«, sagte die Ärztin.

Die Vergewaltigungen in Bosnien
»Die Welt soll es wissen«

Tuzla, Bosnien-Herzegowina, 23. August 1992

Serbische Truppen in Nordbosnien vergewaltigten systematisch 40 junge muslimische Frauen in einer Stadt, die sie im Frühsommer dieses Jahres eingenommen hatten. Einigen ihrer Opfer erzählten sie, daß sie den Befehl dazu hätten, sagen die jungen Frauen. Erklärungen der Vergewaltigungsopfer, in denen sie ihre furchtbaren Erfahrungen detailliert beschreiben, bestätigen Berichte, wonach die Vergewaltigung muslimischer Frauen keine Randerscheinung, sondern eine der Haupttaktiken des Krieges war.

»Wir haben Befehl, die Mädchen zu vergewaltigen«, habe der junge Mann, der sie gewaltsam entführt hatte, zu ihr gesagt, erklärte Mirsada, 23, eines der 20 jungen Opfer, die *Newsday* interviewt hat. Er habe gesagt, er »schäme sich, ein Serbe zu sein«, und hinzugefügt, daß »alles, was hier geschieht, ein Kriegsverbrechen ist«, sagte sie.

Hafiza, ebenfalls 23, sagte, sie habe versucht, den Soldaten, der sie vergewaltigte, davon abzubringen. »Ich versuchte es mit Weinen und Flehen«, erzählte sie. »Ich sagte: ›Du hast doch eine Mutter und eine Schwester, ein weibliches Wesen in deiner Familie.‹ Er hat nichts gesagt. Er wollte nicht reden. Dann sagte er: ›Ich muß. Ich muß.‹ Ich sagte: ›Du mußt nicht, wenn du nicht willst.‹« Aber sie konnte ihn nicht aufhalten.

Von dem Vorfall waren 40 junge Frauen aus Brezovo Polje betroffen, einer Kleinstadt an der Sava, wo die siegreichen Truppen einmarschiert waren, alle Zivilisten festgenommen und sie nach Alter und Geschlecht getrennt in ihr Verhängnis geschickt hatten.

Die Vergewaltigungsopfer wurden in einem Flüchtlingszentrum interviewt, ihrer einzigen Zuflucht nach der Zerstörung ihrer Häuser, ihrer Familien und ihrer materiellen Überlebensbedingungen. Sie waren einverstanden, zitiert und fotografiert zu werden, unter der Voraussetzung, daß sie nur mit Vornamen und Altersangabe identifiziert würden.

»Wir wollen, daß die Welt erfährt, was wirklich mit uns geschehen ist. Alle Mütter. Alle Frauen«, sagte Senada, 17, die der Chefgynäkologin des Krankenhauses in Tuzla eine handgeschriebene Erklärung mit der

Bitte überreichte, sie an *Newsday* weiterzugeben. »Ich möchte nicht, daß irgend jemand sonst diese Erfahrung machen muß. Es ist schlimmer als jede andere Strafe auf der Welt.«

Was in Brezovo Polje geschehen ist, ist nur einer von vielen Hinweisen auf systematische Vergewaltigungen während der serbischen Eroberung Bosniens. In getrennt geführten Interviews in Tuzla sagten vier junge Frauen aus dem Dorf Liplje in der Nähe von Zvornik, daß die Serben sie in einem Behelfsbordell gefangengehalten hätten, wo drei oder mehr Männer sie über einen Zeitraum von zehn Tagen jede Nacht vergewaltigt hätten. Eine führende bosnische Frauengruppe hat die Serben beschuldigt, gegenwärtig mehr als 10 000 bosnische Frauen in serbischen Lagern gefangenzuhalten, wo sie wiederholt vergewaltigt würden, aber das konnte nicht durch unabhängige Zeugen bestätigt werden. Ein weiteres Verhaltensmuster der serbischen Sieger stellt die Vergewaltigung schwangerer und einiger Frauen mittleren Alters dar.

Dr. Melika Kreitmayer, Chefin des Gynäkologenteams, das 25 der 40 Opfer aus Brezovo Polje untersucht hatte, sagte, sie und ihre Kollegen seien überzeugt, daß es das Ziel der Vergewaltigungen sei, »muslimische Frauen zu demütigen, sie zu beleidigen, ihre Persönlichkeit zu zerstören und einen Schock auszulösen… Diese Frauen wurden nicht wegen des männlichen Geschlechtstriebs vergewaltigt. Sie wurden vergewaltigt, weil das das Kriegsziel war«, sagte sie. »Ich habe den Eindruck, daß jemand den Befehl gegeben hat, die Mädchen zu vergewaltigen.« Sie führte als Beweis dafür an, daß einige junge Frauen gesagt hätten, sie seien zu einem Haus gebracht und nicht vergewaltigt worden, aber man habe sie angewiesen, anderen zu sagen, daß sie vergewaltigt worden seien.

Melika Kreitmayer, die muslimischer Herkunft ist und in deren Team ein serbischer und ein slowenischer Arzt arbeiten, trug diese Behauptungen vor, ohne daß ihre Kollegen irgendwelche Einwände erhoben hätten. »Was wir gehört haben, hat uns schockiert«, bemerkte ihr serbischer Kollege, Dr. Nenad Trifković.

Nach Angaben der jungen Frauen sprachen die Vergewaltiger mit ihren Opfern über ihre Tat als einen Auftrag, den sie auszuführen hatten. Viele dieser Männer stärkten ihre Entschlußkraft durch das Einnehmen von weißen Pillen, die sie offenbar stimulierten, sagten die Frauen. Die Behauptung der Männer, daß sie Befehlen folgten, wird durch folgendes Vorkommnis gestützt: Als eine neue Gruppe irregulärer Truppen eintraf, Gefolgsleute eines der brutalsten serbischen Kriegsherrn,

Vojislav Šešelj, eines militanten Nationalisten aus Sarajevo, versuchten die Führer der ersten Gruppe, die Frauen von Brezovo Polje nach deren Angaben vor den Gefolgsleuten Šešeljs zu schützen.

»Keine Sorge! Die Mädchen sind schon einmal vergewaltigt worden«, sagte einer der Offiziere zu den Šešelj-Gefolgsleuten, wie sich Zlata, 23, erinnerte.

Nach Angaben der Opfer begannen die Vorbereitungen für die Massenvergewaltigung am frühen Morgen des 17. Juni, als serbische Soldaten in Armeeuniformen und Masken sich aus ihren Kleinlastwagen drängten und die Muslime von Brezovo Polje für die »ethnischen Säuberungen« zusammentrieben. Sie luden die gesunden und kräftigen Männer zwischen 18 und 60 in Busse und schickten sie zur Vernehmung nach Luka, einem berüchtigten serbischen Gefangenenlager im nahegelegenen Brčko, wo nach Angaben eines von *Newsday* interviewten Überlebenden neun von zehn Gefangenen ermordet wurden.

Dann pferchten sie etwa 1 000 Frauen, Kinder und alte Menschen in acht Busse, fuhren sie zwei Tage über Land und hielten sie vier schreckliche Nächte lang ohne Nahrung oder Wasser auf einem Parkplatz in der nahegelegenen Stadt Ban Brdo unter bewaffneter Bewachung fest, sagten die Opfer. Serbische Soldaten, die von der Front kamen, drangen jede Nacht in die Busse ein und führten mit vorgehaltenem Messer Frauen und Mädchen an einen unbekannten Ort, erinnerte sich Senada, 17. »Sie warfen sie am Morgen raus, und ihre Kleider waren zerrissen, und sie waren blutverschmiert«, sagte sie.

Die Gruppe erreichte schließlich Ceparde, wo etwa 50 serbische Irreguläre, bärtige Gefolgsleute eines Kriegsherrn namens Željko »Arkan«, die Mütter ausraubten und sie gewaltsam von ihren Töchtern trennten. Die Mütter wurden mit dem Bus in ein Kampfgebiet gefahren, wo man sie zurückließ. Ihre Töchter wurden in dem Möbel-Lagerhaus Osnovo in Ceparde festgehalten. Dort selektierten die Männer, die, wie einer der Vergewaltiger sagte, 40 schönsten jungen Frauen von Brezovo Polje und vergewaltigten sie in Zehnergruppen.

Hejira, 21, sagte, sie habe Dragan, den Mann, der sie vergewaltigte, gefragt, warum er das tue. »Er sagte, wir wären der sauberste Konvoi, der durch Ceparde komme, der schönste und attraktivste, und daß sie uns nicht weiterfahren lassen könnten, weil wir so schon wären.« Die Opfer waren 15 bis 30 Jahre alt, sahen gesund aus, waren gut gekleidet und wohlerzogen.

»Sie kamen und gaben uns einen leichten Schlag auf die Schultern«, erinnerte sich Hejira. »Sie erzählten jedem, daß wir ›Wasser holen‹

gegangen wären. Einige der Mädchen kamen zwei Stunden später zurück. Einige am nächsten Morgen. Und jede von ihnen setzte sich hin und weinte«, sagte sie.

Die Mütter kamen am 23. Juni in Tuzla an, verzweifelt, weil ihre Töchter vermißt wurden, und traumatisiert von ihrer Fahrt, die mit einer weiteren Busfahrt begonnen hatte und mit einem 20-Kilometer-Gewaltmarsch durch ein Kampfgebiet endete, auf einer Straße voller Leichen und Tierkadaver. Ihre Töchter trafen vier Tage später dort ein, nach einem Gewaltmarsch auf einer verminten Straße mit mehreren älteren Leuten, von denen etliche unterwegs starben, sagten sie.

Die jungen Frauen waren erschöpft und standen unter Schock, sagten die Ärzte. Die meisten hatten nach Angaben des gynäkologischen Teams, das sie später untersuchte, Vaginalinfektionen durch Staphylokokken und andere Bakterien, die sich in Schmutz und Fäkalien entwickeln. Fast jede der 20 Frauen, die von *Newsday* interviewt wurden, berichtete, daß die Männer, die sie vergewaltigt hatten, schmutzig waren und stanken, und in einigen Fällen waren sie blutverschmiert.

Die gesundheitlichen und psychischen Belastungen der jungen Frauen von Brezovo Polje sind nur ein Teil ihrer Tragödie, denn jede vermißt einen Vater oder einen Bruder, und zugleich wurde ihnen ihre materielle Lebensgrundlage entzogen. Es sind Frauen in der Blüte ihrer Jahre, aber nur wenige wissen, wo sie hingehen können; und die Vergewaltigungen haben ihr Selbstvertrauen erschüttert. Fast jede brach bei den mehrtägigen Gesprächen mit dem *Newsday*-Reporter in Tränen aus.

Und ihre traumatischen Erfahrungen sind noch nicht beendet, denn, wie Melika Kreitmayer bemerkte, viele von ihnen könnten schwanger sein. Das Krankenhaus wird Hormonpräparate für den Schwangerschaftsabbruch zur Verfügung stellen, fügte sie hinzu.

Die moralische Scham stellt offenbar die tiefste Verletzung dar. Diese Frauen kamen vom Land, wo vorehelicher Geschlechtsverkehr inakzeptabel ist, und Melika Kreitmayer bestätigte, daß alle bis auf eine noch Jungfrauen waren, als sie vergewaltigt wurden. Die meisten von ihnen glauben, daß ihr Leben ruiniert ist.

»Wir alle haben das Gefühl, daß wir alles verloren haben«, sagte Heira, 25. »Wir sind verlassen worden. Wir sind in Gefahr gebracht worden. Jede Frau, die vergewaltigt worden ist, muß dasselbe fühlen.«

Satka, 20, sagte, sie verachte den Mann, der sie vergewaltigte, »denn er empfand keine Zuneigung mir gegenüber. Ich war nicht seine Freundin. Es war einfach nur brutal.« Sie sagte, daß sie sich schäme, denn »ich war ein anständiges Mädchen. Ich war noch Jungfrau. Ich habe es jemandem gegeben, der es nicht verdient hat. Jemand, den ich liebe, verdient es. Aber nicht ein Wilder.«

Meira, 17, sagte, der Mann, der sie vergewaltigt habe, habe sie mit einer Handgranate bedroht. »Meiner drückte mir eine Granate in die Hand. Er sagte zu mir: ›Alle Serben sind gut, und ich bin ein guter Serbe.‹ Und wenn ich nicht einwilligen würde, könnte er uns beide mit einer Bombe töten.« Der junge Mann nahm ihr die Granate wieder weg und legte sie auf den Tisch. Meira sagte, sie vermute, daß man ihm befohlen hatte, sie zu vergewaltigen. Er entschuldigte sich nicht, »aber er hat gesagt, er müsse es tun. Er hat gesagt, es wäre besser für mich, wenn er es tun würde als die Gefolgsleute von Šešelj, bei dem würden zehn Männer eine Frau vergewaltigen.«

Eine solche Ausrede brachte man, wie es scheint, bei der Vergewaltigung mehrerer schwangerer Frauen nicht vor, die so schwer mitgenommen waren, daß sie um eine Abtreibung baten.

Melika Kreitmayer sagte, eine Krankenschwester aus Brezovo Polje habe »vor ihren eigenen Augen« ihre Mutter, ihren Vater, ihren Mann und ihr vierjähriges Kind sterben sehen. Die Frau erzählte den Ärzten, die serbischen Eroberer hätten beschlossen, sie nicht zu töten, sondern sie in ihr Militärhospital zu bringen. »Sie arbeitete jeden Tag für sie, aber jede Nacht wurde sie vergewaltigt. Sie war krank. Sie war verzweifelt. Sie sagte ihnen, daß sie im zweiten bis dritten Monat schwanger sei. Aber das war ihnen ganz egal«, sagte Melika Kreitmayer. Die Frau kam »so krank« in die Frauenklinik, »daß sie unbedingt eine Abtreibung wollte«, sagte die Ärztin.

Bei den jungen Frauen von Brezovo Polje wechseln Scham und Zorn einander ab. Jedesmal wenn der *Newsday*-Reporter in die Schule zurückkam, wo sie untergebracht waren, beschloß eine größere Gruppe, an den Gesprächen teilzunehmen. Vergewaltigungen waren bislang in Bosnien so selten gewesen, daß es nur wenige professionelle Berater gab. Melika Kreitmayer sagte, das seien die ersten Fälle von Massenvergewaltigungen.

Die Opfer sagen, daß sie jetzt lieber an jedem anderen Ort wären als in Bosnien-Herzegowina. Die meisten sagen, daß sie nicht vorhaben, jemals zurückzukommen, wenn sie das Land einmal verlassen hätten.

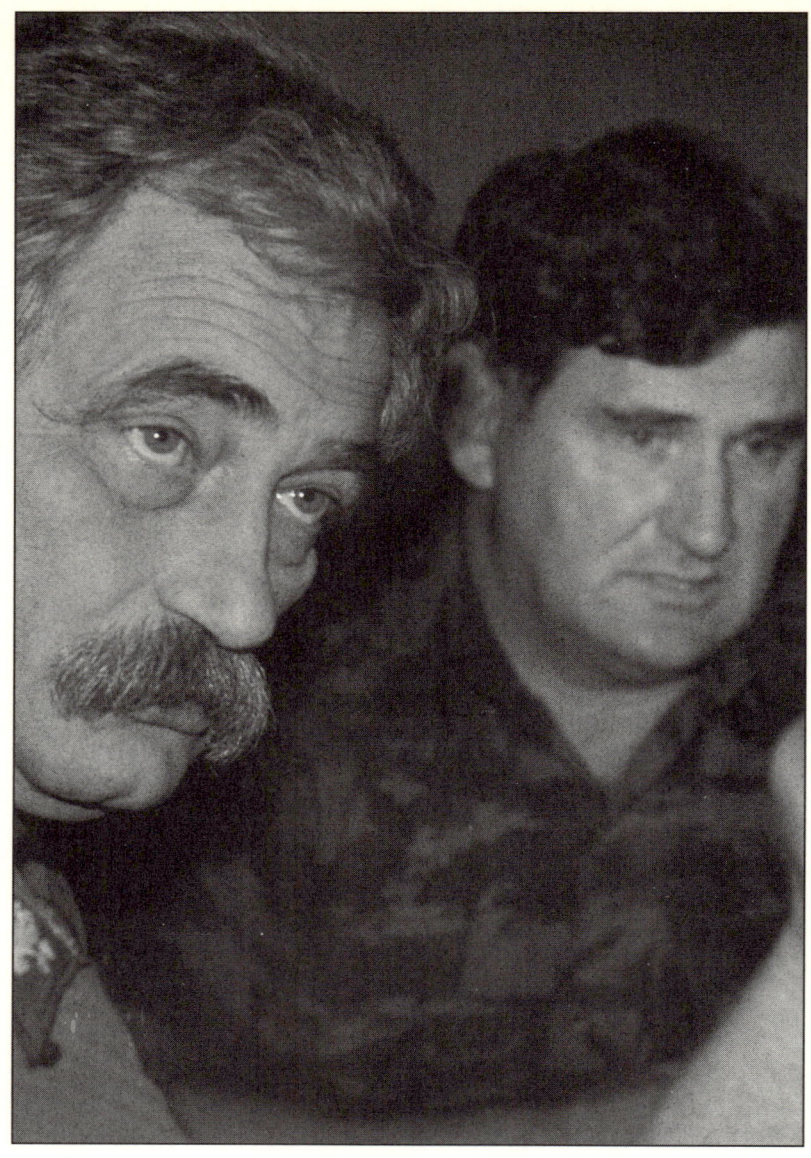

Prijedor, Bosnien-Herzegowina: Die Leiter des Todeslagers Omarska, Ober-stadtdirektor Milan Kovačević und Polizeichef Simo Drljača. Nach ihren Angaben starben nur zwei Menschen in Omarska, beide eines »natürlichen Todes«.

Opfer berichten von Schreckensnächten in einem Behelfsbordell

Tuzla, Bosnien-Herzegowina, 23. August 1992

Fünf Nächte lang, sagt Almira Ajanovic, wurde sie von serbischen Soldaten in dem provisorischen Bordell vergewaltigt, das diese in ihrem Heimatdorf Liplje eingerichtet hatten, jede Nacht von drei Männern.

»Sie nahmen ein Messer und schlitzten mein Kleid auf«, sagte die achtzehnjährige Frau, als sie sich erinnerte, wie es anfing. Die Männer, paramilitärische Einheiten, hatten sich nackt ausgezogen, und zwei hielten sie auf dem Bett fest, während der Dritte sie vergewaltigte. Dann tauschten sie die Plätze; jeder schaute dem anderen beim Vergewaltigen zu.

Das wurde fünf Nächte lang fortgesetzt, jedesmal mit anderen Männern, bis zur sechsten Nacht, als sie die Demütigung noch verschlimmerten, indem sie Almira vor den Augen ihres Vaters vergewaltigten. »Dieser Četnik hat gesagt, daß er mich heiraten würde. Mein Vater hat geschwiegen«, erinnerte sie sich. Danach führten die Soldaten ihren Vater in die Toilette des Hauses und hängten ihn an Hals, Beinen und Händen auf, bis ein Nachbar ihn 24 Stunden später rettete.

Almira sagte, sie sei danach unfähig gewesen, ihm in die Augen zu sehen. »Ich wollte meinen Vater einen ganzen Monat lang nicht wiedersehen«, sagte sie. »Ich kann immer noch nicht mit ihm darüber reden.«

Liplje, ein überwiegend muslimisches Dorf in der Nähe der Stadt Zvornik, hatte weniger als 500 Einwohner. Nach Angaben von Dr. Melika Kreitmayer, Leiterin der Arbeitsgruppe zum Thema Vergewaltigung am Gynäkologischen Institut des Krankenhauses Tuzla, wurde praktisch jede Frau vergewaltigt. Die oben beschriebenen Ereignisse fanden Ende Mai statt, als mehr als 400 der Dorfbewohner in einem großen Haus gefangengehalten wurden, das serbische Einheiten enteignet hatten; es hatte vorher einem prominenten Muslim gehört. Die meisten Vergewaltiger waren serbische Nachbarn, aber einige kamen auch aus Serbien, sagten die Opfer.

Eine 57 Jahre alte Frau, Mutter von sechs Kindern, erschien im Institut und berichtete, daß sie zehn Tage lang jede Nacht zweimal vergewaltigt worden war. »Sie war sehr verzweifelt, als sie hereinkam; sie stand unter so großem psychischem Druck, daß sie damit nicht leben konnte«, sagte Melika Kreitmayer. »Sie hat Angst, infiziert zu sein. Sie hat unbewußt Angst, schwanger zu sein.«

Die Frau, die ihren Namen nicht nennen wollte, schluchzte, als sie beschrieb, was geschehen war. »Acht von ihnen sind gekommen«, sagte sie. »Ich war allein zu Hause. Ich versuchte, die Türen zu den anderen Räumen zu öffnen, um ihnen zu zeigen, daß niemand sonst im Haus war, und dann sagte einer von ihnen: ›Zieh dich aus!‹ Er hat mich von hinten überfallen.«

Sowohl die örtlichen Polizeibeamten als auch die Ärzte am Gynäkologischen Institut erklärten, sie seien überzeugt, daß die Berichte von Vergewaltigungen in Liplje wahr sind, und zwar auf der Grundlage von medizinischen Untersuchungen, Befragungen der Opfer und der Überprüfung unabhängiger Quellen. Almira und drei ihrer Freundinnen waren so zornig über das, was mit ihnen geschehen war, daß sie sich einverstanden erklärten, mit vollem Namen und Altersangabe identifiziert zu werden.

Eine ihrer besten Freundinnen, Nezira Fahrić, 17, wurde vergewaltigt und dann erwürgt, sagten sie. Ihre Mutter, Hanifa Fahrić, 50, schrieb eine Erklärung und gab sie Melika Kreitmayer, um sie dem *Newsday*-Reporter zur Verfügung zu stellen. »Meine Tochter wurde erwürgt. Wir fanden sie auf der Couch mit den Armen am Hals. Sie haben sie vergewaltigt und sie erwürgt. Es waren wahrscheinlich unsere Nachbarn, die das getan haben«, schrieb sie. »Sie war sehr schön. Sie hatte die Grundschule abgeschlossen.«

Ziba Hasanović, 18, sagte, daß sie in der zweiten Nacht der serbischen Besatzung zu dem Behelfsbordell gebracht worden war. »In dieser Nacht wurde ich von einem Mann vergewaltigt, der mich entjungfert hat, und dann von drei anderen«, sagte sie. »Ab der dritten Nacht wurden wir wie Sklaven behandelt. Unsere Mütter waren plötzlich ›Schwiegermütter‹.«

Ziba sagte, sie habe die Tage in der Bordellküche verbracht und Brot gebacken. »Nur in zwei Nächten wurde ich nicht vergewaltigt.« Sie sagte, die Männer, die sie vergewaltigten, waren »schmutzig und nahmen Drogen«, und sie kannte ihre Namen. »Ich kannte alle, die das getan haben. Sie waren meine Nachbarn.«

Jasmina Ferić, 20, war Zeugin der Ermordung ihres Großvaters. »Sie haben ihm die Ohren abgeschnitten, dann haben sie ihm die Kehle durchgeschnitten, dann haben sie ihn hinter das Haus geworfen«, sagte sie. Sie durfte im Haus ihrer Eltern wohnen, wurde aber jede Nacht in das Bordell gebracht.

Sevlata Ajanović, 18, wurde ebenfalls als Köchin beschäftigt. »Ich wurde jede Nacht vergewaltigt«, sagte sie. Sie fragte einen der Männer, die sie gefangenhielten, warum sie plötzlich die Muslime angriffen. »Die Antwort war, daß sie es tun mußten. Er hat gesagt: ›Weil ihr Muslime seid und es zu viele von euch gibt.‹«

Wie andere Vergewaltigungsopfer glauben auch die jungen Frauen von Liplje, daß ihr Leben als künftige Mütter und Ehefrauen vorbei ist. »Alle, mit denen wir jetzt zusammen sind [andere Flüchtlinge], glauben nicht, daß wir dazu gezwungen worden sind«, sagte Sevlata. »Und sie glauben, wir werden wieder mit ihnen [den Serben] gehen. Wir können uns die Ehe nicht als etwas Normales vorstellen. Wir wissen, daß der Mann immer mißtrauisch sein wird.«

Almira berichtete, einer der Serben habe ihr gesagt, daß sie »den Samen der Serben in Bosnien pflanzen« wollten. Heute beschreibt sie ihre Gefühle nur als Zorn und Scham.

»Ich schäme mich sehr«, sagte Jasmina. »Wir werden unser ganzes Leben lang Angst haben, wieder mit jemandem zu schlafen.«

Ziba war als einzige der Vier voller Wut. »Ich bin wütend. Ich will Rache«, sagte sie.

Željko Mejahić, Kommandant der Wachen in Omarska, der beschuldigt wird, Gefangene gefoltert und die Anwältin Jadranka Cigelj aus Prijedor vergewaltigt zu haben. Er wischt alle Beschuldigungen beseite: »Ich würde nicht einmal ein Fahrrad an sie lehnen, geschweige denn sie vergewaltigen.«

Unheiliger Krieg
Serben bedrohen Kultur und Tradition der bosnischen
Muslime

Tuzla, Bosnien-Herzegowina, 2. September 1992

Kurz nachdem die serbische Armee im April in Ostbosnien eingefallen
war, bestieg ein bärtiger Soldat das Minarett der Riječanska-Moschee in
der Stadt Zvornik, hängte eine Totenkopf-Fahne aus dem Fenster und
legte eine Kassette in den Recorder ein. Von dem Turm, von dem zuvor
fünfmal am Tag der muslimische Gebetsruf erklungen war, wurden nun
serbische Nationalistenlieder gebrüllt, die einem das Blut in den Adern
gefrieren ließen: »Wenn ihr nicht mit uns seid, werden wir euch töten.
Wir werden euch die Kehle aufschlitzen!« und »Du bist ein Lügner,
wenn du sagst, Serbien ist klein!«

»Ich wollte das Minarett zerstören«, sagte Asić Akim, ein Polizeioffi-
zier aus Zvornik, der 20 Tage und Nächte lang Zeuge dieser Szene war,
als er und seine Kollegen eine muslimische Stellung auf einem nahegelegenen Hügel hielten. »Aber meine Kollegen hielten mich zurück.« Zahlreiche von *Newsday* befragte Flüchtlinge aus Zvornik bestätigten seinen
Bericht.

Der von den Serben geführte Krieg gegen Bosnien begann in Zvornik und anderen Städten entlang der Drina. Und fast von Anfang an ging
er einher mit einem planmäßigen Angriff auf die religiösen und kulturellen Traditionen der Muslime, dessen Auswirkungen sich desto deut-
licher abzeichnen, je länger Gelehrte das Ausmaß der Zerstörungen
untersuchen. Nach Angaben einer Vielzahl muslimischer Quellen sind
muslimische Geistliche vertrieben, ins Gefängnis geworfen und getötet
worden. Nationalbibliotheken und religiöse Schulen wurden zerstört.
Und nach Schätzungen bosnischer Gelehrter sind weit über die Hälfte
der Moscheen, historischen Denkmäler und Bibliotheken, Zeugen
eines sechshundert Jahre alten religiösen und kulturellen Erbes, vernichtet worden.

Keine internationale Organisation war in der Lage, das Ausmaß der
Schäden zu untersuchen, erklärte Ron Redmond, Sprecher des UN-
Hochkommissars für Flüchtlinge. Als er nach Sanski Most in Nordost-

bosnien kam, sah er eine Moschee, die mit Dynamit-Sprengsätzen völlig zerstört worden war. »Jemand hatte sich sehr viel Mühe gegeben, einen Schutthaufen daraus zu machen. Aber ich kann nicht sagen, wie verbreitet dieses Vorgehen war.«

Zahlreiche Berichte von muslimischen Vertriebenen deuten darauf hin, daß viele Andachtsstätten vor ihrer Zerstörung entweiht worden waren.

In Novo Selo, einem Dorf in der Nähe von Zvornik, nahmen serbische Truppen 150 Frauen, Kinder und alte Menschen fest und zwangen sie mit Waffengewalt in die dortige Moschee. Vor den Augen der Gefangenen forderten sie dann das Oberhaupt der Gemeinde, Imam Memić Suljo, heraus, die Moschee zu entweihen, zitierte Akim Augenzeugenberichte. Sie sagten ihm, er solle sich bekreuzigen, Schweinefleisch essen und schließlich mit einer jungen Frau geschlechtlich verkehren. Asić sagte, daß Suljo alle diese Ansinnen zurückwies und geschlagen und mit Messern verletzt wurde. Über sein weiteres Schicksal ist nichts bekannt.

In Bratunac, etwa 50 Kilometer südlich, wurde Imam Mustafa Mujkanović vor Tausenden muslimischer Frauen, Kinder und alter Menschen im Fußballstadion der Stadt gefoltert – einem beeideten Bericht von Augenzeugen zufolge, den der Imam von Tuzla, Efardi Espahić, zitierte. Serbische Wachen befahlen dem Geistlichen auch, sich zu bekreuzigen, sagte Espahić. Als er sich weigerte, »schlugen sie ihn. Sie stopften ihm Sägemehl in den Mund, gossen ihm Bier in den Mund und schnitten ihm dann die Kehle durch«, erklärte Espahić gegenüber *Newsday*.

Der Führer der bosnischen Serben, Radovan Karadžić, reagierte nicht auf wiederholte Bitten um einen Kommentar dazu.

Der Anschlag auf Bosniens islamisches Erbe ist ein von den Nachrichtenmedien weitgehend vernachlässigter Aspekt der »ethnischen Säuberungen«, denn er fand in Gebieten statt, die jetzt von den siegreichen Serben besetzt sind. Aber Berichte von Flüchtlingen und die von der bosnischen Regierung, bosnischen Gelehrten und muslimischen Führern gesammelten Fakten lassen unersetzliche Verluste befürchten. Von einer offiziellen Liste mit 115 zerstörten oder beschädigten Moscheen und anderen Kulturdenkmälern, die *Newsday* der neuen, monatlich erscheinenden Kulturzeitschrift *Behar* entnahm, werden nur die ersten sechs Kriegswochen erfaßt.

»Es ist furchtbar. Es ist unfaßbar unter dem Gesichtspunkt der Kunst- und Architekturgeschichte«, lautete der Kommentar von Bogdan Bogdanović, einem serbischen Architekten und ehemaligem Bürgermeister von Belgrad. »Schöne Städte sind völlig zerstört worden und eine enorme Zahl historischer Gebäude. Das ist ein schweres Verbrechen gegen die Zivilisation, eine Schande für mein Volk und für die Armee, die dafür verantwortlich ist.«

Zu den zerstörten oder beschädigten kulturellen Schätzen gehören der offiziellen bosnischen Liste und zahlreichen anderen Quellen zufolge die ältesten, berühmtesten und schönsten Moscheen in Bosnien: Alle vierzehn Moscheen in und um Foča – darunter die Aladža (die farbige Moschee), 1550 erbaut, die als eine der schönsten Moscheen Europas galt – wurden ebenso zerstört wie die Ustikolina-Moschee in der Nähe von Foča, 1448 erbaut, die älteste Moschee in Bosnien; dreizehn Moscheen in Mostar, alle zwischen 1528 und 1631 erbaut – darunter die 1557 erbaute Karadjoz-Begova-Moschee. In Sarajevo wurden Werke von unschätzbarem Wert beschädigt oder zerstört: Die Gazi Husref Beg-Moschee, 1530 erbaut, die Reichsmoschee, 1450 errichtet und 1565 neu erbaut, die Ali Pascha-Moschee aus derselben Epoche und ein Dutzend kleinerer Moscheen vergleichbaren Alters. Von serbischer Artillerie schwer beschädigt wurden die Gazi Husref Beg-Bibliothek, von ungefähr 1530, und das etwa hundert Jahre alte Rathaus, in dem sich die Nationalbibliothek befand. Vollständig zerstört wurden die Bibliothek des Instituts für Orientalistik und das neue Seminar für islamische Geistliche; unter Beschuß genommen wurden fast alle Bibliotheken der Universität Sarajevo.

Ein Teil der Bestände der Gazi Husref Beg-Bibliothek konnte gerettet werden, anderswo aber wurden die Bestände, darunter seltene Bücher und Manuskripte des Instituts für Orientalistik, zum großen Teil zerstört, erklärte Smail Balić, einer der führenden bosnischen Kunsthistoriker und Kurator im Ruhestand der Österreichischen Nationalbibliothek in Wien.

Überall in Bosnien wurde nach demselben Muster vorgegangen. Nach Zahlenangaben des Oberhaupts der islamischen Gemeinde in Zagreb wurden zwischen April und Ende Juli 200 Moscheen zerstört und weitere 300 beschädigt. Das Bosnische Institut in Zürich, eine unabhängige wissenschaftliche Einrichtung, schätzt, daß in den von den Serben besetzten Gebieten 90 Prozent der Moscheen zerstört worden sind.

Šefko Omerbašić, der Mufti oder Oberhaupt der muslimischen Gemeinde in Zagreb sagte, daß Statistiken zufolge, die Vertreter der muslimischen Gemeinde zusammengestellt haben, 37 Imame von den serbischen Besatzern hingerichtet, 35 in Konzentrationslager geschickt und 300 aus Bosnien vertrieben worden sind.

Bosnien hatte fast ein Jahrtausend lang eine einzigartige religiöse Identität. Die Staatskirche war vom 12. bis zum 15. Jahrhundert bogomilisch; die Bogomilen waren eine häretische christliche Sekte, die die römisch-katholische Hierarchie und Liturgie ablehnten und Pazifismus und Puritanismus predigten. Nach Ansicht bosnischer Gelehrter waren die Bogomilen möglicherweise die ersten Protestanten und inspirierten Reformatoren in Böhmen und Frankreich. Aber die Bogomilen standen unter dem ständigen Druck der römisch-katholischen und orthodoxen Kirche, und als das katholische Ungarn im 15. Jahrhundert einen Kreuzzug gegen sie begann, erschien die Türkei als Retter. Während der türkischen Eroberung suchten die Bogomilen Zuflucht im Islam, und die Türken erlaubten die Bewahrung lokaler Traditionen, was zu einer einzigartigen bosnischen Form des Islam führte.

Sowohl unter türkischer wie unter österreichischer Herrschaft war Bosnien ein Refugium der Toleranz auf dem Balkan, wo Muslime, Katholiken und orthodoxe Christen Seite an Seite lebten. Auch Juden, die vor der spanischen Inquisition geflohen waren, ließen sich in Bosnien nieder, und 1966 begingen sie die 400-Jahr-Feier der jüdischen Gemeinde in Sarajevo.

Die Kristallnacht (im Orig. dt., Anm. d. Übers.) der bosnischen Muslime dauerte nicht ein oder zwei Nächte wie bei den deutschen Juden im November 1938, sondern viele Monate, wie aus nun vorliegenden Informationen hervorgeht. In Zvornik, wo sie am 8. April begann, zerstörten oder beschädigten serbische Einheiten 19 Moscheen in der Stadt und deren Umgebung und mindestens 50 weitere in den nahegelegenen größeren und kleineren Städten, wie sich aus den in Tuzla, dem größten muslimisch regierten Gebiet in Bosnien, gesammelten Informationen ergibt. Die Zerstörungen gehen weiter. Die Riječanska-Moschee in Zvornik wurde nach Angaben von Izet Nakićević, dem Vorsitzenden des »Zvornik-Klubs«, in dem sich Vertriebene aus dieser Stadt in Zagreb zusammengefunden haben, Ende August gesprengt.

Die serbischen Truppen mit ihrer überlegenen Feuerkraft machten die Moschee offenbar aus Gründen, die nicht das Geringste mit militärischer Strategie zu tun hatten, zum Angriffsziel. Ein Großteil der Moscheen, darunter einige der bekanntesten, wurden gesprengt, nachdem die Serben die Städte besetzt hatten, sagten zahlreiche bosnische Gewährsleute.

Berichten von Vertriebenen zufolge, die der Mufti von Belgrad, Effendija Hadži Hamdija Jusuf Pahić zitierte, wurde die Aladža-Moschee bei einem serbischen Angriff Mitte April durch Mörserfeuer beschädigt, überstand den Angriff aber dank ihrer Steinkonstruktion. Anfang Juli sprengten die Serben das Gebäude dann mit Dynamit in die Luft. Dann räumten sie den Schutt mit Bulldozern weg, sagte er. Heute wächst Gras auf dem Gelände. Ende Juni sprengten die Serben auch die Ustikolina mit Dynamit und beschädigten im Mai die Ferhadija in Banja Luka.

»Wir haben ganz klar den Eindruck, daß sie nicht nur einige historische Denkmäler zerstören, sondern jedes historische Denkmal, das die Kultur, Tradition und Kontinuität eines Volkes repräsentiert«, sagte Zehrid Ropić, ein Architekt in Tuzla, der eine Liste der zerstörten Gebäude in Nordostbosnien zusammenstellt.

Balić stimmte ihm zu. »Sie wollen alle Spuren der Vergangenheit auslöschen – der bosnischen Tradition, der türkischen Tradition und der österreichischen Tradition«, sagte er.

Nach Angaben muslimischer Vertriebener wurden die Moscheen von den Serben als Gefängnisse, Schlachthäuser und Leichenhallen benutzt. Alija Lujinović, 53, der einer der Augenzeugen war, die der *Newsday*-Bericht über Konzentrationslager in Bosnien vom 2. August zitierte, sagte, daß er zusammen mit 150 bis 180 Männern vier Tage lang in einer Moschee in Brčko gefangengehalten wurde, bevor man ihn nach Brčko Luka brachte. »Sie ließen uns nicht auf die Toilette gehen. Wir mußten uns in der Moschee erleichtern, in das heilige Becken für die rituellen Waschungen«, sagte er. »Sie haben uns 48 Stunden lang nichts zu essen gegeben, und dann haben sie Schweinefleisch an uns verteilt.« Dann, sagte er, »haben sie die Gefangenen dort geschlagen«.

In dem Dorf Kozluk, in der Nähe von Zvornik, stellten die Serben nach Angaben von Imam Espahić aus Tuzla im Vorhof der Moschee einen Grill auf, um Schweinefleisch zu verteilen. *Newsday* hatte am 2. Juli berichtet, daß alle Einwohner von Kozluk nach Serbien gebracht und in einen verschlossenen Zug verladen worden waren, um sie nach Ungarn zu deportieren. Nach Angaben von Espahić, der Kozluk danach aufsuchte, sind die Serben seitdem in die früher von Muslimen bewohnten Häuser eingezogen.

Die Plötzlichkeit des serbischen Angriffs überraschte die unbewaffneten und unvorbereiteten Muslime in Bosnien, und seine Heftigkeit erschütterte sie. Ihre religiösen Führer sind verbittert, daß der Westen tatenlos zusah, keine Hilfe anbot und statt dessen ein Waffenembargo wahllos gegen alle Kriegsparteien verhängte.

»Es ist eine Schande für die Zivilisation, das zuzulassen, in einem Land, das international anerkannt worden ist«, sagte Espahić. Präsident Bush werde nur dann eingreifen, wenn dies seiner Wahlkampfkampagne nütze. »Es ist Heuchelei, wenn der Westen diese souveräne Republik anerkennt und sie dann nicht schützen will, uns nicht mit Waffen hilft, damit wir uns selbst helfen können. Wir wollen keine Hilfe, wenn wir Waffen bekommen können. Wir haben ein Recht auf Selbstverteidigung.«

Omerbašić, der Mufti von Zagreb, glaubt, daß der Westen an Bosnien deshalb nicht interessiert ist, weil ihm das Schicksal der einzigen größeren muslimischen Gemeinde in Europa gleichgültig ist.

Der stellvertretende US-Außenminister Lawrence Eagleburger ging bei einer Pressekonferenz vorige Woche in London nicht direkt auf diesen Punkt ein, gestand aber ein, daß die muslimische Welt zweifellos bestürzt darüber sei, was mit den Muslimen in Bosnien geschieht. »Unser Handlungsspielraum, wie der des Westens überhaupt, ist zum gegenwärtigen Zeitpunkt beschränkt«, sagte er.

Richard Holbrooke, Ministerialdirektor im Außenministerium während der Carter-Regierung und gegenwärtig Berater des Präsidentschaftskandidaten der Demokraten, Bill Clinton, besuchte kürzlich Nordbosnien. »Wenn wir die umgekehrte Situation hätten und Christen oder Juden in Bosnien angegriffen würden, wäre man sehr viel besorgter«, sagte Holbrooke.

Die Angriffe auf Sakralbauten dauerten auch 1993 noch an. In Zvornik ist jetzt dort, wo früher die wichtigste Moschee stand, ein leerer Platz. Die Serben sprengten die Prohaska-Moschee in Prijedor, die Ferhadija in Banja Luka, die Moscheen in Bijeljina und in den meisten anderen Ortschaften, die sie besetzt hielten. The London Guardian schätzte Mitte Juni, daß 800 Moscheen zerstört worden sind. In den meisten Fällen wurden die Gebäude dem Erdboden gleichgemacht und dann der Schutt entfernt.

Zurück von den Toten

Freigelassene Gefangene berichten über die Einzelheiten der Massaker

Karlovac, Kroatien, 4. Oktober 1992

Nach vier traumatischen Monaten in Gefangenschaft hat die erste größere Gruppe von Überlebenden der serbischen Konzentrationslager in Bosnien ihre Freiheit wiedererlangt und von ihren Erfahrungen berichtet, die die Anklage des Massenmordes an Zivilisten unter der serbischen Besatzung erhärten.

Jasmin Kaltak, 22, sagte, er habe sich Ende Juli im Konzentrationslager Keraterm freiwillig für einen Arbeitseinsatz zur »Weizenernte« gemeldet. Was er erntete, sagte er, waren Leichen. Kaltak sagte, er und ein anderer Gefangener hätten drei Tage lang Kinder, die nicht älter als zwei Jahre waren, beerdigt und die Leichen von 250 bis 300 Männern und Frauen aus sieben muslimischen Dörfern südlich von Prijedor aus ihren Häusern geholt und auf Lastwagen geladen. Kaltak sagte, weitere vierzehn Zweimann-Teams hätten die gleiche Arbeit verrichtet, was vermuten läßt, daß Tausende Menschen während der »ethnischen Säuberungen« der Dörfer hingerichtet wurden.

Mirsad Sinanbegović, 35, erzählte von der Nacht des 22. Juli, als serbische Wachen Gasbomben in einen großen Raum in einer Fabrik in Keraterm feuerten, wo er gefangengehalten wurde, und dann mit Maschinengewehren jeden abschossen, der um Luft ringend zum Ausgang drängte. Sinanbegović sagte, daß bei dem Massaker etwa 125 Menschen getötet und 45 verwundet wurden; aber die Verwundeten seien zusammen mit den Toten auf die Lastwagen geladen worden, und man habe sie nie wiedergesehen. Einige der Opfer waren nicht älter als dreizehn, sagte er. »Da war so viel Blut, wir mußten uns die Schuhe ausziehen«, sagte er.

Sinanbegović sagte, er sei einer der 90 Überlebenden, und er habe sich dadurch gerettet, daß er sich zu Boden warf, als das Gas hereinkam, wie man ihm das bei der Armee beigebracht hatte. Andere fielen auf ihn, sagte er.

»Ich kann die Schreie nicht beschreiben«, sagte Kaltak, der in dem Raum nebenan war. »Einige der Verwundeten flehten, getötet zu werden.« Die 1561 ehemaligen Gefangenen, die meisten von ihnen Muslime, wurden am Donnerstagabend und am Freitagmorgen unter Aufsicht des Internationalen Roten Kreuzes aus dem Internierungslager Trnopolje in diese Stadt in Westkroatien gebracht. Von etwa einem Dutzend im Stichprobenverfahren ausgewählter ehemaliger Gefangener sagte jeder, er sei geschlagen oder gefoltert worden oder Zeuge eines Mordes gewesen. Sie waren unbewaffnet in ihren eigenen oder den Häusern von Freunden festgenommen und während ihrer Gefangenschaft niemals irgendeines Verbrechens angeklagt worden.

Die Männer beantworteten die Fragen des Reporters aus einem primitiven hölzernen Verschlag, den die kroatischen Behörden auf dem Hauptplatz dieser Stadt, 65 Kilometer südwestlich von Zagreb, errichtet hatten, um sie so zu überwachen, bis die internationalen Hilfsorganisationen sie ins Ausland umsiedeln können.

Ešef Dženanović stand schluchzend da, als die ehemaligen Gefangenen um ihn herum ihre Freunde und Verwandten unter Tränen umarmten und küßten. Niemand war zu dem 33 Jahre alten Schweißer gekommen, und er sah das als Beweis dafür, daß die serbischen Truppen seine Frau, seine Mutter und seine Schwester vergewaltigt und sie dann zusammen mit seinen beiden sechs und neun Jahre alten Söhnen umgebracht hatten. Dženanović hatte bereits von einem muslimischen Nachbarn und einem serbischen Freund verschiedene Berichte über den Mord an seiner Familie gehört. »Was soll ich bloß machen? Was schlagen Sie vor?« fragte er.

Unter den ehemaligen Gefangenen befanden sich auch sechs Überlebende des Massakers von Skender Vakuf am 21. August, über das weltweit berichtet wurde. Mehr als 200 Insassen des Lagers Trnopolje waren erschossen und ihre Leichen in eine Schlucht in der Nähe der nordbosnischen Stadt Skender Vakuf geworfen worden, als sie von serbischen Sicherheitskräften in das von Muslimen gehaltene Travnik eskortiert wurden.

M. M., ein Mann, der nur seine Initialen nennen wollte, sagte, man habe ihm befohlen, mit den anderen am Rande der Schlucht niederzuknien. »Sie haben angefangen, uns laut zu beschimpfen und zu schießen«, sagte er. »Ich bin in die Schlucht gesprungen. Ich hatte Glück, wo ich hinfiel, war es nicht so steil. Ich bin hinuntergerollt und tat so, als ob ich tot wäre. Ich fand eine Leiche und zerrte den Körper des Mannes über mich.«

Er sagte, er habe sich dann vorsichtig die Schlucht abwärts auf einen schmalen Fluß zubewegt. Als die Wachen sahen, daß er sich bewegte, fingen sie an zu schießen, aber die Leiche schützte ihn. »Ich habe gespürt, wie die Kugeln seinen Körper trafen«, sagte er. »Ich habe da zwei Stunden gelegen und so getan, als ob ich tot wäre. Ich habe nicht gewagt, mich zu bewegen. Sie haben weiter geschossen.« Nachdem er drei Tage in dem nahegelegenen Wald umhergeirrt war, wurde er von der örtlichen Polizei festgenommen. Sie verhörten ihn und brachten ihn dann in das Krankenhaus von Skender Vakuf, wo zwar seine Wunden behandelt, er aber auch von der örtlichen und der Militärpolizei geschlagen wurde.

Kaltak sagte, er und neun weitere der 250 Männer in seinem Raum hätten sich freiwillig für den »Weizenernte«-Einsatz gemeldet. Die Wachen griffen dann aufs Geratewohl noch 20 heraus, um den Arbeitseinsatz zu Ende zu bringen. Sie fuhren zu dem Dorf Tukovi, wo sie Feuerholz »für die Frauen der serbischen Soldaten an der Front« sammelten, und dann nach Sredeci, wo sie mit der schaurigen dreitägigen Arbeit anfingen, Leichen zu sammeln, sagte er. »Die Leichen lagen vor und in den Häusern und viele lagen hinter den Häusern«, erinnerte er sich. Die Gefangenen beerdigten Kinder, von denen einige kaum zwei Jahre alt waren, hinter den Häusern, aber die Leichen von Frauen und Männern, »die frisch und noch nicht von Maden befallen waren«, luden sie auf Lastwagen. Kaltak sagte, er wisse nicht, wohin die Leichen gebracht wurden. Dann fuhren sie zu anderen Dörfern. »In Bišćani, Zecovi und Carakovo waren die meisten Leichen.« Die meisten Opfer waren Männer, sagte er. Die Hände waren ihnen mit Draht hinter dem Rücken zusammengebunden worden. Leichen, die begonnen hatten, sich zu zersetzen oder Maden hatten, wurden von den Gefangenen zu Haufen von je drei oder fünf zusammengetragen, erinnerte er sich. Ein Chemie-Offizier in Armeeuniform und mit einem Kopfschutz besprühte die Leichenhaufen mit einer weißen Flüssigkeit und zündete dann die Scheiterhaufen an. Die Leichen verbrannten völlig, bis nur noch Ruß übrig war. Als er im vorigen Monat um einen Kommentar zu den Schätzungen gebeten wurde, daß bis zu 30 000 Menschen in seinem Gebiet getötet worden seien, sagte der Polizeichef von Prijedor, Simo Drljača, ihm lägen keinerlei Zahlen dazu vor.

Kaltak sagte, seine Arbeitsgruppe habe auch auf Befehl der Serben die Häuser verschleppter Muslime geplündert und Haushaltsgeräte und andere Besitztümer auf Lastwagen geladen und sie in zwei Lagerhäuser in Prijedor gebracht.

Viele der Gefangenen aus Trnopolje, die hier eintrafen, waren zuvor in Keraterm, einer Keramikfabrik in der Stadt Prijedor eingekerkert gewesen oder in Omarska, einer Eisenerzgrube an der Straße zwischen Prijedor und Banja Luka. Nach der weltweiten Empörung, die der *Newsday*-Bericht vom 2. August über Massenmorde in den Lagern ausgelöst hatte, schlossen die serbischen Behörden in Bosnien Keraterm und Omarska und verlegten alle Gefangenen nach Trnopolje. Ihre Überführung nach Kroatien war das Ergebnis langwieriger Verhandlungen zwischen dem Internationalen Roten Kreuz und den serbischen Behörden in Bosnien, die bei Friedensverhandlungen im August in London versprachen, die Lager zu schließen. Abgesehen von gelegentlichen individuellen Entlassungen und einigen geflohenen Gefangenen, ist dies das erste umfangreiche Kontingent, das aus den serbischen Lagern entlassen werden soll.

Nach all den physischen und psychischen Traumata, die sie bisher erlitten haben, müssen die ehemaligen Gefangenen nun mit einem weiteren fertig werden – der Unsicherheit über ihr künftiges Schicksal. Nach Angaben von Peter Kessler, einem Sprecher des UN-Hochkommissars für Flüchtlinge, »hat bislang noch kein einziges Land sich bereit erklärt«, ihnen »einen Zufluchtsort zu bieten«. Kroatien, das bis an den Rand voll mit Flüchtlingen ist, wird sie nur zwei Wochen bleiben lassen. Wenn andere Länder sich nicht bald bereit erklären, die ehemaligen Gefangenen umzusiedeln, können die 3 500 im nordbosnischen Lager Manjača gefangengehaltenen Männer nicht entlassen werden, sagte Kessler. Nach Schätzungen von Vertretern des Internationalen Roten Kreuzes im vorigen Monat halten die Serben zwischen 20 000 und 40 000 Zivilisten in Lagern gefangen.

Berichte von Überlebenden lassen vermuten, daß Tausende allein in den drei Lagern in Nordwestbosnien starben. An jedem der drei Orte entwickelte sich ein bestimmtes Schema: Während der Nacht holten die Wachen eine bestimmte Zahl von Gefangenen ab, die nie mehr gesehen wurden.

Admir Krajišnik, 21, sagte, er sei auf dem ausgedehnten Gelände des Lagers Omarska in einem kleinen Bürogebäude mit dem Spitznamen »Weißes Haus« gefangengehalten worden. Jede Nacht, sagte er, riefen die Wachen fünf bis zehn Männer heraus und brachten sie weg. »Am Morgen gingen wir raus und sahen dann vier oder fünf Leichen im Gras liegen«, erinnerte er sich. Die anderen Männer sah man nie wieder.

Besim Javor, 49, wurde von Juni bis Ende September in Trnopolje gefangengehalten und berichtete von Nächten, in denen die Wachen fünf, acht oder mehr Männer herausholten, die dann nie zurückkamen.

Das letzte Mal geschah das am 21. September, sagte er, als fünf Leute weggebracht wurden.

Es konnte auch passieren, daß »ein serbischer Bekannter kam und nach einem Gefangenen gefragt, ihn mit rausgenommen und getötet hat. In einer Nacht sind acht Leute so getötet worden«, sagte er. Viele Gefangene seien in den Hinterhöfen der Häuser in der Nähe des Lagers begraben worden.

In Keraterm holten die Behörden jede Nacht fünf bis sechs Leute ab, sagte Kaltak. Er erinnerte sich, wie die Wachen die Gefangenen nach ihrem Beruf fragten, »und wenn sie jemanden aus einer leitenden Stellung oder mit einem akademischen Titel fanden, haben sie ihn hingerichtet. Ich glaube, die Intelligentsia von Prijedor ist einfach ausgelöscht worden«, sagte er.

In anderen von den Zeugen beschriebenen Fällen selektierten die serbischen Sicherheitskräfte ihre Opfer mehr oder weniger willkürlich.

Dženanović, der Mann, der keine Familie hatte, die ihn hier begrüßen konnte, sagte, er habe in Gareci gelebt, einem überwiegend serbischen Dorf südlich von Prijedor, im ersten Haus am Ortseingang. »Sie haben mit der Familie, die im letzten Haus im Dorf wohnte, das auch einem Muslim gehört hat, dasselbe gemacht«, sagte er. Mit seiner Familie hat er auch alle seine Besitztümer verloren. »Sie haben mir mein Auto weggenommen, meine zwei Kühe, haben das Heu gestohlen und das Feuerholz, haben mein Haus leergeräumt, einschließlich Türen und Fensterrahmen«, sagte er.

Viele Muslime zeigten sich überrascht, daß Nachbarn und Freunde sich so eifrig an der Unterdrückung von Nicht-Serben beteiligten.

Als Kaltak am 13. August in Trnopolje eintraf, stellte er fest, daß der Lagerleiter Slobodan Kuruzović der Rektor seiner früheren Grundschule in Prijedor war. Während der Tagesstunden, wenn Kuruzović da war, zeigte er Interesse an den Gefangenen und behandelte viele freundlich, sagte Kaltak. Der Terror begann nachts, nachdem er gegangen war.

Am Donnerstag, als die Gefangenen sich in die Busse drängten, erzählte Kaltak, war auch Kuruzović da, um auf Wiedersehen zu sagen. »Alle meine Schüler gehen weg«, sagte Kuruzović.

Ein muslimischer Gefangener korrigierte ihn: »Sie meinen wohl Ihre Märtyrer«, sagte er.

Prijedor: Bosnisch-serbische Polizisten, die »Untersuchungen« in Omarska vornahmen, deuten bei einer Besprechung über das Schicksal »verschwundener« Personen auf Aktenstapel.

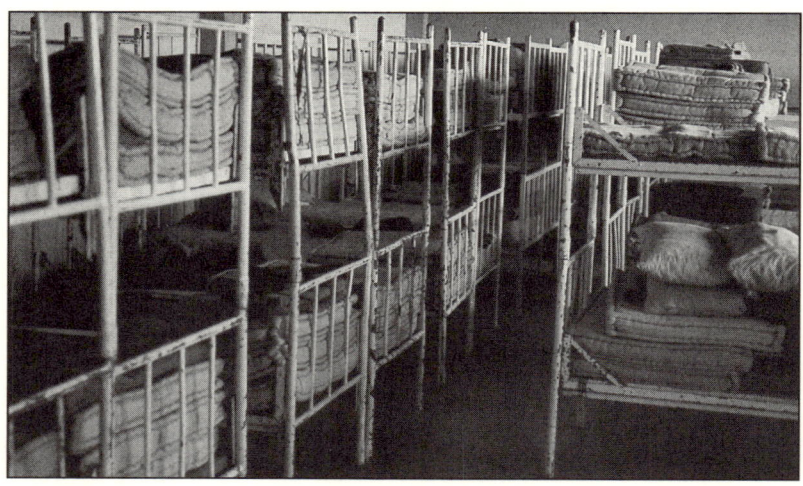

Omarska: Nach den *Newsday*-Enthüllungen Anfang August schafften die Behörden alle Gefangenen aus dem Lager, stellten Etagenbetten mit Matratzen auf und gewährten dann der Presse und anderen Besuchern Zugang zu den Gebäuden. Nach Angaben von Beamten waren 270 Gefangene im Lager, und alle schliefen in Betten; ehemalige Gefangene sagen, es waren zehnmal soviel und alle schliefen auf dem Fußboden.

Schrecken der Todeslager
Fast überall wurde gemordet

Omarska, Bosnien-Herzegowina, 18. Oktober 1992

Das riesige Bergbaukombinat mit seinen offenen Gruben und Eisenerz-verhüttungsanlagen sieht keineswegs wie ein Konzentrationslager aus. Die unscheinbaren Gebäude in der kargen Landschaft der Grenzregion sind gereinigt worden, und keine Spur ist zu sehen von dem Blut, das hier geflossen sein soll. Aber im vorigen Monat haben Dutzende von Augenzeugen zwingende neue Beweise für massenhaftes Morden und Foltern in diesem Kombinat vorgelegt, wohin die Serben, die Bosnien erobert haben, mehrere tausend Muslime und Kroaten brachten, damit sie dort sterben.

Nach Angaben ehemaliger Gefangener wurde fast überall gemordet: In dem riesigen, hangarähnlichen Gebäude, wo Maschinen für Erdbewegungen untergestellt waren, befahlen bewaffnete Wachtposten unter Androhung von Waffengewalt gräßliche Foltern und zwangen manchmal einen Gefangenen, einen anderen zu kastrieren. Der asphaltierte Platz draußen war ein Gefängnis im Freien, wo 500 bis 1000 Männer von morgens bis abends auf dem Bauch liegen mußten. Tausende waren in die Büros, Werkstätten und Lagerräume in dem Hangar und einem unauffälligen Verwaltungsgebäude gepfercht worden. Alle waren dem Hungertod nahe.

Die beiden gefürchtetsten Orte waren kleine Nebengebäude in einiger Entfernung von den Hauptgebäuden: das »Rote Haus«, von dem kein Gefangener lebend zurückkehrte, und das »Weiße Haus«, in dem sich eine Folterkammer befand, wo die Wachen ihre Gefangenen tagelang schlugen, bis sie starben.

Im Unterschied zu den Konzentrationslagern der Nazis wurde in Omarska nicht Buch geführt, was es extrem schwierig macht, die genaue Zahl der Toten festzustellen. Die Wachen suchten ihre Opfer oft willkürlich aus und mußten andere Gefangene fragen, um die Leichen identifizieren zu können. »Sie wußten nie, wieviele Leute von einer Schicht zur nächsten getötet worden waren«, erklärte ein 22 Jahre alter Überlebender von Omarska, der darum bat, seinen Namen nicht zu nennen.

Newsday berichtete erstmals am 2. August über die Massenmorde in Omarska und anderen Lagern. Fünf Tage später, als die Fernsehbilder der bis zum Skelett abgemagerten Gefangenen um die Welt gingen, schlossen die serbischen Behörden das Lager und zerstreuten die Gefangenen. Aber erst als in den letzten Wochen Hunderte Überlebender mit Hilfe des Internationalen Roten Kreuzes in den Westen gelangten, wurde es möglich, einen detaillierten Bericht vorzulegen.

Eine einmonatige Untersuchung von *Newsday,* einschließlich ausführlicher Interviews mit Beamten, die angaben, für Omarska verantwortlich gewesen zu sein, und mit Dutzenden ehemaliger Gefangener in Kroatien, England und Bosnien, führte zu folgenden Ergebnissen:

- Augenzeugenberichte von Gefangenen lassen erkennen, daß weit über 1 000 Menschen in Omarska getötet wurden und daß wahrscheinlich noch einige Tausend an Schlägen, Hinrichtungen, Krankheiten oder Hunger gestorben wären, hätte man das Lager nicht geschlossen.
- Zahlreiche Gefangene, möglicherweise bis zu 1 000, scheinen spurlos verschwunden zu sein, als das Lager geschlossen wurde.
- Mit wenigen Ausnahmen waren alle Gefangenen Zivilisten, meist muslimische oder kroatische Männer im wehrfähigen Alter, aber es waren auch viele Männer unter 18 oder über 60 im Lager und einige wenige Frauen.

Newsdays Schätzung der Zahl der Todesopfer auf 1 000 beruht auf Augenzeugenberichten von drei ehemaligen Gefangenen, die in getrennt geführten Interviews über das tägliche Morden berichteten. Diese Schätzung läßt andere Augenzeugenberichte über möglicherweise identische Massenhinrichtungen oder verschwundene Gefangene unberücksichtigt, sonst wäre die Zahl mehr als doppelt so hoch.

Drei bosnische Journalisten, die in Omarska gefangengehalten worden waren und nun in einem anderen Lager sind, kamen gemeinsam auf eine Zahl von 1 200 Toten oder mehr. Und Vertreter des Internationalen Roten Kreuzes sagten, daß der Verbleib von mindestens 2 000 Menschen, die nach Omarska gebracht wurden, ungeklärt ist.

1 500 Kilometer von hier, in der Nähe von London, liegt Edin Elkaz nachts wach, im Kopf die Schreie der Männer, die im »Weißen Haus« in dem Raum nebenan gefoltert wurden. In dem einen Monat im Lager, sagte der 21jährige, war er Zeuge einiger der Morde in dem Raum nebenan und des Abtransports der Leichen am folgenden Tag; die Wachen brachten in einer Nacht fünf bis zehn Männer um, in manchen Nächten bis zu 30. Manchmal sangen die Wachen, während sie die mus-

limischen und kroatischen Gefangenen zu Tode prügelten, nationalistische Lieder über »Großserbien«, dann wieder religiöse Melodien aus der
serbisch-orthodoxen Liturgie, sagte er. E. L., ein 26 Jahre alter Muslim,
verbrachte zwei Monate hier und sagte, er habe geholfen, jeden Tag zwischen fünf und zehn Leichen in einen gelben Kleintransporter zu laden,
der sie zu einem unbekannten Grab abtransportierte. Wie viele der
Interviewten bat er, seinen Vor- und Nachnamen nicht zu nennen.

Und N. J., ein 23 Jahre alter Muslim, sagte, er habe in jeder der letzten 20 Nächte die Gefangenen gezählt, die zum »Roten Haus« geschickt
wurden. An manchen Tagen waren es nur 17, an anderen sogar 42.
Keiner kam je zurück. Die Interviews mit diesen drei Gefangenen, die
zu den insgesamt 68 gehören, die nach England gebracht wurden, um
sich von den Schlägen und Schußwunden zu erholen, und mit einigen
der mehreren hundert, die kürzlich in Karlovac, Westkroatien, eintrafen, ergänzen die ursprünglichen Berichte über die Greueltaten in Bosniens Lagern.

Als Reaktion auf die früheren Berichte erklärte Lawrence Eagleburger, gegenwärtig stellvertretender US-Außenminister, am 18. August,
daß die Regierung keine Beweise für systematische Tötungen gefunden
habe, sondern nur für unangenehme Lebensbedingungen in den
Lagern. Aber die Botschaft der Vereinigten Staaten in Zagreb kam kürzlich aufgrund eigener Befragungen von etwa 40 ehemaligen Gefangenen in Karlovac, die einem UN-Sonderausschuß für Kriegsverbrechen
vorgelegt werden sollen, zu dem Schluß, daß in Omarska sowie in anderen Lagern und den umliegenden Städten zahlreiche Greueltaten
begangen worden sind, sagte ein Vertreter der Botschaft.

»Die Nazis waren Waisenknaben im Vergleich zu diesen Typen. Ich
habe Berichte über individuelle Akte der Barbarei gesehen, wie sie so
seit 20 Jahren in den Telegrammen ans Außenministerium nicht mehr
vorgekommen sind«, sagte ein leitender Beamter an der US-Botschaft,
der anonym bleiben wollte.

Aber selbst die Beauftragten der Botschaft der Vereinigten Staaten
waren weder in der Lage, die Zahl der Gefangenen in Omarska festzustellen, noch die der Ermordeten oder Vermißten.

Ausführliche *Newsday*-Interviews mit Gefangenen lassen erkennen,
daß stets mindestens 2 500 bis 3 000 Gefangene in Omarska inhaftiert
waren. Vertreter des Internationalen Roten Kreuzes gehen davon aus,
daß bis zu 5 000 nach Omarska gebracht wurden und daß über 2 000 dort
noch inhaftiert waren, als die bosnischen Serben das Lager schlossen.

Trotz der statistischen Ungenauigkeiten kann man sagen, daß Omarska und andere Konzentrationslager in Bosnien eines der barbarischsten Kapitel der modernen europäischen Geschichte darstellen. Serben aus dem nahegelegenen Prijedor errichteten am 25. Mai die Lager in Omarska und Keraterm, einer stillgelegten Keramikfabrik, nicht ganz einen Monat, nachdem sie gewaltsam die Macht in der Stadt mit 30 000 Einwohnern ergriffen hatten. Beamte aus Prijedor waren eifrig bemüht, ihre Version der Ereignisse zu präsentieren, gestanden aber nach Befragung durch *Newsday* ein, daß es sich nur um die offizielle Darstellung handele. »Sie haben ihre Fakten. Wir haben unsere Fakten. Sie haben das uneingeschränkte Recht, zwischen den beiden Versionen zu wählen«, sagte Polizeichef Simo Drljača vorigen Monat in einem Interview.

Fast nichts in der offiziellen Version hält einer genaueren Überprüfung stand.

Bei einem Gang durch das Verwaltungsgebäude des Lagers führte Željko Mejahić, der frühere Kommandant der Wachen, einen Besucher zu einem Raum im Untergeschoß voller nebeneinander aufgereihter Etagenbetten. Zu keinem Zeitpunkt waren mehr als 270 Gefangene in Omarska, sagte Mejahić, »und hier haben sie alle geschlafen«.

Aber die Häftlinge sagten, daß sie auf der Erde geschlafen hatten, auf dem Fußboden oder dichtgedrängt in kleinen Nebenräumen hockend – überall, nur nicht in Betten. Die Betten waren erst wenige Tage, nachdem die Medien die Aufmerksamkeit auf Omarska gelenkt hatten, herangeschafft worden, erklärte ein ausländischer Experte für humanitäre Hilfe. Die Behörden hatten die Etagenbetten aus Kasernen und das Bettzeug aus den Hotels von Banja Luka mitgehen lassen, sagte er. Erst als die Betten an Ort und Stelle waren, erhielten das Internationale Rote Kreuz und Reporter die Besuchserlaubnis.

Milan Kovačević, der Oberstadtdirektor von Prijedor, sagte, Omarska sei eine Ermittlungsstelle gewesen, um »festzustellen, wer was während des Krieges gemacht hat, um die Schuldigen zu finden und die Unschuldigen, so daß diese nicht die Konsequenzen zu tragen haben«. Er sagte, das Lager sei aufgelöst worden, als die Untersuchung abgeschlossen war.

Drljača, ein weitgehend unbekannter Absolvent der juristischen Fakultät, der Polizeichef wurde, als die serbische Minderheit an die Macht kam, erklärte, 3 334 Menschen seien unter dem Verdacht des Widerstandes oder der Verschwörung gegen die neue serbische Verwaltung festgenommen und nach Omarska gebracht worden. Drljača bestand darauf, daß niemand in Omarska getötet worden sei und daß zwischen dem 25. Mai und Mitte August nur zwei Gefangene gestorben seien, beide eines »natürlichen Todes«. Weitere 49 »sind verschwunden«, darunter der frühere Oberbürgermeister von Prijedor, Muhamed Ćehajić, und seien mutmaßlich verstorben, sagte Drljača.

Der offiziellen Version zufolge wurden die Gefangenen vier Tage verhört und dann weggeschickt. Drljača sagte, 800 Gefangene, die angeblich »das Ganze organisiert« haben, darunter reiche Muslime, die die muslimische Partei SDA finanzierten, seien nach Manjača gebracht worden, das von der serbischen Armee Bosniens als ein Kriegsgefangenenlager geführt wurde, wo strafrechtlich gegen sie vorgegangen werde. Mit ihnen wurden 600 Personen überführt, von denen angenommen wird, daß sie Einheiten des muslimischen und kroatischen Widerstands befehligten. Die restlichen 1900 wurden für unschuldig befunden und sofort nach Trnopolje gebracht, einem, wie es offiziell heißt, Durchgangslager, sagte Drljača.

Aber nicht einer von mehr als drei Dutzend Überlebenden von Omarska, die von Vertretern der US-Botschaft in Karlovac befragt wurden, sagte, er sei vernommen worden, bevor man ihn nach Omarska brachte. Bei den Dutzenden von *Newsday* geführten Interviews ergab sich, daß nur wenige verhört worden waren, und sie sagten, daß sie vor und während der Vernehmung geschlagen worden seien. Die meisten waren länger als zwei Monate gefangengehalten worden.

Außerdem war fast jeder der von Omarska nach Manjača geschickten Gefangenen Zivilist, und nur einige hatten gegen die Serben gekämpft – weit unter der von Drljača genannten Zahl von 600, erklären Gewährsleute der humanitären Hilfsorganisationen.

Drljačas Behauptung, Gefangene seien sofort nach dem Verhör nach Manjača weitergeleitet worden, wurde von Božidar Popović widersprochen, dem Kommandanten in Manjača, der vorigen Monat in einem Interview erklärte, daß noch Anfang August, etwa zu der Zeit, als Omarska geschlossen wurde, 25 Busse mit Gefangenen dort eingetroffen seien.

Slobodan Balaban, ein ethnischer Serbe, der technischer Direktor des Bergbaukombinats gewesen war, sagte, das Motiv für die Serben, die Lager einzurichten, sei Rache für die Leiden der Serben bei früheren Konflikten gewesen. »Der wesentliche Faktor, der unser Verhalten bestimmte, war die Behandlung unserer Leute, die in kroatische Lager gebracht worden waren.«

Während die offiziellen Darstellungen sich andauernd widersprechen, sind die Berichte der Überlebenden von Omarska über schwere Entbehrungen, brutale Folterungen und routinemäßige Morde in sich konsistent, sich wechselseitig bestätigend und zugleich jenseits aller Vorstellungskraft. Den Berichten zufolge, von denen einige hier wiedergegeben sind, waren die Gefangenen von ihrer Ankunft im Lager an durchweg einer barbarischen Behandlung ausgesetzt.

Redžep Tahirović, 52, sagte, er sei am 26. Mai mit Hunderten anderer Männer nach Omarska gebracht worden, nachdem die Serben die nahegelegene muslimische Stadt Kozarac zerstört und »gesäubert« hatten. In einer beeideten Aussage vor der bosnischen Staatlichen Kommission für Kriegsverbrechen sagte er, die Wachen hätten fünf Tage lang täglich ein Dutzend Leute aufgerufen und sie in der Nähe einer der Hauptgruben mit Kettensägen enthauptet. Gefangene in Omarska seien gezwungen worden, das Massaker wie auch die anschließende Hinrichtung von 20 nicht-serbischen Polizisten aus Prijedor mit anzusehen.

D. K., ein 25 Jahre alter ethnischer Albaner, der sich jetzt in der Nähe von London erholt, hatte das Glück, daß bei seiner Ankunft in Omarska am 30. Mai zufällig auf ihn geschossen wurde. »Ich war erst 20 Minuten da«, sagte er. Er stand in der Nähe des Lagertors mit fünfzehn Männern, auf die ein Wachtposten zu schießen anfing. D. K. zog seinen Pyjama aus und zeigte mir sieben Schußwunden an Bauch, Beinen und einem Arm. Drei Gefangene starben bei der Schießerei, aber D. K. wurde in das Krankenhaus in Banja Luka gebracht, wo er fünfzehn Tage im Koma lag. Als er zu sich kam, sagte er, kamen Krankenschwestern, serbische Patienten und sogar serbische Kinder, die Krankenbesuche machten, und schlugen ihn. »Ich hatte sieben Liter Blut bekommen, und sie schlugen mich, weil ich serbisches Blut hatte«, sagte er.

Edin Elkaz hatte ebenfalls das Glück, bei seiner Ankunft am 30. Mai zufällig angeschossen und in ein Krankenhaus in Prijedor gebracht zu werden, denn so war er den Gewalttätigkeiten im Lager weniger ausgesetzt. Elkaz war bosnischer Soldat gewesen, einer der wenigen Gefangenen in Omarska, die tatsächlich gegen die Serben gekämpft hatten. Elkaz wurde mit 130 anderen Gefangenen in eine Garage gestopft, die gerade groß genug war für ein Auto; er stand bei der Tür, als die Wachen einen Freund von ihm ergriffen und ihn draußen aus nächster Nähe erschossen.

Die Kugel durchschlug die Tür, durchbohrte den Magen von Elkaz' Bruder und landete schließlich in Elkaz' Bein. Er lag sechs Wochen mit hochgelagertem Bein im Krankenhaus. Elkaz' Wunde heilte nie, weil Serben, die es keineswegs gut mit ihm meinten, ihn besuchten und mit einem Stock in seiner Wunde herumstocherten, die so immer wieder infiziert wurde.

»Ich hatte einen sehr guten [serbischen] Nachbarn, der eines Tages vorbeikam und Guten Tag sagte. Ich hab das dann bereut«, sagte Elkaz und lächelte darüber, wie sehr der Anschein getrogen hatte. »Er hat fünfzehn Leute mitgebracht, die mich sechs Wochen lang verprügelt haben.«

Wieder zurück in Omarska, wurde er mit mehreren anderen bosnischen Soldaten in einen Raum im »Weißen Haus« gebracht. Er konnte durch eine Glastür sehen, wie die Männer geschlagen wurden. Die Wachen benutzten Holzknüppel und Eisenstangen und richteten ihre Schläge meist auf den Kopf, die Genitalien, das Rückgrat und die Nieren. Manchmal schmetterten sie die Gefangenen mit dem Kopf gegen die Heizkörper. »Man sah dort am nächsten Tag Fleischfetzen oder Gehirnmasse«, erinnerte sich Elkaz.

Aber die schlimmste Folter bestand darin, einen Gefangenen an die Wand zu stellen und ihn mit einem Kabel zu schlagen. »Ich glaube, sie haben mindestens 50 Männer mit dem Kabel getötet«, sagte Elkaz.

Jeden Morgen, sagte er, legten Gefangene die Leichen auf den asphaltierten Platz vor dem »Weißen Haus«. Andere luden sie dann in den kleinen gelben Lastwagen, der eben noch dazu benutzt worden war, die Lagerküche mit Lebensmitteln zu beliefern. Eine Vierergruppe fuhr immer im Lastwagen mit, um die Toten zu begraben, aber nur einer kam lebend zurück.

Kein Gefangener überlebte, soweit bekannt, das »Rote Haus«, und nur wenige haben auch nur beobachtet, wie jede Nacht Gefangene zu dem Nebengebäude gebracht wurden, das weit von den Hauptgebäuden entfernt war. Von Mitte Juli bis zur Schließung des Lagers Omarska begannen die Wachen jeden Abend um acht Uhr, Männer von überallher im Lager zu versammeln, und brachten sie zu einem Warteplatz beim »Weißen Haus«, wie der ehemalige Gefangene N.J. berichtete. Die Wachen fragten sie nach ihren Namen und Einzelheiten über ihre Familien, dann wurden sie einzeln weggeführt. Gegen vier Uhr morgens hörten die Gefangenen einen Lastwagen vor das »Rote Haus« fahren, anscheinend um die Leichen einzusammeln.

Obwohl die Wachen oft die vielen Räume durchkämmten, in denen die Gefangenen festgehalten wurden, und von Listen Namen ausriefen, waren viele der Geschlagenen und Getöteten willkürlich ausgewählt worden. »Die Wachen kamen um drei Uhr morgens rein und holten fünf Leute raus, die, wie sie sagten, ausgetauscht würden. Gott allein weiß, wohin sie sie gebracht haben«, sagte M. M., ein 28 Jahre alter Installateur, der mit mehr als 500 Männern länger als zwei Monate in einem Raum gleich neben dem riesigen Hangar gefangengehalten wurde. »Am nächsten Morgen haben wir die Leichen gesehen. Ich bin sicher, daß 50 Prozent von denen, die verschwunden sind, getötet wurden.«

Die Wachen wußten oft nicht, wen sie erschlagen hatten. Elkaz erinnerte sich, daß »sie sie manchmal beim Namen nannten. Aber manchmal haben sie mich hinterher gefragt: ›Weißt du, wer das ist?‹« Er sagte, er habe viele Freunde identifiziert, die erschlagen worden waren.

Die Gewaltsamkeit nahm mit der Zeit zu, da die Wachen »schon alle Wertsachen an sich genommen hatten«, sagte ein Mann, der sich mit dem Pseudonym Mrki vorstellte, 40 Jahre alt, als er in Karlovac interviewt wurde. Mrki wurde zum »Weißen Haus« gebracht, weil er an einem Platz gestanden hatte, wo er auffiel, als ein Wachtposten in den Raum kam, um nach Sündenböcken zu suchen. Zwei Nächte lang wurde er im »Weißen Haus« bewußtlos geschlagen, sowohl von zwei Wachen wie auch von Dorfbewohnern, die man zu ihrem Freizeitvergnügen dazu eingeladen hatte. »Als ich am Morgen aufwachte, war alles voller Blut«, erinnerte er sich.

Es gab Möglichkeiten, Schläge zu vermeiden, sagten Gefangene. Regel Nr. 1 war, niemals einem Wachtposten in die Augen zu sehen. Regel Nr. 2 war, die Wachen zu verwirren, wenn man zum Verhör gerufen wurde, indem man sagte, daß man gerade von einem zurückkomme. Gefangene beschmierten sich manchmal mit dem Blut eines gerade geschlagenen Häftlings, »damit wir in der nächsten Runde soweit wie möglich verschont wurden«, sagte Kamber Midho, 31, in einer beeideten Aussage vor der bosnischen Regierung. Mindestens ein Gefangener wurde in Omarska bei lebendigem Leibe verbrannt.

Das geschah nach Angaben von Nedžad Hadžić, 23, einem Augenzeugen, der jetzt in Karlovac ist, Ende Juli, als die Gefangenen sich zum Mittagessen anstellten. Der Mann kam von einem Verhör, und ein Wachtposten befahl ihm zu rennen, als ob er ihn dann erschießen wollte. »Ihr seid Feiglinge. Ihr kennt nur Grausamkeit«, provozierte der Mann den Wachtposten.

Als die Wachen ihn auf den Asphaltboden stießen, entriß er einem von ihnen das Gewehr, aber dann gab er auf. »Sie haben ihn zum ›Weißen Haus‹ gestoßen, ihn mit Benzin überschüttet und dann angezündet«, sagte Hadžić.

Und Osman Hamurić, der sich nun in der Nähe von London erholt, teilte *Newsday* mit, er sei im Lager Keraterm zweimal Zeuge von erzwungenem Kannibalismus gewesen. Bei der einen Gelegenheit, sagte er, schnitten die Wachen einem Gefangenen das Ohr ab und zwangen einen anderen Mann, es zu essen. Beim zweiten Mal schnitt ein Wachtposten ein Stück Fleisch von einem verwundeten Gefangenen und befahl ihm, es zu essen. Er weigerte sich. »Warum nicht? Es ist gekocht«, zitierte Hamurić den Wachtposten. Hamurić konnte nicht sagen, ob der Mann sein eigenes Fleisch aß. »Ich weiß nur, daß sie ihn wegbrachten und wir ihn nicht wiedergesehen haben.«

Aber nichts war traumatischer für die Männer als die Kastrationen. Vertreter der Botschaft der Vereinigten Staaten machten den Zeugen eines Vorfalls ausfindig, bei dem die Hoden eines Mannes mit Draht am hinteren Teil eines Motorrads befestigt wurden, das dann mit hoher Geschwindigkeit startete. Er starb an massivem Blutverlust.

Hadžić beschrieb in einem Interview mit *Newsday* eine Kastration. Es begann damit, daß ein Wachtposten, der mit Emir Karabašić, einem muslimischen Polizisten, eine alte Rechnung zu begleichen hatte, ihn aus dem Raum, in dem Hadžić schlief, rief und ihm befahl, sich in dem Hangar vor einigen dort geparkten Kippladern nackt auszuziehen. »Erinnerst du dich noch, wie du mich in dem Café verprügelt hast?« fragte der Wachtposten. Hadžić beobachtete vom Nebenraum, wie ein zweiter serbischer Wachtposten einen anderen Muslim entdeckte, dessen Vater er etwas nachtrug, und ihm befahl, seinen Kopf in eine in den Betonfußboden eingelassene Rinne zu stecken und altes Motoröl zu trinken und dann Karabašić die Hoden abzubeißen. »Die Schreie waren unerträglich. Dann war Stille«, sagte Hadžić.

Drei andere Männer, die zur gleichen Zeit aus Hadžićs Raum geholt worden waren und Zeugen der Kastration wurden, sind dann von den Wachen mit Metallstangen umgebracht worden, sagte Hadžić. Der Mann, der die Kastration ausgeführt hatte, kam mit geschwärztem Gesicht in den Raum zurück und konnte 24 Stunden lang nicht sprechen.

Erfahrungen dieser Art haben den Überlebenden tiefe psychische Wunden zugefügt; zu ihnen gehört ein katholischer Priester aus der Gegend von Prijedor, der Gemeindemitgliedern in Zagreb von seinen Leiden berichtete. Der Priester, der kurz auch mit *Newsday* sprach, aber darauf bestand, daß sein Name nicht genannt wurde, erzählte ihnen, daß er geschlagen worden sei, bis er Blut spuckte. Er sagte, er sei einmal dabei überrascht worden, wie er einem Gefangenen die letzte Ölung geben wollte, und er habe lieber das von ihm geweihte Stück Brot geschluckt, als es in die Hände der Wachen fallen zu lassen.

Von Sonnenaufgang bis -untergang lag er mit Hunderten anderer Männer auf dem Asphaltplatz. 32 Tage, sagte der Priester, hatte er keinen Stuhlgang, weil er nichts gegessen hatte. »Es war so schrecklich, daß wir, Gott möge mir vergeben, wenn ich das sage, dankbar waren, wenn jemand starb. Wir konnten dann seine Kleidungsstücke nehmen und sie unter uns legen«, zitierte ihn ein Zuhörer. Die schrecklichen Erfahrungen des Priesters führten zu Herz- und Nierenschäden, und er erholt sich nun in Kroatien.

Während der ersten fünf Tage in Omarska bekamen die Gefangenen in der Regel nichts zu essen, sagten Zeugen. Danach wurden sie in Gruppen von 30 Männern zur einzigen Mahlzeit des Tages, die aus einer Scheibe Brot und einer Schale dünner Suppe bestand, in die Cafeteria gebracht. Nach zwei oder drei Minuten, in denen man einige Löffel der Schleimsuppe herunterschlingen konnte, ging es zurück zum Asphaltplatz.

Die Schläge, die den Gang zur Toilette begleiteten, waren so grausam, sagten ehemalige Gefangene, daß sie lieber in ihre Stiefel defäkierten oder in den Raum, in dem sie schlafen mußten. Die Ruhr breitete sich schnell aus, und alles war so verdreckt, daß einige Gefangene zehn verschiedene Arten von Läusen oder Ungeziefer auf ihrem Körper zählten. »Wir hatten Läuse auf den Augenlidern, sie fielen uns aus dem Bart«, sagte Hadžić. Die Gefangenen sagten, sie hätten während des ganzen Sommers nur zweimal gebadet. Die Wachen befahlen den Gefangenen, sich in Gruppen von 50 auszuziehen und zielten dann mit Feuerwehrschläuchen auf ihre Genitalien. »Es war purer Sadismus. Sie haben gelacht, wenn wir umgefallen sind«, sagte Hadžić.

Als Omarska geschlossen wurde, schätzten Lagerärzte in Manjača, daß mindestens zehn Prozent der dorthin überführten Gefangenen an Ruhr erkrankt waren, sei es wegen verdorbener Lebensmittel, sei es aufgrund der unhygienischen Zustände, und ohne sofortige Behandlung wären sie alle gestorben. Andere litten an unbehandelten und schwärenden Wunden, die von den Schlägen herrührten. Viele andere waren einem Kollaps nahe. »Ich glaube nicht, daß ich noch zehn Tage länger durchgehalten hätte«, sagte Kemal Husić, 19. »Ich näherte mich einem

Zustand, wo ich nicht mehr stehen konnte. Ich mußte mir von zwei Leuten helfen lassen, um bis zur Cafeteria zu kommen.«

Hadžić stimmte ihm zu. »Es gab so viel Hunger und Ruhr, daß das ganze Lager keine 20 Tage mehr durchgehalten hätte«, sagte er.

Viele Gefangene gelangten nie in Sicherheit; sie scheinen »auf dem Transport« nach oder von Omarska verschwunden zu sein. Darunter sind zwei Busse voller Männer, die Ende Juli aus Omarska verschwanden. Weitere 120 sollten nach Angaben von Zeugen am 5. August vom Lager Keraterm nach Omarska gebracht werden, trafen dort aber nicht ein. Auch etwa elf Männer, die nach Manjača überführt wurden, kamen dort nicht an. Die Wachen schlitzten zwei von ihnen die Kehle auf und töteten weitere neun, sagten Gefangene.

Der Kommandant von Manjača, Božidar Popović, bestritt, irgend etwas über diese angebliche Greueltat zu wissen. »Was außerhalb der Lagertore passiert, interessiert mich nicht. Ich bin nur verantwortlich für das, was unter meiner Leitung passiert.«

Das größte Geheimnis ist jedoch, was mit den Leuten geschah, die von Omarska verlegt wurden, als das Lager geschlossen wurde. Gefangene sagten, nach ihren Berechnungen seien 2 500 bis 3 000 Häftlinge in Omarska gewesen; ihre Schätzung beruht unter anderem auf der Zahl der an einem bestimmten Tag ausgegebenen Mittagessen. Von den Gefangenen dort wurden nach Angaben des Internationalen Roten Kreuzes am Schluß 1374 nach Manjača überführt. Etwa 700 andere kamen nach Angaben von Gefangenen, die später von dort nach Karlovac gebracht worden waren, nach Trnopolje. Das ergibt zwischen 500 und 1 000 Vermißte. Von den Anfang August nach Trnolpolje überführten Gefangenen erreichten überdies nur etwa 200 Karlovac. Einige waren in einem Konvoi nach Zentralbosnien, wobei mehr als 250 Männer von der dortigen Polizei ermordet wurden.

Sind andere Gefangene von Omarska auf andere Weise getötet worden? Sind sie auf andere Lager verteilt worden? Niemand weiß eine Antwort, nicht einmal Thierry Germond, der europäische Chefdelegierte des Internationalen Roten Kreuzes, das versucht hat, die Befreiung aller Zivil- und Kriegsgefangenen zu erreichen. Germond konnte nicht mehr sagen als »Wir verstehen Ihre Besorgnis, und ich teile sie.«

Trnopolje, Nordbosnien: Die serbischen Behörden schlossen das Lager Omarska im August und verlegten 1571 Gefangene in dieses Internierungslager in einem Schulgebäude. Als zwei Monate später Plätze für sie gefunden worden waren, strömten 3500 Flüchtlinge hierher. Aber Europas Grenzen waren geschlossen, und sie mußten endlose Monate warten.

Aber wohin?
Zögernde Reaktion auf die größte Flüchtlingskrise seit dem Zweiten Weltkrieg

Zagreb, Kroatien, 1. November 1992

Auf einem schäbigen Campingplatz am Stadtrand hielt Semina Karagić ihren kränklichen, vierjährigen Sohn umklammert, während ein Verwandter die Decke sorgfältig wieder über den offenen Türrahmen hängte. 18 bosnische Muslime kauerten auf Decken auf dem Boden des früheren Arbeiterwohnheims, ohne Betten, Heizung, fließendes Wasser und sanitäre Anlagen. Ein Arzt auf Hausbesuch sagte, das Lager stehe unmittelbar vor einer Hepatitis-Epidemie.

»Es ist kalt jetzt für uns Erwachsene. Sie können sich vorstellen, wie kalt es erst für die Kleinen sein muß«, sagte die 41 Jahre alte Frau, die von einem Tag auf den anderen aus ihrem zweistöckigen Eigenheim »mit allen Haushaltsgeräten« in ein Leben bitterer Armut geriet.

Aber Semina Karagić und die 5 000 anderen, die vor zehn Tagen im Lager Resnik ankamen, haben noch Glück gehabt. Sie schafften es, rauszukommen, bevor Kroatien im Juli seine Grenzen für bosnische Flüchtlinge, einschließlich Frauen und Kinder, schloß. Hunderttausende ihrer Landsleute, die im Terror und Chaos der »ethnischen Säuberungen« der Serben festsitzen, würden alles geben, wenn sie an ihrer Stelle sein könnten.

»Diese Leute haben absolut keinen Ort, wohin sie gehen können. Wenn sie dort bleiben, wo sie sind, werden sie getötet oder verhungern oder erfrieren. Oder sie können einen gefährlichen Treck über die Schlachtfelder nach Zentralbosnien unternehmen, das auch in Trümmern liegt«, sagte Manda Na-Champassak, eine Sprecherin des UN-Hochkommissars für Flüchtlinge.

Die Aussichten für Bosnier, die Asyl suchen, haben sich kürzlich weiter verschlechtert, als Zagreb das Bündnis mit Bosnien-Herzegowina aufkündigte und sich dem Ruf Serbiens nach einer Aufteilung der überwiegend muslimischen Republik anschloß. Der Zusammenbruch des Bündnisses ermöglichte es Serbien letzte Woche, den bosnischen Stützpunkt Jajce einzunehmen, und Tausende meist muslimischer Flüchtlinge fliehen unter serbischem Granatfeuer aus der Stadt.

Kroatiens Entschluß, den Bosniern Asyl zu verweigern, ist eine eklatante Verletzung des Rechts, vor Verfolgungen Asyl zu suchen, wie es die Allgemeine Erklärung der Menschenrechte von 1948 formuliert, aber das hat nur äußerst sanfte Proteste hervorgerufen. »Wenn wir Kroatien kritisieren, schicken sie die Muslime möglicherweise nach Bosnien zurück«, erklärte der Vertreter einer internationalen Hilfsorganisation, der bat, seinen Namen nicht zu nennen. Er wies darauf hin, daß Kroatien weit über 300 000 bosnische Flüchtlinge aufgenommen habe, vielleicht so viele wie das gesamte restliche Europa. »Es fällt wirklich schwer, die Kroaten zu kritisieren. All ihre Hotels, Turnhallen und Schulen sind voller Flüchtlinge.«

Eine *New York Newsday*-Untersuchung der Flüchtlingspolitik in den Vereinigten Staaten und sieben europäischen Ländern läßt einen anderen Grund für die zurückhaltende Reaktion vermuten. Regierungen von England bis Italien können behaupten, ihre Grenzen seien für bosnische Flüchtlinge offen – im vollen Bewußtsein der Tatsache, daß Kroatien deren Fluchtwege blockiert und so fast niemand herauskommt. Der Entschluß Kroatiens hat verhindert, daß die größte Flüchtlingskrise seit dem Zweiten Weltkrieg Europa in ihrem vollen Umfang trifft.

Der ehemalige polnische Premierminister Tadeusz Mazowiecki, Sonderbeauftragter der UN-Menschenrechtskommission, kritisierte Kroatien und sogar die UN-Streitkräfte, die die wichtigsten bosnisch-kroatischen Grenzübergänge bewachen, weil sie viele vertriebene Muslime abgewiesen und Männer im wehrfähigen Alter festgehalten und zurückgeschickt hatten. »Die Mehrheit der Vertriebenen kann ihr Leben nur dadurch retten, daß sie außerhalb der Grenzen von Bosnien und Herzegowina Asyl suchen«, erklärte er letzte Woche in einem Bericht. Aber obwohl der Hochkommissar für Flüchtlinge wiederholt vor einer drohenden Katastrophe warnte, werden keine Versuche unternommen, im Ausland Zufluchtsorte für die Flüchtlinge zu finden, und alle Anstrengungen sind darauf gerichtet, Lebensmittel nach Zentralbosnien zu schaffen.

»Schauen Sie, wir können nicht mal ein Plätzchen für die paar tausend traumatisierten Männer finden, die in Gefangenenlagern, in Todeslagern waren«, sagte Sylvana Foa, die Hauptsprecherin des Hochkommissars für Flüchtlinge. »Was wir bekommen, sind nur symbolische Gesten von Ländern, die doch verlangt haben, daß die Lager geschlossen werden – 50 hier, 100 da. Stellen Sie sich vor, was man uns sagen würde, wenn wir Plätze für zwei Millionen haben wollten. Und wir haben zwei Millionen, von denen wir annehmen, daß sie ernsthaft gefährdet sind. Wir können unmöglich die Welt bitten, zwei Millionen Leute aufzunehmen.«

Das unparteiische U.S. Komitee für Flüchtlinge stellte vorige Woche in einem Bericht fest, daß die bosnische Krise eine Herausforderung an die westlichen Grundwerte geworden sei. »Was an den Grenzen Bosniens geschehen ist, bedeutet einen wesentlichen Bruch mit dem Prinzip des Erstasyls, einem System der Verteilung der Lasten, wonach Regierungen fern vom Konfliktort Länder in dessen unmittelbarer Nachbarschaft unterstützen, um es ihnen zu ermöglichen, zumindest vorläufig Asyl zu gewähren, um den Flüchtlingen einen direkten Fluchtweg zu öffnen, wenn ihr Leben bedroht ist«, hieß es in dem Bericht.

Sowohl der UN-Hochkommissar für Flüchtlinge wie das Internationale Rote Kreuz sagen, daß Geld kein Problem sei. Was fehlt, sagen sie, ist die Entschlossenheit, selbst wiederholte Sicherheitsrat-Resolutionen durchzusetzen, die die sichere Lieferung von Hilfsgütern zusagen.

Die Türen begannen sich in dem Moment vor den Bosniern zu schließen, als erstmals Augenzeugenberichte über die zahllosen von ihnen erlittenen Greueltaten bekannt wurden. Deutschland, das traditionell die erste Wahl der Asylsuchenden in Europa ist und 220 000 Flüchtlinge aus dem ehemaligen Jugoslawien aufgenommen hat, die meisten von ihnen aus Kroatien, verhängte im Mai, kurz nachdem serbische Truppen in Bosnien eingefallen waren, einen Visazwang. Anfang Juli, als die Regierung Serbiens bosnische Flüchtlinge in andere Länder auszuweisen begann, verlangte Österreich ein Visum für die von den serbischen Behörden ausgestellten Pässe. Ungarn und die frühere jugoslawische Republik Slowenien schlossen ihre Grenzen. Kroatien folgte einige Monate später.

Die Vereinigten Staaten haben bei der Aufrechterhaltung des Asylrechts keine führende Rolle gespielt. »Wir sind der Ansicht, daß es besser ist, die Länder, die näher bei Bosnien liegen, die Flüchtlinge aufnehmen zu lassen«, sagte ein leitender Beamter des Außenministeriums, der anonym bleiben wollte. »Wir wollen, daß sie Erstasyl so nahe wie möglich beim Herkunftsland finden, wobei wir davon ausgehen, daß sie eines Tages die Erlaubnis erhalten sollten, nach Hause zurückzukehren.« Er räumte ein, daß »da draußen die Möglichkeit nicht auszuschließen ist, daß Serbien vielleicht Bosnien mehr oder weniger permanent unter Kontrolle halten wird«, und daß die Flüchtlinge nie mehr zurückkehren können. »Dann haben Sie ein enormes Problem.«

Nach wiederholten Appellen des UN-Hochkommissars für Flüchtlinge und des Internationalen Roten Kreuzes in der Schweiz erklärten sich die Vereinigten Staaten letzte Woche bereit, 1 000 Bosniern Asyl zu gewähren. Darunter werden einige – möglicherweise nicht mehr als 250 – der 1 561 ehemaligen Häftlinge der serbisch geleiteten Konzentrationslager sein, die sich während des letzten Monats in Karlovac, Kroatien, befanden und dort auf ihre Weiterbeförderung und ihre Familien warten.

Schließlich erklärten sich nun doch genug Länder bereit, alle 1 561 ehemaligen Häftlinge unterzubringen, aber die 3 000 bis 5 000 zusätzlichen ehemaligen Lagerinsassen, die bald entlassen werden, sind dabei nicht berücksichtigt. Kein Land scheint bereit, eine größere Zahl weiterer Flüchtlinge aufzunehmen.

Neben Kroatien und Slowenien, die sich weigern, zusätzliche Flüchtlinge aufzunehmen, ist das einzige Erstasylland für Bosnier Italien, das wegen des kleinen Streifens bosnischer Adria-Küste nur eine Seegrenze mit Bosnien hat. »Wir nehmen soviele von denen auf, die es schaffen rauszukommen, wie wir können«, sagte Antonio Cavaterra, der im italienischen Innenministerium für die Einreise der Flüchtlinge zuständig ist.

Aber Italien hat nur 2 000 bis 3 000 Flüchtlinge zusätzlich zu den etwa 17 000 Bosniern, die bei Freunden oder Familienangehörigen untergekommen sind, aufgenommen. Der Grund dafür ist, sagen Experten der Hilfsorganisationen, daß Italien zwar erklärt, für die Einreise seien Einladungsbriefe nicht nötig, aber kein Bosnier ohne einen solchen Brief Kroatien oder Slowenien durchqueren kann. Italien lehnt es auch ab, Busse oder Züge nach Kroatien oder Bosnien zu schicken, um die Flüchtlinge abzuholen.

In Slowenien, wo sich 69 000 Flüchtlinge aufhalten und jedem die Durchreise verweigert wird, der keine Dokumente für ein Drittland hat, äußerte sich Jože Pučnik, Vizepräsident der slowenischen Regierung, abschätzig zu der Behauptung Italiens, offene Grenzen zu haben. Er sagte, Italien umgehe die Aufnahme von Flüchtlingen »weitgehend durch clevere bürokratische Tricks«. Mehrere slowenische Beamte taten die Frage, ob Italien Busse voller Flüchtlinge aufnehmen würde, wenn sie an der italienischen Grenze vorführen, verächtlich ab. »Nie«, sagte einer.

Ein Repräsentant Bosniens in Ljubljana, der Hauptstadt Sloweniens, der nicht genannt sein wollte, sagte, er habe mit Spanien über die Aufnahme von 300 Flüchtlingen verhandelt; aber als er zu dem Punkt kam, um ein Gruppenvisum und andere Dokumente zu bitten, »brach die Verbindung ab. Ich habe den ganzen letzten Monat nichts mehr von ihnen gehört«, sagte er.

Österreich sagt, es seien 65 000 im Land und es gebe keinen Visazwang für Bosnier, weist aber alle ab, die mehr als zwei Wochen in einem anderen Land verbracht haben, eine weitverbreitete Praktik, die viele Flüchtlinge ausschließt. »Wir bekommen 40 bis 50 Flüchtlinge am Tag, und damit können wir zurechtkommen«, sagte ein Beamter in der Abteilung für Flüchtlingsangelegenheiten. Aber er fügte hinzu, daß etwa im Zeitraum des letzten Monats »keine Leute mehr direkt aus dem Kriegsgebiet« nach Österreich gekommen seien.

In Ungarn, das 1991, nachdem die von den Serben geführte jugoslawische Armee Kroatien angegriffen hatte, 50 000 kroatische Flüchtlinge aufnahm, sind nur etwa 4 000 Bosnier. Ungarn hat keinen Visazwang eingeführt, weist aber alle Personen ohne Transitvisum ab und läßt niemanden einreisen »außer denen, die wirklich Flüchtlinge und in einer verzweifelten Lage sind«, sagte Janos Herman, ein Beamter der Einwanderungsbehörde. »Es ist ein ungeheures Problem. Wir brauchen umfassendere internationale Bemühungen«, sagte er.

England und Frankreich erklären beide, daß es keine zahlenmäßigen Begrenzungen für die Bosnier gebe, die in diese Länder wollten, obwohl die Zahl derjenigen, die um Asyl gebeten haben, jeweils nur 4 000 und 1 108 beträgt. Die englischen Behörden sagen, daß seit Januar 35 000 Menschen aus dem früheren Jugoslawien als »Besucher« eingetroffen sind; es lagen aber keine detaillierten Angaben zur Zahl der bosnischen Muslime vor.

Die französische Regierung, die angibt, über keine genauen Zahlen zu verfügen, zögert, selbst ehemalige Gefangene aufzunehmen. Nach Angaben von Vertretern des UN-Hochkommissars für Flüchtlinge erklärt die französische Regierung im Unterschied zu den meisten anderen Ländern, daß sie befürchte, die Aufnahme zu vieler Flüchtlinge stelle ein Sicherheitsrisiko dar.

Hans Jörg Eiff, ehemaliger deutscher Botschafter in Jugoslawien, der nun die Hilfsmaßnahmen seines Landes für die Flüchtlinge leitet, beklagt die selbstgefällige Haltung gegenüber den Flüchtlingen. »Ich erzähle meinen Leuten seit Wochen, daß wir vor einer gewaltigen Katastrophe stehen«, sagte er. »Zehntausende werden versuchen, da rauszukommen. Viele werden versuchen, den Weg hierher zu finden.« Aber in

Deutschland wie anderswo steht weiterhin die Innenpolitik im Zentrum des Interesses.

»Niemand akzeptiert wirklich, was geschieht«, sagte Na-Champassak vom UN-Hochkommissariat für Flüchtlinge. »Niemand will glauben, was geschieht. Erst wenn man Bilder von Hunderten herumliegender Erfrorener sieht, werden die Leute reagieren. Dann werden alle zutiefst empört sein.«

DRAUSSEN IN DER KÄLTE

Geschätzte Zahl der Vertriebenen und Flüchtlinge aus Bosnien-Herzegowina im früheren Jugoslawien.

Derzeitiger Aufenthaltsort	Geschätzte Zahl
Bosnien-Herzegowina	740 000
Kroatien	336 671
Serbien	267 693
Slowenien	69 000
Montenegro	54 484
Makedonien	28 800
Gesamt	1 496 648

Anmerkung: In der Gesamtsumme nicht enthalten sind etwa 760 000 Menschen im belagerten Zentralbosnien. Die Zahl der vertriebenen Kroaten im früheren Jugoslawien wird auf 592 416 geschätzt.

IN ANDEREN LÄNDERN LEBEND

Die geschätzte Zahl der Flüchtlinge aus dem früheren Jugoslawien, die in ausgewählten anderen Ländern leben.

Derzeitiger Aufenthaltsort	Geschätzte Zahl
Österreich	65 000
England	4 000
Frankreich	1 108
Deutschland	220 000
Ungarn	54 000
Italien	3 000
Schweden	67 465
Schweiz	70 450

Quelle: UN-Hochkommissar für Flüchtlinge, einzelne Länder.

Listen für die Todeslager

In einer Stadt nach der anderen »verschwand«
Bosniens Elite

Omarska, Bosnien-Herzegowina, Sonntag, 8. November 1992

Die serbischen Wachen traten mitten in der Nacht drohend in den überfüllten Raum im Untergeschoß und riefen die Namen von sieben Männern. Es war praktisch ein *Who's Who* führender Muslime und Kroaten aus dem nahegelegenen Prijedor: Muhamed Ćehajić, der gewählte Oberbürgermeister der Stadt von 112 000 Einwohnern, zwei Gynäkologen vom Krankenhaus Prijedor, der Besitzer eines Cafés mit Kunstgalerie, ein Staatsanwalt und zwei andere. Mit Ausnahme eines Kroaten waren alle Muslime.

Einer nach dem anderen erhoben sie sich von der Wellpappe und den Lumpen, auf denen sie im Verwaltungsgebäude des Bergbaukombinats schliefen, das in ein Konzentrationslager verwandelt worden war. Sie wurden von den Wachen weggeführt und nie mehr lebend gesehen. Mehrere Augenzeugen berichteten, die Leichen der sieben Männer am nächsten Tag auf einem nahegelegenen Feld gesehen und identifiziert zu haben. Die Zeugen, die zu den mindestens 10 000 ehemaligen Gefangenen von Omarska gehören, die in serbischen Gefängnissen darauf warten, daß ein westliches Land ihnen Asyl gewährt, wollten ihre Namen nicht nennen.

In den zwei Tagen des 26. und 27. Juli riefen die Serben nach Angaben von Zeugen etwa 50 Personen, darunter Richter, Geschäftsleute, Lehrer, Chirurgen und Beamte – »alle Prominenten von Prijedor«, wie ein ehemaliger Gefangener sagte.

Mit ihrem Verschwinden war die Machtstruktur Prijedors praktisch vernichtet, ein anschauliches Beispiel für die systematische Vernichtung der nicht-serbischen Elite, die offenbar zu den Kriegszielen der von den Serben gesteuerten militärischen Vernichtungsmaschine gehörte, von der Bosnien überrannt wurde.

»Es scheint, als ob alles, was mit mir geschieht, wie ein häßlicher Traum ist, ein Alptraum«, hatte Ćehajić sechs Wochen zuvor seiner Familie aus einem Gefängnis in Banja Luka geschrieben. »Ich frage mich immer wieder, wem und wie sehr ich Unrecht getan habe, damit ich all das durchmachen muß... Es ist unfaßbar für mich, daß uns all das zustößt. Ist das Leben so unberechenbar und so brutal?«

Diese Frage stellen sich auch die zwei Millionen Muslime von Bosnien-Herzegowina immer wieder angesichts der systematischen Zerstörung ihres Volkes, ihres Landes, ihrer Wirtschaft und ihrer 500 Jahre alten Kultur. Die Methoden waren von Stadt zu Stadt verschieden, aber wie ausführliche Interviews mit Flüchtlingen und bosnischen Polizisten zeigen, bestand das zugrundeliegende Muster darin, die Wohlhabendsten, die Gebildetsten, die Erfolgreichsten und die politische und religiöse Führung anhand vorgefertigter Listen festzunehmen.

Im überwiegend muslimischen Ostbosnien brachten serbische paramilitärische Einheiten sie in ihren Dörfern um. In einigen der eroberten Gebiete Nordbosniens wurden sie in Lager gebracht, wo man sie ohne Gerichtsverfahren hinrichtete. Aber in Nordwestbosnien, einem überwiegend serbischen Gebiet einschließlich Prijedors, gab es Anzeichen für einen Machtkampf zwischen den Serben, die bereits seit langem Machtpositionen innehatten und für Gerichtsverfahren plädierten, und Radikalen, die Hinrichtungen im Schnellverfahren bevorzugten. Die letztere Gruppe setzte sich offensichtlich durch.

»Sie töteten die Richter, Lehrer, den Vorsitzenden des Gerichtshofs, Direktoren, die Wohlhabenden – alle Prominenten von Prijedor«, sagte ein ehemaliger Häftling von Omarska, ein 40 Jahre alter Akademiker.

Ćehajićs Tochter Amira stellte eine Liste mit 59 Namen von bekannten Einwohnern Prijedors zusammen, die Berichten zufolge nach Omarska gebracht worden waren. Nachdem sie Ende Juli nach Zagreb, Kroatien, geflohen war, gab sie *Newsday* eine Kopie davon, in der Hoffnung, daß Publizität zur Entlassung aller Gefangenen, einschließlich ihres Vaters, führen würde. Sie wußte nicht, daß Ćehajić anscheinend zwei Tage zuvor gestorben war.

Der Oberbürgermeister von Prijedor gehörte zu denen, die in den Machtkampf um die Gefangenen hineingerieten. Ćehajić, der am 29. April von den Serben in einem Militärputsch abgesetzt und am 23. Mai verhaftet worden war, wurde zwischen Konzentrationslagern und Gefängnis hin- und hergeschickt, und die Serben konnten sich nicht entscheiden, wie sie mit ihm verfahren sollten. Am 18. August, fast drei Wochen nach der Nachricht von seinem Tod, verkündete ein Gericht in Prijedor offiziell, daß er der strafbaren Handlung, den Streitkräften

Widerstand geleistet zu haben, angeklagt worden sei, erklärte aber, sein Fall sei an ein Militärgericht überwiesen worden.

Die serbischen Beamten geben vage und voneinander abweichende Darstellungen dessen, was mit Ćehajić und den Dutzenden von anderen Männern aus Prijedor geschehen ist. Im ersten von zwei *Newsday*-Interviews im September sagte Simo Drljača, ein Absolvent der juristischen Fakultät, der aus dem Nichts aufgetaucht war, um nach dem serbischen Putsch Polizeichef von Prijedor zu werden, Ćehajić sei einer der 49 Häftlinge gewesen, die aus dem Lager in Nordbosnien »entflohen« seien. Seine Gefolgsleute hätten die Flucht aus Omarska organisiert, behauptete Drljača in Anwesenheit seines Vorgesetzten Stojan Župljanin, des Chefs der serbischen Sicherheitskräfte für die Region Banja Luka.

Eine Woche später in Prijedor, wo er Heimvorteil hatte, formulierte er es unverblümter. Ćehajić, der damals 53 war, war »verschwunden«. »Sie wissen ja, wie das ist. Leute verschwinden«, sagte Drljača. »Es sind vielleicht einige beim Verschwinden gestorben.«

Drljača begleitete später einen *Newsday*-Reporter bei einem Rundgang durch Omarska und hörte zu, als Željko Mejahić, der frühere Kommandant der Lagerwachen, die offizielle Erklärung rezitierte: »Am 26. Juli um 11.47 Uhr vormittags gab es einen Stromausfall, der bis 4.30 Uhr am nächsten Morgen dauerte.« Ćehajić »verschwand als einer von sieben, die während dieser Zeit das Lager verließen.«

Ehemalige Gefangene von Omarska sagten ohne Ausnahme, daß wirklich niemand jemals aus dem Lager entkam, das am Rande eines serbischen Bergbau-Dorfes lag. Drljača hatte auch auf diese Auskunft eine Antwort parat: »Aus Alcatraz sind auch welche entkommen«, sagte er.

Ćehajić, der sein ganzes Leben Oberschullehrer gewesen war, hatte bis 1990 mit Politik nichts zu tun gehabt, als er beschloß, sich der neugegründeten muslimischen Demokratischen Aktionspartei (SDA) anzuschließen und für ein Amt zu kandidieren.

»Ich habe ihn beschworen, nicht in die Partei einzutreten. Ich habe zu ihm gesagt, es gebe keine Zukunft für ethnische Parteien«, erinnerte sich seine Frau Minka, 54, eine Kinderärztin und frühere Direktorin des Krankenhauses Prijedor, die jetzt in Zagreb lebt. Aber Ćehajić ließ sich nicht davon abbringen. »Er sagte, das werde eine bürgerliche Partei sein, eine Mittelstandspartei. Er sagte zu uns: ›Mein ganzes Leben habe ich alles aus Liebe zu euch getan. Wenn ihr nicht einverstanden seid, solltet ihr diesmal ein Opfer bringen‹«, sagte sie.

Bei den ersten Wahlen der postkommunistischen Ära wählten die Muslime, deren Bevölkerungsanteil in Prijedor bei 44 Prozent lag, als Block für die Partei. Die Serben, mit einem Bevölkerungsanteil von 42 Prozent, waren gespalten; die radikale nationalistische Serbische Demokratische Partei gewann 28 Prozent der Stimmen und eine gemäßigtere, multi-ethnische Partei, die mit dem Ministerpräsidenten – des damals noch föderativen Jugoslawien – Ante Marković verbündet war, den Rest. Ćehajić wurde Bürgermeister, und Milomir Stahić, ein Mitglied der radikalen serbischen Partei, wurde sein Stellvertreter.

Ćehajić geriet zuerst Mitte 1991 mit den mächtigen Serben in Konflikt, als das serbisch geführte Banja-Luka-Korps der jugoslawischen Armee eine Generalmobilmachung ankündigte und begann, Männer für den Krieg gegen das sezessionistische Kroatien einzuziehen. »Mein Vater war strikt dagegen und stellte sich als Pazifist auf die Seite aller Kroaten, Muslime und Serben, die nicht an diesem Krieg teilnehmen wollten«, erinnerte sich Amira, 27, die wie ihre Mutter Kinderärztin ist. Ćehajićs Sohn Amir, 20, ist Medizinstudent in Zagreb.

Ćehajićs Einstellung trug ihm die Sympathie der Kroaten ein, aber die Serben verziehen ihm nie. Im Februar dieses Jahres, nachdem die Vereinigten Staaten und Westeuropa Kroatien anerkannt hatten, hielt die überwiegend muslimische Regierung von Bosnien-Herzegowina ein Referendum über die Unabhängigkeit von Jugoslawien ab. Muslime und Kroaten, zusammen 61 Prozent der Bevölkerung der Republik, stimmten dafür, aber der Führer der bosnischen Serben, Radovan Karadžić, erklärte einen unabhängigen serbischen Staat in Bosnien.

Mit materieller Unterstützung und Einheiten aus Serbien sowie den von der jugoslawischen Armee übernommenen enormen Waffen- und Munitionsvorräten und deren Kommandostruktur begannen die serbischen Truppen in Bosnien eine massive militärische Offensive.

In Prijedor besetzten die serbischen Polizei- und Armee-Einheiten das Rathaus und das Polizeipräsidium und setzten die Muslime ab. »Wir haben gewaltsam die Macht übernommen«, erklärte Drljača ungerührt. »Wir haben die Macht mit Gewehren übernommen.« Besonders erfreute ihn, daß die linken Serben, die bei den Wahlen gegen die radikale serbische Partei gestimmt hatten, »sich uns jetzt angeschlossen haben.«

Drljačas Rechtfertigungen für den Putsch waren Rationalisierungen oder einfach nur bizarr. »Wir haben Beweise, daß sie geplant haben, zwei Tage später mit uns dasselbe zu machen«, sagte er von den Muslimen. »Wenn Prijedor gefallen wäre, wäre auch Banja Luka gefallen«; er meinte die wichtigste Stadt der Region mit der doppelten Einwohnerzahl Prijedors. Der einzige von den Serben angeführte Beweis ist eine Liste, die zeigen soll, daß etwa 3 000 Muslime und Kroaten in der Region Handfeuerwaffen zur Selbstverteidigung erhalten hatten.

Ein weiterer Grund für die Absetzung der Koalitionsregierung war, daß die Serben einen »Beweis« für einen muslimischen Plan gefunden hatten, »alle serbischen Jungen zu beschneiden, alle Jungen, die älter als drei Jahre sind, zu töten, und die Frauen im Alter zwischen 15 und 25 in einen Harem zu schicken, um Janitscharen zu produzieren«, eine Anspielung auf eine mittelalterliche Praktik der Türken, den serbischen Frauen ihre Söhne wegzunehmen, damit sie in der Armee dienten. Nach Beweismaterial befragt, sagte Drljača, das befinde sich an einem anderen Ort in Bosnien.

Noch ein weiterer Grund wurde von Dragan Savanavić vorgebracht, einem Serben, der der neue stellvertretende Bürgermeister von Prijedor ist. »Die Serben können keine Regierung zulassen, in der sie in der Minderheit sind. Die Serben hier in diesem Gebiet konstituieren eine Nation. Sie werden Izetbegović niemals als Präsidenten akzeptieren.« Alija Izetbegović, ein Muslim, ist der Präsident von Bosnien.

Ćehajić stand der serbischen Auffassung von politischer Ordnung im Wege. Einen Tag nach dem Putsch befahlen die neuen Machthaber Ćehajić, die Bevölkerung über Radio anzuweisen, den Serben alle Waffen auszuhändigen. Statt dessen »forderte er die Bürger auf, Frieden zu wahren, mit Würde zu handeln und der illegalen Regierung im Sinne Ghandis Widerstand zu leisten«, erinnerte sich Minka Ćehajić.

Ćehajić wurde seines Amtes enthoben, konnte sich aber frei bewegen, bis die serbische Polizei ihn am 23. Mai in seiner Wohnung verhaftete und ihn anklagte, am Tag zuvor einen Angriff auf serbische Soldaten in dem nahegelegenen Dorf Hambarina organisiert zu haben. Nach seiner Verhaftung häuften sich weitere fragwürdige Anklagen. Radio Prijedor, unter serbischer Kontrolle, behauptete, daß Ćehajić der Sohn eines Kriegsverbrechers sei, eine Anklage, die Drljača gegenüber *Newsday* wiederholte. »Im letzten Krieg nahm er an der Ermordung von 6 000 Serben teil. Er wurde als Kriegsverbrecher hingerichtet«, behauptete er von dessen Vater. Das ist ein unter den Serben beliebter Vorwurf gegen die Muslime, dessen Hauptbedeutung gegenwärtig, eine Generation später, vielleicht darin besteht, die Serben zur Rache anzutreiben.

Ćehajićs Vater, ein Bäcker, gehörte während des Zweiten Weltkriegs, als Sanski Most von den kroatischen Ustascha-Faschisten besetzt war, der Stadtverwaltung an, und kurz bevor die kommunistischen Partisanen in die Stadt einmarschierten, verschwand er. Aber nach Angaben von Minka Ćehajić »sagten andere, die dort gelebt haben, er habe sich nie etwas zuschulden kommen lassen. Er wurde nie angeklagt, und er wurde nie vor Gericht gestellt.« Ćehajić war fünf, als sein Vater verschwand.

Drljača teilte *Newsday* auch mit, »wir haben Angaben von mindestens zehn Leuten, wonach Ćehajić sich für einen Krieg der Muslime aussprach und dessen militärische Vorbereitungen schürte«. Ćehajićs Frau sagte, er war ein Pazifist, der dagegen opponierte, daß die Muslime zu den Waffen griffen. »Wir waren seine Augäpfel. Wenn er von einem Angriff gewußt hätte, hätte er uns vorher aus Prijedor bringen lassen«, sagte sie.

Ein überzeugenderer Grund, der für seine Verhaftung vorgebracht wurde, war jedoch der, daß er da war. »Es ist normal«, die politische Führung nach einem Putsch zu verhaften, erklärte Drljača gegenüber *Newsday.*

Ćehajić wurde zunächst zum Verhör ins Polizeipräsidium gebracht, dann in zwei Gefangenenlager, die die Serben in Industrieanlagen eingerichtet hatten; eines in der Keramikfabrik Keraterm innerhalb der Stadtgrenzen von Prijedor, das andere in Omarska, einem riesigen Eisenerzverhüttungskombinat. Er war vom 6. bis 20. Juni in Untersuchungshaft im Gefängnis von Banja Luka und ihm wurde ein Anwalt zugewiesen. Dann wurde er nach Omarska zurückgebracht, wo er fünf Wochen lang bis zum 26. Juli gefangengehalten wurde.

Nur wenige der anderen Männer, die zusammen mit Ćehajić in jenen beiden verhängnisvollen Nächten herausgerufen wurden, waren politisch aktiv oder gar Mitglieder der Muslimischen Partei der demokratischen Aktion (SDA). Die meisten waren führende Persönlichkeiten in Handel, Medizin und Rechtswesen.

Einer der sieben, Mehmedalija Kapitanović, 48, ein Schwager von Ćehajić, Leiter eines gastronomischen Betriebs, wurde am 19. Juni verhaftet. »Ich sehe einfach keinen Zusammenhang zwischen Meho und diesen anderen Leuten, die verhaftet wurden«, erklärte seine Frau gegenüber *Newsday.* Der einzige mögliche Zusammenhang, sagte sie, war Reichtum oder gesellschaftliche Prominenz. »Sie folterten anscheinend die angeseheneren Leute, während die gewöhnlichen Durchschnittsmenschen einfach getötet wurden«, sagte sie.

Osman Mahmuljan, Facharzt für Innere Medizin und etwa 47 Jahre alt, wurde ebenfalls im Juni verhaftet und angeklagt, einen serbischen

Arzt dadurch getötet zu haben, daß er nach einem Herzanfall die falsche Behandlung verordnete.

Željko Sikora, ein Gynäkologe, wurde Mitte Juni verhaftet und in den serbisch kontrollierten Medien beschuldigt, serbische Jungen bei der Geburt sterilisiert zu haben.

Asaf Kapetanović, ein Cousin Ćehajićs, war Prijedors bekanntester Gastronom und einer der reichsten Leute der Stadt. Er hatte gerade geheiratet, hatte ein neues Café mit Kunstgalerie eröffnet und baute ein neues Haus, als er im Juni verhaftet wurde.

Die vollständige Liste derjenigen, die zusammen mit Ćehajić herausgerufen wurden, ist nicht bekannt, aber Familienmitglieder glauben, daß auch Esad Mehmedagićs Name darauf stand, ein Staatsanwalt, etwa 55 Jahre alt, und der von Esad Sadiković, Chef der HNO-Abteilung am Krankenhaus Prijedor. Sadiković war indirekt in die politischen Auseinandersetzungen verwickelt, da er der Verfasser einer satirischen politischen Kolumne für die Zeitung des nahegelegenen Kozarac war. Aber er hatte Mitte 1991 eine Friedensdemonstration gegen den Krieg in Kroatien organisiert und wurde von den Serben, die ihn verhafteten, als »falscher Friedensaktivist« angeklagt, wie Sena Kapetanović berichtete.

Den Serben, die heute Prijedor regieren, scheint das Schicksal des Mannes, den sie aus dem Amt des Bürgermeisters entfernt haben, gleichgültig zu sein. Auf die Frage, was mit seinem Vorgänger geschehen sei, antwortete Stahic: »Ich weiß es nicht. Er ist geflohen.« Später fügte er hinzu: »Mir wäre es lieber, wenn ich ihn hier im Gefängnis hätte, so daß wir ihn morgen in einem ordentlichen Verfahren vor Gericht stellen oder ihn entlassen könnten.«

Milan Kovačević, der Oberstadtdirektor, scherzte, »es gibt ja sogar die Möglichkeit, daß er uns aus Paris anruft. Oder wenn wir das andere Extrem annehmen wollen, ist er schon unter den Toten. Niemand kann das wissen. Aber es ist wahrscheinlicher, daß er aus Paris oder London anruft, als daß sie seine Leiche exhumieren«.

Mit den Aussagen von Augenzeugen konfrontiert, die Ćehajićs Leiche gesehen hatten, versuchte Drljača nicht, diese zu bestreiten. »Sie haben ihre Version. Wir haben unsere. Es steht ihnen völlig frei, zwischen den beiden zu wählen«, sagte er.

Von dreizehn der 59 Personen auf Amira Ćehajićs Liste bestätigten serbische Behörden *Newsday* gegenüber, daß sie »geflohen« oder »beim Verschwinden gestorben sind«.

Kein Augenzeuge hat ihnen persönlich bestätigt, daß ihr Vater und Ehemann tot ist, und deshalb klammern sich die Frauen der Familie

Ćehajić, die beide intelligent und selbstbewußt sind, an die Hoffnung, daß er noch lebt. Seine Frau hofft weiter, daß er an einen anderen Ort gebracht wurde, und verweist auf den Fall einer kroatischen Freundin, deren Mann, Vorsitzender des Gerichtshofes in Prijedor, von Omarska in ein anderes Lager gebracht wurde.

»Wir wissen, daß sonst alle, die ›verschwanden‹, tot sind«, sagte Ćehajićs Tochter. »Sie wurden innerhalb des Lagers getötet. Es gibt Leute, die ihre Leichen gesehen haben.«

Die serbischen Behörden schlossen das Lager Omarska in den Tagen nach den ersten *Newsday*-Berichten über die zahllosen Greueltaten, die dort begangen wurden, und sie verlegten die überlebenden Häftlinge noch Trnopolje, das die Serben als ein Durchgangslager bezeichnen, und nach Manjača, das sie ein Kriegsgefangenenlager nennen.

Wenige Tage nachdem die Omarska-Häftlinge in Trnopolje eingetroffen waren, stieg eine Frau mittleren Alters in alten Kleidern und einem Schal in einen der wenigen Züge von Prijedor nach Trnopolje. Es war Minka Ćehajić. Anderthalb Stunden sprach sie mit Gefangenen, die ihren Mann in Omarska gesehen hatten, aber sie konnten keine sichere Auskunft über sein Schicksal geben. Sie ging die vierzehn Kilometer zu Fuß nach Hause und benutzte einen Schirm, um ihr Gesicht vor den serbischen Wachen zu verbergen.

Kurz bevor Minka Ćehajić aus Prijedor floh, überreichte ihr ein gerade eben entlassener Gefangener einen Brief, den ihr Mann Anfang Juni geschrieben hatte. Es ist ein eindringliches und sehr persönliches Dokument, worin er die Liebe zu seiner Familie, seine Hoffnung auf Freilassung und seine Dankbarkeit einem Freund gegenüber zum Ausdruck bringt, der ihm Zigaretten gebracht hatte. »Ihm sei ewig gedankt«, schrieb er, »ich hätte sonst gedacht, daß ich völlig allein auf der Welt bin.«

Er bat sie dringend, einen neuen Anwalt für ihn zu finden und ihm Zigaretten zu schicken, mehr Unterwäsche zum Wechseln, Rasiersachen, einen Trainingsanzug und gemahlenen Kaffee.

Der Brief kam erst Wochen, nachdem Ćehajić zuletzt lebend gesehen worden war, an. Obwohl alles dagegen spricht, hoffen seine Frau und seine Tochter, daß Ćehajić noch am Leben ist. Sie möchten, daß er rehabilitiert wird.

»Ich möchte, daß mein Vater bis zu dem Tag lebt, an dem sich die Wahrheit herausstellt«, sagte Amira. »Er wurde zu Unrecht angeklagt. Aber er soll nicht nur für diese Wahrheit leben, sondern für die ganze Wahrheit, denn es gab so viele unschuldige Menschen.«

»Ich habe schreckliche Dinge gehört«

Brief von Muhamed Ćehajić, 9. Juni 1992

Meine liebe Minka: ich schreibe Dir diesen Brief, obwohl ich keineswegs sicher bin, daß er Dich erreicht. Und doch fühle ich den unbezähmbaren Wunsch, auf diese Weise mit Dir zu sprechen. Seit dem 23. Mai, als sie zu unserem Haus kamen, um mich abzuholen, habe ich in einer anderen Welt gelebt. Es scheint, als ob alles, was mit mir geschehen ist, ein häßlicher Traum ist, ein Alptraum. Und ich kann einfach nicht verstehen, wie so etwas möglich ist, liebe Minka, Amira und mein Sohn.

Ihr wißt, wie sehr ich Euch liebe, und wegen dieser Liebe habe ich nie etwas getan, noch könnte ich etwas tun, das Euch Schmerzen bereitet. Ich weiß, Ihr wißt, daß die Anschuldigungen gegen mich nicht das Geringste mit mir zu tun haben. Ich frage mich immer wieder, wem und wie sehr ich Unrecht getan habe, damit ich all das durchmachen muß.

Trotzdem glaube ich an die Gerechtigkeit und Wahrheit, und es wird sich alles klären.

Ansonsten denke ich stets an Euch, an Eure Gesichter, die ich immer vor Augen habe. Ich muß zugeben, daß Amirs [sein Sohn] Gesicht vor meinen Augen auftaucht, und dann rinnt zuweilen eine Träne.

Ich weiß, wie schwer das für ihn sein wird, weil ich weiß, wie sehr er mich liebt. Ich bitte Dich ganz besonders, Minka, daß Du ihn zu trösten versuchst, falls es Dir gelingt, Dich mit ihm in Verbindung zu setzen.

Die Zeit vergeht deprimierend langsam, und ich kann den Tag kaum erwarten, an dem ich wieder bei Euch sein werde. Und Ihr werdet mir eine ganze Welt ersetzen. Ich wäre am allerglücklichsten, wenn wir zusammen weit weggehen könnten, wo es keine anderen Menschen gibt.

Liebe Minka, ich mache mir schreckliche Sorgen um Sejdo, Naso, Biho und die anderen. Ich habe einige sehr schreckliche Dinge gehört, laß mich also bitte wissen, was mit ihnen geschehen ist. Mustafa S. hat mir Zigaretten, Unterwäsche und das Wichtigste gebracht. Ihm sei ewig gedankt.

Ich hätte sonst gedacht, daß ich völlig allein auf der Welt bin. Ich frage mich immer wieder, wo diese guten Freunde jetzt sind. Aber so ist es nun einmal. Wie geht es meinem Beno? Fragt er nach seinem Großvater? Er fehlt mir ganz schrecklich. Heute ist der 18. Tag, seit man mir meine Freiheit geraubt hat. Aber mir kommt es vor wie eine Ewigkeit.

Ich weiß nicht einmal, wie oft ich schon verhört worden bin, und die Untersuchung wird jetzt von einem Richter, Živko Dragosavljević, geführt. Ich habe auch den Rechtsanwalt Bereta gebeten, bei den Verhören anwesend zu sein, und ich bitte Dich auch sehr, den Rechtsanwalt Šefik P. oder Emir Kulenović zu nehmen, wer von den beiden dazu bereit ist. Ich weiß nicht, wie lange sie mich hier noch festhalten werden.

Wenn es geht, kauf mir irgendwo ein paar Zigaretten, Seife, Zahnpasta, zwei oder drei Unterhosen und Unterhemden, einen Trainingsanzug, Rasiersachen und Rasiercreme. Schick mir nichts zu essen, ich kann sowieso nichts essen. Schick mir ein bißchen gemahlenen Kaffee, wenn Du welchen hast. Sag Amir, daß er bei Orhan bleiben soll, und wenn alles, so Gott will, sich wieder legt, dann fahr ich zu ihm. Sag ihm, er soll bloß weiterstudieren, und sag ihm zum tausendsten Mal, daß Vati ihn sehr sehr viel mehr liebt als sich selbst.

Ich denke nicht einmal mehr über mich selbst nach, aber er muß ein ehrlicher und ehrenwerter Mann sein. Es ist unfaßbar für mich, daß uns all das zustößt. Ist das Leben so unberechenbar und so brutal? Ich erinnere mich, wie froh wir letztes Jahr zu dieser Zeit waren, unser Haus zu bauen, und nun sieh, was mit uns geschehen ist! Ich habe das Gefühl, als hätte ich nie gelebt.

Ich versuche dagegen anzukämpfen, indem ich mich an all das erinnere, was schön war mit Dir und den Kindern und allen, die ich liebe. Das ist alles für heute, denn ich habe keine Kraft mehr.

Grüße alle von mir, die nach mir fragen, und Grüße an Dich und die Kinder, die ich sehr sehr liebe.

Muhamed

Verrat auf einer Bergstraße
Serbische Soldaten berauben, vergewaltigen und terrorisieren Tausende fliehender Muslime

Auf dem Vlašić, Bosnien-Herzegowina, 20. November 1992

Die enge, in die Bergseite gehauene Straße ist übersät mit etwa einem Meter hohen Haufen von Koffern, Spielsachen und Kleidungsstücken, den Überresten eines Volkes auf der Flucht. Oft liegen da und dort Leichen unten in der Schlucht. Der Weg am Abgrund entlang hat fast nirgends ein Geländer – es gibt überhaupt keine Schutzvorrichtungen. Bosniens serbische Armee hat in den letzten vier Wochen etwa 40 000 muslimische und kroatische Zivilisten diese gefährlichen Serpentinen hinuntergetrieben und sie mit vorgehaltener Waffe in die noch freien Gebiete Zentralbosniens gejagt.

Etwa alle zehn Meter stehen serbische Soldaten in Gruppen zu fünft oder sechst, schießen mit ihren Maschinenpistolen in die Luft und fuchteln mit Messern herum, während sie die entsetzten Vertriebenen bei deren dreieinhalb Kilometer langem Spießrutenlaufen ausrauben und vergewaltigen, wie Augenzeugen berichten. In dem Gewühl, meist in der Dunkelheit, lassen die Männer, Frauen und Kinder oft alles zurück, sogar ihre Ausweispapiere.

»Sie raubten die Leute aus, sie nahmen ihr Gold, ihr Geld, ihren Schmuck, alles, was irgendeinen Wert hatte. Sie zogen den Männern die Kleidung aus. Ich war nackt wie ein Neugeborenes«, sagte Škija, 36, aus Kotor Varoš, der den Abstieg vom Berg am 17. Oktober schaffte.

Škija, der bat, nur mit seinem Spitznamen genannt zu werden, sagte, er habe serbische Wachtposten zwei Männer ermorden und sie dann in die Schlucht stoßen sehen. Die örtlichen Behörden im nahegelegenen Travnik sagten, mindestens 40 Flüchtlinge seien so getötet worden. Ärzte im Krankenhaus von Travnik bestätigten die zwei Todesfälle und sagten, sie hätten einen weiteren Mann mit tiefen Stichwunden aufgenommen. Eine Frau kam in dem Niemandsland während des Konvois vom 17. Oktober nieder.

»Die Leute, die die Probleme auf der Straße verursachten, waren von niemandem mehr zu kontrollieren«, sagte Beat Schweitzer, der Chefdelegierte des Roten Kreuzes in Banja Luka, der den Konvoi nach Travnik begleitet hatte. Es war der erste vom Internationalen Roten Kreuz überwachte Konvoi.

Muslime und Kroaten, die vor den »ethnischen Säuberungen« in Nordbosnien fliehen, beschreiben den Treck den Vlašić hinunter als den Schrecken aller Schrecken, doch sie glauben, daß er zugleich ihre einzige Überlebenschance darstellt. Seit Bosniens unmittelbarer Nachbar Kroatien seine Grenzen geschlossen hat, weil andere Länder nicht ihren Teil der Flüchtlingslast tragen wollten, ist der Treck der einzige Fluchtweg.

Der Führer der bosnischen Serben, Radovan Karadžić, stand gestern abend nicht für einen Kommentar zur Verfügung, hat aber in der Vergangenheit alle Vorwürfe hinsichtlich der Massaker, Vergewaltigungen oder selbst der Internierung von Muslimen und Kroaten durch serbische Truppen zurückgewiesen, die versuchen, die Nicht-Serben aus den Gebieten zu vertreiben, die sie für sich selbst beanspruchen. Ein serbischer Kommandant auf dem Vlašić, der seinen Namen nicht nennen wollte, sagte *Newsday*: »Alles, was wir hier oben machen, dient der Sicherheit. Wir behandeln die Leute in der humanitärsten Weise.«

Bosnische Beamte in Travnik sagten, daß etwa 40 000 Flüchtlinge den Abstieg von dem Berg geschafft hätten. Es gibt viele Berichte von Massengräbern nördlich des Vlašić, wo Busse voller Männer im wehrfähigen Alter umgeleitet und die Insassen, wie es heißt, ermordet wurden.

Jede Woche fährt Zvonko Bajo, ein schmächtiger, ernsthafter Mann, mehrmals auf den Vlašić. Bajo, ein Kroate, leitet die Kommission für den Kriegsgefangenenaustausch für Travnik und ist gewöhnlich der erste Vertreter der Stadt, der die Vertriebenen begrüßt, die oft unerwartet, barfuß und unter Beschuß dort eintreffen. Er fährt auch zu Gesprächen mit den Vertretern der serbischen Armee Bosniens, die den Flüchtlingsstrom kontrollieren.

Nachdem er vorige Woche den ersten rein zivilen Gefangenenaustausch seit dem Kriegsbeginn im April organisiert hatte, erhielt Bajo von der serbischen Seite die Erlaubnis, daß sich ihm ein *Newsday*-Reporter und ein Fotograf oben auf dem Vlašić anschlossen. Er hängte eine Fahne mit einem roten Kreuz, die seine Frau mit einem kleinen Ast gemacht hatte, aus dem Fenster seiner bescheidenen grünen Limousine.

Die Serben hätten neulich, sagte Bajo, bei Vorverhandlungen auf dem Plateau in 2 100 Meter Höhe, gedroht, ihn zu töten, weil er nicht alle Serben mitgebracht habe, die sie auf ihre Liste gesetzt hatten. Sie haben nicht jeden abgeliefert, den sie uns versprochen hatten, erklärte Bajos serbischer Verhandlungspartner Bogdan Ristić gegenüber *Newsday*. Es fand nur ein Teilaustausch statt, und als er den Berg hinunterfuhr, begannen die Serben, auf Ziele unten im Tal zu schießen. Bajo fuhr mit ausgeschalteten Scheinwerfern den Berg hinunter. »Das passiert oft«, sagte er.

Eine unheimliche Stille lag über dem Plateau. Hier steigen die Flüchtlinge mit ein paar Habseligkeiten aus den zerbeulten und manchmal unter Beschuß genommenen Bussen für die von der serbischen Regierung organisierten Konvois aus Nordbosnien. Gewöhnlich sind sie auf ihrer Fahrt wiederholt beraubt und tätlich angegriffen worden. Die Flüchtlinge sagen, das Plateau sei der Ausgangspunkt für den letzten Alptraum, den Fußmarsch die Serpentinen hinunter.

Das einzige Gebäude, eine Skihütte, war abgebrannt, und die serbischen Offiziere, die in einem kleinen Wohnwagen arbeiteten, entdeckten schnell die westlichen Journalisten, die ersten, die zu ihnen kamen. »Sagen Sie Ihren Lesern, daß die Serben eine zivilisierte Welt wünschen«, sagte ein kurzgeschorener, grauhaariger Offizier, der seinen Namen nicht nennen wollte. Er sprach auf serbokroatisch und hielt dem amerikanischen Reporter eine Strafpredigt wegen unzureichender Sprachgewandtheit.

Während er über die humane Behandlung der Flüchtlinge sprach, die durch sein Gebiet kommen, näherten sich schweigend sechs Männer in Khaki-Uniformen ohne Rangabzeichen über eine grasbewachsene Anhöhe. Sie sagten kein Wort, umringten aber die Besucher; ihre in der Scheide steckenden Messer waren in dem trüben Licht des Spätnachmittags deutlich zu sehen. Das waren, wie Bajo später bestätigte, die »Geier«, die die Flüchtlinge, die sich in Sicherheit bringen wollen, »ausrauben, vergewaltigen und töten«. »Sie ziehen ihnen die Kleider aus. Sie stechen sie nieder. Sie werfen sie in den Abgrund«, sagte Bajo. Aber bei dieser Gelegenheit richteten sie sich nach den serbischen Offizieren und standen nur da und sahen zu, wie das Gespräch beendet wurde.

Ein kroatischer Schäfer, der seine Herde an der Straße hütete, wo die Flüchtlinge entlangziehen, sagte, er höre manchmal die Schreie alter Leute, die man den Berg hinuntergestürzt habe. »Ich habe Eltern gesehen, die mit ihren toten Kindern in den Armen ankamen. Ich habe einige alte Leute in Schubkarren hier ankommen sehen«, sagte er. »Beim letzten Konvoi schnappten sie sich die Lederjacken. Wenn jemand protestierte, wurde er niedergestochen«, sagte der Schäfer, der darum bat, daß sein Name nicht genannt wird.

Bei einem Konvoi aus der Stadt Ključ wurde eine Gruppe Kroaten die ganze Nacht hier festgehalten. »Die Frauen weinten, als sie hier ankamen. Man hatte sie aus den Bussen geholt und nackt ausgezogen. Die schönen Frauen waren weggebracht worden. Niemand konnte sehen, wohin sie gingen. Man konnte nur die Schreie hören«, sagte der Schäfer.

Die Flüchtlinge werden unterschiedlich behandelt. Am 3. November wurden die Zivilisten in einem Konvoi von elf Bussen aus der Nähe von Kotor Varoš ausgeraubt, aber, nach Angaben eines weiblichen Passagiers, nicht belästigt. »Sie haben uns ausgeraubt, als wir aus den Bussen gestiegen sind. Wenn sie eine Lederjacke gesehen haben, dann haben sie die genommen. Sie haben unser ganzes Gepäck durchsucht«, sagte die Frau, 24, die bat, mit ihrem Spitznamen Biba zitiert zu werden. Biba, die keine Kinder hat, trug einen Dreijährigen in einem Sack auf dem Rücken wie andere Frauen auch, eine List, um nicht belästigt zu werden.

»Geht weiter, damit eure Leute euch töten können«, so erinnerte sie sich, befahlen die serbischen Soldaten oben auf dem Plateau. Weiter unten verlangten sie alle Wertgegenstände von den Flüchtlingen und drohten, sie zu töten, sagte sie. »Weil ich kein Geld hatte, haben sie mich gezwungen, ihnen meinen goldenen Ehering zu geben.« Biba beobachtete, wie ein serbischer Wachtposten den Leiter ihrer Gruppe, einen 45jährigen Mann, in den Abgrund stieß; aber er konnte sich nach einem Fall von fünfzehn Metern retten.

Von der Terrortaktik der »ethnischen Säuberungen«, die die Bosnier dazu treibt, die Gefahren des Vlašić zu riskieren, ist weltweit berichtet worden. Weniger bekannt sind die von den serbischen Behörden errichteten bürokratischen Hürden, die die Flüchtlinge überwinden müssen, bevor sie gehen dürfen.

»In Banja Luka braucht man jetzt zwölf verschiedene Bescheinigungen, um aus der Stadt zu kommen. Man muß dem Staat sein Eigentum überschreiben. Man muß sogar eine Bescheinigung von der Bibliothek vorlegen, daß man keine überfälligen Bücher hat«, sagte Saed Šarić, Leiter des bosnisch-muslimischen Amtes für den Austausch von Zivilisten in Travnik, das Daten über Kriegsverbrechen sammelt. Die Behörden fordern dann bis zu 200 Dollar für den Transport zu dem Plateau auf dem Vlašić, wo die Vertriebenen oft stundenlang in den Bussen gelassen und mit Waffengewalt ausgeraubt werden.

Škija, in dessen Konvoi 1 800 Leute waren, sagte, daß er in einem der vier Busse voller Männer war, die auf dem Weg von Kotor Varoš von paramilitärischen Einheiten umgeleitet wurden, in der offenkundigen Absicht, sie zu ermorden. Nachdem die Busse mehrere Kilometer gefahren waren, rettete die serbische Polizei Bosniens die Männer und ließ den Konvoi weiterfahren. »Es kam zu einer Konfrontation, und die Četniks aus der Gegend haben auf einen der Busse geschossen«, sagte er. Wieder zusammen, verbrachten die im Konvoi Reisenden die Nacht auf dem Babanovac, früher berühmt als Austragungsort der Europameisterschaften der Skispringer. Während der Nacht erlaubten die serbischen Wachen paramilitärischen Einheiten aus der Gegend, in die Busse einzudringen und die Passagiere auszurauben.

»Sie nahmen, was sie kriegen konnten. In einigen Bussen haben sie 5 000 oder 6 000 DM kassiert«, sagte Škija. Um acht Uhr morgens kamen sie auf dem Plateau auf dem Vlašić an und begannen mit dem Abstieg. »Die Banditen haben schon auf uns gewartet. Sie raubten uns wieder aus. Sie verlangten unsere Koffer. Sie nahmen unsere Jacken. Sie nahmen unsere Schuhe und Socken. Gott sei Dank war es an dem Tag warm«, sagte er.

Škija, der in Zenica im Büro der Staatlichen Kommission für Kriegsverbrechen in Bosnien interviewt wurde, sagte, die erste Hinrichtung, die er beobachtete, war die eines etwa 60 Jahre alten Mannes. »Er hatte kein Geld bei sich, also drückte der Četnik ab und feuerte 15 bis 20 Kugeln ab«, sagte er. Dieser Soldat stach einen zweiten Mann ungefähr im selben Alter nieder, offenbar weil er den Befehl nicht beachtete, sich direkt am Abgrund in eine Reihe zu stellen, um ausgeraubt zu werden, sagte Škija.

Die Vertriebenen gelangten schließlich hinter die bosnischen Linien, aber mehrere Männer, die zu den kroatischen Kämpfern in der Nähe von Kotor Varoš gehört hatten, nahmen das Recht in die eigene Hand, um das Verbrechen, dessen Zeugen sie gewesen waren, zu rächen. »Sie gingen zurück, unbewaffnet, und warfen den Četnik in den Abgrund«, sagte Škija.

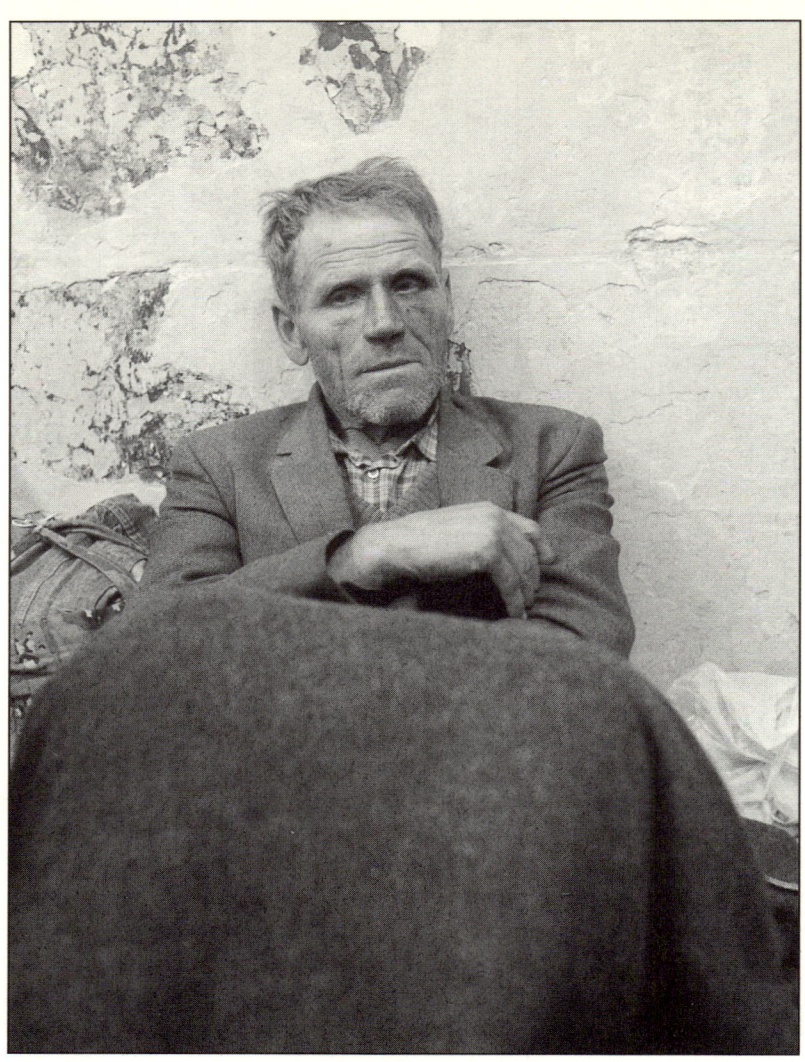

Travnik: Ein muslimischer Flüchtling, der den »ethnischen Säuberungen« in Nordbosnien entkam. Nachdem sie ihr Eigentum aufgegeben und Hunderte von Dollar für den Transport bezahlt haben, werden die Flüchtlinge in der Abenddämmerung auf dem Vlašić abgeladen und müssen eine fast zwei Kilometer lange enge Straße an den Bergschluchten entlanggehen, wo Bewaffnete sie entkleiden, berauben und vergewaltigen und einige in den Abgrund stoßen.

Völlig neutral

»Wir kommen wahrscheinlich zu spät.
Ich glaube, alle kommen zu spät.«

Travnik, Bosnien-Herzegowina, 22. November 1992

Als die Granaten der serbischen Artillerie kürzlich an den Minaretten vorbei im Zentrum dieser alten Stadt einschlugen, zuckten die englischen UN-Soldaten in der Nähe zusammen; sie erläuterten gerade ihre Befehle: nichts zu tun, außer die Hilfskonvois zu schützen.

Die militärisch weit überlegenen bosnischen Serben haben gute Chancen, dieses architektonische Juwel von einer Stadt einzunehmen und zu zerstören, das Tor nach Zentralbosnien und die Heimstatt von 40 000 Einwohnern und Vertriebenen. Berichte des englischen Geheimdienstes lassen vermuten, daß die Serben, die letzte Woche ihre Angriffe auf Travnik intensivierten, in Bosnien »alles auf eine Karte setzen«, bevor der designierte Präsident Bill Clinton sein Amt antritt und eine Änderung der Politik erwägt.

Das 880 Mann starke englische Bataillon ist gerade erst in Vitez stationiert worden, nur 17 Kilometer südlich von hier. Aber sein Auftrag, wie ihn der UN-Sicherheitsrat festlegte, besteht darin, Lastwagen zu schützen, nicht Menschen. Falls die Serben Travnik einnehmen und weitermarschieren, um Vitez zu erobern, und nach Sarajevo vorstoßen, womit sie die Hauptversorgungslinie von der Adriaküste zum Inneren Bosniens kontrollierten, würden sich die Engländer genau auf der Frontlinie befinden.

»Wir sind völlig neutral«, erklärte der englische Hauptmann Lee Smart, Sprecher im neuen Standort der UN-Schutztruppe in Vitez. »Falls die Kämpfe sich bis hierher ausdehnen, können wir, bei den Befehlen, die uns bislang erteilt wurden, gegen niemanden kämpfen.« Außer im Fall der Selbstverteidigung. »Falls wir angegriffen werden, dürfen wir uns verteidigen«, sagte Smart.

Für die ausländischen Hilfsorganisationen ist die Stationierung der englischen und anderer Truppen unter UN-Aufsicht ein weiterer Fall ungenügender humanitärer »Hilfefehlleistungen« (im Original »Bandaids«: Wortspiel mit aid: Hilfe und Band-aid: Heftpflaster bzw. band-

aid: behelfsmäßig, zusammengeflickt. Anm. d. Übers.), die keine Auswirkungen auf den Krieg selbst haben. Sie sagen, Bosnien könnte auch
trotz der logistischen Unterstützung durch westliche Truppen erfrieren
und verhungern.

»Wir kommen wahrscheinlich zu spät«, sagte Yves Mauron, der Ver-
treter des Internationalen Roten Kreuzes im nahegelegenen Zenica.
»Ich glaube, alle kommen zu spät. Das ist das Charakteristikum dieses
Krieges.«

Eine fatalistische Stimmung herrscht in Travnik, das in einem engen
Tal liegt und gegen einen Angriff der Serben, die die umliegenden Anhö-
hen besetzt haben, nicht verteidigt werden könnte. Von 1699 bis 1851
regierten türkische Wesire Bosnien von dieser Stadt aus, und der Schriftsteller und Nobelpreisträger Ivo Andrić wurde hier geboren. Aber ihre
Tage als eine überwiegend muslimische Stadt sind wohl gezählt. Die
Spaltung zwischen den schlecht bewaffneten muslimischen Truppen,
die für die Erhaltung eines bosnischen Einheitsstaates kämpfen, und den
besser ausgerüsteten katholischen Kroaten, die für eine Teilung sind,
ermöglichte es der mächtigen Armee der orthodoxen Serben letzte
Woche, bis an den Rand von Turbe vorzurücken, einer Vorstadt sieben
Kilometer nördlich von hier.

In einem in diesem Monat geführten Interview gestand der örtliche
muslimische Kommandant in seinem Hauptquartier an der Front in
Turbe, nur noch geringe Hoffnung zu haben. »Die Serben haben Panzer
und Artillerie. Wir kämpfen mit Jagdgewehren. Wir haben nur unsere
Hände und unsere Herzen«, sagte Reko Sulejman. Seit Monaten, sagte
er, weigern sich die kroatischen Truppen, Nachschub zu liefern, und der
einzige Weg für die Muslime, an Waffen zu kommen, seien Privatkäufe.
Nach Einschätzungen des englischen Geheimdienstes haben die Kroaten schon seit Wochen nicht mehr an den Kämpfen teilgenommen.

In den letzten Tagen änderten die Kroaten ihre Haltung, schickten
Verstärkung nach Turbe und errichteten am Südende des engen Tals eine
Straßensperre, um die Flucht von kämpfenden Soldaten zu verhindern.
Aber ausländische Beobachter sagen, daß die Spannungen zwischen
Muslimen und Kroaten nur notdürftig verdeckt sind und wieder ausbre-
chen können.

Im vorigen Monat griffen bosnische Kroaten die Muslime im nahegelegenen Novi Travnik an, eine Schlacht, in der 20 Menschen starben
und das gesamte Geschäftsviertel und mehrere Wohnblocks zerstört
wurden. In Prozor, einer überwiegend kroatischen Stadt westlich von

hier, schickten die kroatischen Truppen Panzer in die Stadt und zerstörten das muslimische Handels- und Verwaltungsviertel. Extreme kroatische Nationalisten haben das dortige Hauptquartier der Militärpolizei in »Haus der Ustascha« umbenannt, nach den im Zweiten Weltkrieg mit den Nazis verbündeten Truppen. Während die Kämpfe zwischen Kroaten und Muslimen tobten, machten die Serben sich das zunutze und besetzten Jajce, einen Stützpunkt nordwestlich von Travnik, was 45 000 Menschen in die Flucht trieb.

Vertreter ausländischer Hilfsorganisationen glauben, daß die Kroaten möglicherweise beschlossen haben, ihre Stellungen in Travnik, dessen Einwohner zu 45 Prozent Muslime und zu 37 Prozent Kroaten sind, deshalb zu verstärken, um später, falls die Serben das zulassen, die Macht zu ergreifen und die muslimische Bevölkerung zu vertreiben.

Ivan Sarić, Sprecher der kroatischen Armee Bosniens, bestreitet jegliche Absicht in diese Richtung. »Muslime und Kroaten verteidigen Travnik gemeinsam«, sagte er. »Es hat hier keinen Konflikt gegeben. Wir werden die Stadt verteidigen, so gut wir können.«

Die Spannung in Travnik ist deutlich spürbar. »In dieser Stadt sind die kroatischen Beamten Boban unterstellt, und die Muslime sind Sarajevo unterstellt«, sagte Davor Schopf, ein kroatischer Journalist in Travnik. Das bezog sich auf Mate Boban, den Führer des international nicht anerkannten, autonomen kroatischen Staats in Bosnien. »Das funktioniert nur deshalb auch weiterhin, weil die Beamten einander seit ihrer Kindheit kennen und versuchen, pragmatische Lösungen zu finden.«

Travnik ist nicht nur einer der wichtigsten nördlichen Vorposten für die belagerte bosnische Regierung und ein Tor zu dem 90 Kilometer südöstlich gelegenen Sarajevo, sondern auch der erste sichere Zufluchtsort für Muslime und Kroaten, die vor den Serben fliehen, deren Terrortaktik der »ethnischen Säuberungen« darauf abzielt, die anderen ethnischen Gruppen aus Nordbosnien zu vertreiben.

Etwa 18 000 Flüchtlinge, die bei ihrem Abstieg von dem gefährlichen Vlašić die Gewalttätigkeiten und die Beraubung durch serbische irreguläre Truppen überlebt haben, füllen nun die Schulen, Turnhallen, Kindergärten, Kasernen und Privathäuser von Travnik. Aber Travnik, dessen eigene Bevölkerung etwa ebenso groß ist, ist nun auch noch mittellos.

»Wir haben alle unsere Vorräte, unser Geld, unser Benzin, unsere Lebensmittel, unsere kommunalen Reserven aufgebraucht«, sagte Mustafa Hockić, ein muslimisches Mitglied der Stadtverwaltung. »Jetzt sind unsere eigenen Bürger in den Zustand von Flüchtlingen versetzt worden. Unsere Ärzte, unsere Lehrer müssen zum Essen in die Küchen der Armenpflege gehen. Wir müssen jetzt Hilfe für unsere eigenen Einwohner organisieren.«

Falls die Serben Turbe einnehmen, könnte selbst der gefährliche Weg vom Vlašić herunter gesperrt werden. Und in der Region um Banja Luka, wo die »ethnischen Säuberungen« mit aller Energie durchgeführt werden, erklärten Vertreter ausländischer Hilfsorganisationen, sie wüßten überhaupt nicht, wie die Menschen fliehen könnten. Das benachbarte Kroatien und die meisten europäischen Länder haben ihre Grenzen für die bosnischen Flüchtlinge geschlossen.

Wenn die Kämpfe tagsüber abflauen, spielen die Kinder Krieg auf einem Friedhof oberhalb der Stadt. Nachts fahren Pferdekarren zwischen den nahegelegenen Dörfern und der Stadt hin und her: Die Bauern packen ihre Besitztümer zusammen und fliehen vor dem erwarteten serbischen Vormarsch.

In Travnik gehen die Heizungen nicht mehr. Der offizielle Grund dafür ist, daß die serbische Artillerie das Fernheizwerk beschädigt hat und es keine Kohle gibt. In Wirklichkeit aber, sagten Gewährsleute, ist das Fernheizwerk der Stadt nicht in Betrieb, weil man vermeiden will, der serbischen Artillerie ein weiteres Ziel anzubieten. Wenn das Heizwerk zerstört wird, wird die Stadt im kommenden Winter praktisch unbewohnbar sein.

Aber dem englischen Bataillon sind die Hände gebunden. »Unser Auftrag besteht darin, die Lebensmittelkonvois der UN zu schützen und dorthin zu gehen, wo sie uns haben wollen. Wir sind nicht in der Lage, uns darüber hinaus zu engagieren«, sagte Smart.

Fast die einzige Hoffnung für die Rettung der Stadt scheint ein schnelles Handeln des UN-Sicherheitsrates zu sein; dem österreichischen Vorschlag folgend militärische Gewalt anzuwenden, um Sicherheitszonen in Travnik und vier anderen bosnischen Städten – Sarajevo, Goražde, Tuzla und Bihać – einzurichten. Der österreichische Plan, nach dem Vorbild der von den Vereinigten Staaten und England nach dem Golfkrieg für die irakischen Kurden geschaffenen Sicherheitszonen, zielt darauf ab, den Flüchtlingsstrom aufzuhalten, der für diesen Winter erwartet wird, falls die Serben ihre Eroberung Bosniens fortsetzen.

Das würde weitaus mehr als die gegenwärtig in Bosnien stationierten 20 000 UN-Truppen erfordern, und, wie ein österreichischer Beamter einräumte, einer Intervention durch die Hintertür gleichkommen.

»Wir sind überzeugt, daß dieser Krieg nie stattgefunden hätte, wenn vor einem Jahr ein begrenzter militärischer Einsatz stattgefunden hätte«, sagte der Beamte, der anonym bleiben wollte. »Wir sind auch überzeugt, daß wir alle später mit hineingezogen werden, mit weitaus höheren Verlusten, weitaus mehr menschlichem Leid und weitaus größerer Zerstörung.«

Der Beamte sagte, daß die Vereinigten Staaten, die keine Truppen in Bosnien haben, für diesen Plan zu sein scheinen, und daß Frankreich, mit 4 000 Soldaten in Bosnien, ihn vorläufig unterstütze, daß aber England starke Vorbehalte geltend gemacht habe, da der Plan seine 2 600 Soldaten in Gefahr bringen könnte.

Ein leitender Vertreter des UN-Hochkommissars für Flüchtlinge sagte, die Idee einer Sicherheitszone sei »sehr attraktiv«, aber deren Durchführung würde einen größeren militärischen Einsatz erfordern, und er zweifle, ob die führenden Politiker der Welt dem zustimmen würden. Der UN-Vertreter, der bat, daß sein Name nicht genannt wird, sagte, daß eine solche Vorgehensweise auch »eine weitere humanitäre Lösung« sei »für etwas, das nicht humanitär ist. Ein weiterer Fall, sich mit den Folgen, nicht mit den Ursachen zu beschäftigen. Suchen Sie nicht nach humanitären Lösungen! Suchen Sie nach wirklichen Lösungen!« sagte er.

Sarajevo: Ankica Sakota kniet am Sarg ihres Sohnes Matej, zwölf Wochen alt, der infolge unzureichender medizinischer Versorgung in einem Krankenhaus von Sarajevo starb.

Ein tödlicher Weg

Bewohner eines muslimischen Dorfes trotzen den
Serben, aber nur wenige überleben den Treck

Travnik, Bosnien-Herzegowina, 27. November 1992

Nach einem langen Treck durch die zerklüftete Wildnis schleppten sich
die legendären Kämpfer von Večići am 9. November einer nach dem
anderen in diese belagerte bosnische Stadt und zählten ihre Verluste.
Die Marschkolonne von mehr als 600 Menschen war eine Woche zuvor
von ihrem muslimischen Dorf in Nordbosnien aufgebrochen, aber nur
115 gelangten bis an ihr Ziel. Fünf Monate lang hatten sie in den Schützengräben um das Dorf in der Nähe von Kotor Varoš gegen die Serben
gekämpft. Diese Schützengräben waren ein Teil der Verteidigungsanla-
gen der Bürgerwehr, die sich, wie sie sagten, einst 40 Kilometer das Tal
des Vrbanja-Flusses entlanggezogen hatten. »Wir hatten ihnen wirklich
Schwierigkeiten gemacht«, sagte der 28 Jahre alte Kommandant der
Kämpfer, »aber wir waren nur ein Tropfen im Meer.«

Obwohl ihre Vorräte erschöpft waren, ihre kroatischen Verbündeten
sie im Stich gelassen und die Serben ein Ultimatum gesetzt hatten,
wonach sie sich ergeben oder der Zerstörung ihres Dorfes zusehen sollten, wählten sie den Weg des trotzigen Widerstandes. Sie beschlossen,
mit ihren Waffen die Flucht in das von der bosnischen Regierung gehaltene Territorium zu versuchen, auf einer rückwärtigen Versorgungslinie
über Berge, durch Schluchten und Wälder, die, wie sie glaubten, ihr
Geheimnis war.

Aber an drei Stellen entlang der 100 Kilometer langen Strecke legten
ihnen die Serben einen Hinterhalt. Und während die Kämpfer auf dem
Marsch waren, eroberten die Serben das Regierungsterritorium in der
Nähe von Jajce, das sie zu erreichen gehofft hatten. Als sie schließlich in
Travnik eintrafen, zählten sie bis zu 400 Menschen – 300 Kämpfer und
die meisten der 100 Frauen und Kinder –, die getötet, gefangengenommen oder vermißt waren. Das Internationale Rote Kreuz erklärte, es
habe nur etwa 100 Überlebende ausfindig machen können.

»Wir mußten über die Leichen gehen. Wir mußten die Verwundeten
zurücklassen«, sagte der Kommandant, der seiner eigenen Sicherheit

wegen bat, nur mit seinem Spitznamen Aga genannt zu werden. »Wir wußten, daß es keinen Ausweg geben würde, wenn wir dablieben. Es war sehr schwer, diese Entscheidung zu treffen, aber wir mußten die Toten zurücklassen.«

Die Kämpfer von Večići sind typisch für die Tragödie des muslimischen Widerstands in Bosnien – mittellos und hungrig, aber bereit weiterzukämpfen, obwohl sie nicht genau wissen, wofür. »Wenn man sieht, wie die Welt reagiert, dann kann einem der Gedanke kommen, daß die Welt vielleicht will, daß man vernichtet wird«, sagte Aga. »Warum heben sie nicht das [Waffen-]Embargo auf? Wir haben mit Gewehren gegen Panzer gekämpft. Wenn wir nur ein Zehntel von dem gehabt hätten, was die Serben hatten, hätten wir bleiben können.«

Večići, mit nur 1150 Einwohnern, wurde durch seine eigentümliche geographische Lage in einer tiefen Bergschlucht, die es vor Luftangriffen schützt, das letzte größere bewaffnete Widerstandsnest in Nordbosnien. Die bosnisch-serbische Armee setzte ihr enormes Waffenarsenal gegen das Dorf ein. »Sie schossen mit Panzern auf einzelne Leute, sogar auf unser Vieh«, erinnerte sich Zuhdija Bećula, 19, ein anderer Kämpfer aus Večići, der es bis Travnik geschafft hat. Die Kämpfer sagen, daß mindestens 85 Dorfbewohner bei den Angriffen getötet wurden, aber daß die Večići-Kämpfer den Serben Verluste in Höhe von 500 Mann beibrachten, als diese zweimal ihre Infanterie gegen das Dorf einsetzten.

Aber im Oktober erzielten Serbien und Kroatien eine Übereinkunft, die Konfrontation zwischen ihnen zu verringern, und mehrere kroatische Dörfer, die gemeinsam mit Večići gekämpft hatten, legten die Waffen nieder. Begleitet vom Internationalen Roten Kreuz reisten die kroatischen Kämpfer nach Travnik, auf dem gefährlichen Weg den Vlašić hinunter, wo sie zweimal angegriffen und ausgeraubt wurden. Mindestens zwei Menschen wurden dabei getötet. Die Männer von Večići waren überzeugt, daß sie als Muslime einen solchen Konvoi niemals überleben würden. »Wir wußten, was uns bevorstand. Es ist besser, im Kampf zu sterben, als gefoltert zu werden«, sagte Aga. »Wir haben beschlossen, daß wir Kämpfer sind und daß wir unseren Weg allein gehen würden.«

Das Rote Kreuz handelte am 28. Oktober eine Vereinbarung aus, wonach die Serben sich bereit erklärten, die Frauen und Kinder von Večići nach Travnik zu transportieren. Sie wurden zwar ihrer Wertsachen beraubt, aber sonst kamen alle sicher an, sagten die Flüchtlinge.

Die Kämpfer machten sich am 2. November auf den Weg, nachdem sie das Vieh geschlachtet hatten, um Proviant zu haben, und mit dem noch verbliebenen Mehl Brot gebacken hatten. Ihr Marsch war von Anfang an zum Scheitern verurteilt. Einige der Schwestern, Ehefrauen und Kinder – insgesamt 118 Menschen – bestanden darauf, die 500 Kämpfer zu begleiten. »Das beeinträchtigte unsere Bewegungsfreiheit und unsere Kampfkraft«, sagte Aga. Die Frauen hatten Angst, vergewaltigt zu werden, wenn sie sich dem Konvoi anschließen würden, was schon mehrfach passiert war. »Im August«, sagte Aga, »ist nicht eine der jungen Frauen zwischen 14 und 30 hierher gekommen, ohne vergewaltigt worden zu sein.«

Die riesige Kolonne stieß schon in der ersten Nacht auf den ersten Hinterhalt in einem Wald, zwischen Večići und der Stadt Skender Vakuf. Einer wurde getötet, »aber die Frauen und Kinder sind in Panik geraten«, sagte Aga. Die Gruppe teilte sich, und die zweite Gruppe verirrte sich. Die meisten wurden später gefangengenommen.

Nachdem sie entdeckt worden waren, marschierte die Führungsgruppe Agas nun bei Tag weiter, und am zweiten Tag gerieten sie in die zweite Falle, ein Minenfeld, das die Serben in einer engen Schlucht des Flusses Grabovica gelegt hatten. Fünf von den Večići-Kundschaftern wurden bei einer Explosion verwundet; vier töteten sich auf der Stelle selbst, aber der fünfte flehte, gerettet zu werden, erzählte Aga. Die Gruppe nahm ihn mit und bewegte sich weiter den Fluß entlang durch die Schlucht, als »die Hölle ausbrach«.

»Die Serben waren oben und schossen mit einem Maschinengewehr auf uns herunter. Die Lage war hoffnungslos. Überall konnte man verwundete und sterbende Leute sehen«, erinnerte sich Aga.

In ihrer Verzweiflung trennten sich die Kämpfer und gingen etwa 800 Meter auf beiden Seiten der Schlucht den Serben direkt entgegen, sagte er. »Wir haben angefangen, zurückzuschießen, und es ist uns gelungen, sie auseinanderzutreiben und zurückzuwerfen«, sagte er. Das war der Ort, wo sie die Toten und Verwundeten zurücklassen mußten; einige der Kämpfer blieben zurück, um für die Verwundeten zu sorgen. Nur etwa 90 bis 100 von den 300, die Aga anführte, darunter drei Frauen, konnten ihren Marsch fortsetzen.

Bei Einbruch der Nacht näherten sie sich Skender Vakuf. Als sie eine Landstraße überquerten, gerieten sie in den dritten Hinterhalt. »Plötzlich fingen die Četniks an, von der anderen Seite der Straße zu schießen«, sagte Aga. »Sie hatten sich in einem Graben versteckt. Ich habe mich auf die Straße geworfen. Dann ist die Hölle ausgebrochen. Es hat angefangen zu regnen. In dem Chaos wurden wir auseinander getrieben. Wir konnten uns nicht mehr finden. Wir konnten nicht rufen.«

Die meisten der Gruppe kletterten zu einem vom Regen angeschwollenen Fluß hinunter und gingen in der Mitte des Flußbettes, um Minen auszuweichen. »Wir waren bis zum Hals im Wasser wegen des Regens. Die ganze Zeit haben sie auf uns geschossen. Es war ein Alptraum«, sagte Refik Pašić, 27, ein anderer Kämpfer.

Dreißig Männer schafften es nicht. Einige waren gefangengenommen, einige getötet worden. Von der Gruppe waren nur noch 69 Männer und drei Frauen übrig. Bei Morgengrauen versammelten sie sich und zogen weiter dorthin, wo, wie sie glaubten, bosnisches Territorium sei. Aber die Stadt Jajce war, ohne daß sie das wußten, von den Serben eingenommen worden, und es waren keine bosnischen Truppen mehr in der Gegend.

»Wir dachten, wir wären auf freiem Territorium. Aber das Vieh ist umhergeirrt«, sagte Pašić. Zivilisten zeigten ihnen den Weg und schließlich holten sie bosnische Truppen, die auf dem Rückzug waren, ein. »Wir waren alle sehr müde. Ich habe keine Ahnung, wie weit wir gelaufen sind. Wir hatten tagelang nichts zu essen«, fügte Pašić hinzu. Sie fanden noch 19 Männer von ihrer Gruppe, die sich verirrt hatten, und 91 zogen zusammen in Travnik ein, unterkühlt und durchnäßt.

»Wovor ich am meisten Angst hatte, war, verwundet zu werden. Ich wußte, ich würde mich umbringen müssen«, sagte Aga.

Die Geschichte der anderen 300 aus Večići war eine Katastrophe. Drei Männer, die in dieser Gruppe gewesen waren, sagten, daß alle 300 in dem Dorf Grabovica gefangengenommen wurden. »Wir haben uns kampflos ergeben. Sie ließen die Frauen und Kinder gehen. Aber sie folterten die Männer und töteten sie«, sagte Bećula.

Nach Angaben von Muhamed Zec, 65, brachten die Serben etwa 40 Männer in das Postamt des nahegelegenen Skender Vakuf und steckten sie in Kellerräume, die »kalt genug waren, um Eiskrem darin aufzubewahren«. Dort »haben sie angefangen, uns zu treten und uns mit Schlagstöcken und Messingschlagringen zu schlagen«. »Das Blut ist von den Wänden geflossen von all den Schlägen. Sie knallten einem den Kopf gegen die Wand. Sie haben einen mit einem Stock geschlagen«, erinnerte sich Djeval Kovačić, 30. »Ich habe einen Mann gesehen, der Wunden hatte, und sie haben Salz darauf gestreut.«

Die drei gehörten zu den zwanzig, die später nach Manjača, ein von der Armee geführtes sogenanntes Kriegsgefangenenlager, und dann auf den Vlašić gebracht und dort einem Beamten der Stadt Travnik übergeben wurden. Vier Frauen wurden gesondert über den Berg gebracht.

Seval, 25, ein Kämpfer in Agas Gruppe, der bat, seinen Familiennamen nicht zu nennen, sagte, er habe in den Wäldern einen Večići-Kämpfer von der anderen Gruppe getroffen, der erzählte, er sei einem Massaker entkommen, bei dem 150 Männer seiner Gruppe in Zehnergruppen hingerichtet worden seien. Dieser Bericht konnte nicht durch eine unabhängige Quelle bestätigt werden.

Glas, das Amtsblatt der bosnisch-serbischen Hauptstadt Banja Luka, berichtete, daß etwa 300 Kombattanten aus Večići bei ihrem Fluchtversuch Frauen und Kinder als Schutzschilder benutzt hätten, und daß die »kühnen« serbischen Soldaten 100 bis 200 von ihnen »erledigt« hätten; weitere 100 hätten sich ergeben. Ein Vertreter des Roten Kreuzes in Banja Luka sagte, er habe etwa 100 Večići-Kämpfer ausfindig gemacht, die entweder interniert oder im Krankenhaus behandelt wurden.

Heute sitzen die Kämpfer von Večići in Travnik fest, das von den Serben bombardiert wird und wo unter den anderen 18 000 Flüchtlingen eine Typhus-Epidemie ausgebrochen ist.

»Es wird Winter. Wir haben keine Kleidung außer der, die wir tragen. Die Serben haben alles gestohlen. Wir waren ziemlich wohlhabend. Hier sind wir Bettler. Wir stellen uns fürs Essen an«, sagte Aga.

Sie würden den Kampf wieder aufnehmen, sagte Aga. »Wir haben als Guerillas gegen Panzer, gegen Flugzeuge gekämpft. Wenn die Welt uns jetzt helfen würde, würden wir wieder ganz von vorn anfangen. Wir haben unser Familienleben verloren, unsere Arbeit, unsere Autos, unsere Häuser. Aber wir würden trotzdem zurückgehen.«

Die Kämpfer glauben, daß sie in Notwehr gehandelt haben. »Kein Mensch guten Willens konnte so etwas wollen. Kein normaler Mensch«, sagte Aga. »Stellen Sie sich einmal vor, das würde Ihrer Familie passieren. Was hätten Sie getan?«

Sarajevo: Fußgänger hasten im Kugelregen der Heckenschützen durch eine Lücke im Schutzzaun.

Menschen im Niemandsland

Hunderte Zivilisten leiden in der Vorhölle eines
serbischen Lagers

Batkovići, Bosnien-Herzegowina, 24. Januar 1993

In der dunklen Leere der riesigen Speicher flogen Tauben zwischen
ihren Stangen in den Dachsparren hin und her, während unten auf dem
Betonfußboden das Husten der Männer in der eiskalten Luft zuweilen
die Stille unterbrach. Hier in den beiden Hangars, wo früher Getreide
gespeichert wurde, kauern sich Hunderte bosnisch-muslimischer und
kroatischer Gefangener aneinander, Überlebende der serbischen Todeslager in Bosnien, oder sie liegen unter Schichten von Decken auf ihren
von Läusen wimmelnden Strohmatratzen.

Es gibt weder Heizung noch elektrisches Licht, und zwischen Weih-
nachten und Neujahr fiel die Temperatur in den Speichern gegen Null.
Feldflaschen mit Wasser gefroren unter den Kopfkissen der Gefangenen, und ihre Decken »konnte man praktisch aufrecht hinstellen«, sagte
ein Vertreter des Roten Kreuzes. Jetzt liegen die Temperaturen gerade
über dem Gefrierpunkt.

»Wir konnten nicht schlafen, weil es so kalt war«, sagte Kemal Sobani,
23. Ein älterer Mann starb, und in ihrer eisigen Apathie ließen die Gefangenen wie auch die Wächter ihn dort zwei Tage liegen.

In den Latrinen im Freien – über einen Graben gelegte Bretter – bildete sich Eis, und nicht wenige Männer sind schon in die Grube mit
menschlichen Exkrementen gerutscht.

Die Männer hatten das Unglück, in muslimischen oder kroatischen
Dörfern zu leben, die von den bosnischen Serben erobert worden
waren, um auf den Ruinen des multi-ethnischen Jugoslawien ein Großserbien zu schaffen. Sie sind noch immer in Haft, fünf Monate nachdem
der Führer der bosnischen Serben, Radovan Karadžić, unter dem Druck
der Weltöffentlichkeit versprochen hat, alle Zivilgefangenen ohne
Gegenleistungen freizulassen. Nach Angaben der Lagerleitung müssen
die restlichen Gefangenen auf einen Gefangenenaustausch warten. Der
hochfliegenden Rhetorik westlicher Politiker und Prominenter zum
Trotz, die sie besuchten, nachdem *Newsday* im August vorigen Jahres die

Existenz von Todeslagern aufgedeckt hatte, sagen die Männer, sie hätten keine Ahnung, wann sie hier rauskommen würden.

Die 970 Männer hier sind im Alter zwischen 18 und 60. Einige sind in den letzten acht Monaten in vier Lagern gewesen, und drei Kroaten, die hier festgehalten werden, wurden von den Serben vor fünfzehn Monaten verhaftet, in einem anderen Krieg. Alle sind Zivilisten. Sie waren Zeugen der Ermordung und Folterung Tausender ihrer muslimischen und kroatischen Mitbürger, und sie haben immer noch keine Ahnung, warum man sie hier festhält.

Die letzte Gruppe traf im Dezember hier ein, als lebender Beweis für ein, wie zumindest sie es sehen, weiteres Versprechen, das nicht gehalten wurde. Sie waren monatelang in Manjača gefangengehalten worden, einem größeren Lager, mehr als 170 Kilometer westlich von hier. Aber nachdem Elie Wiesel, der für seine Werke über die Überlebenden des Nazi-Holocaust mit dem Friedensnobelpreis ausgezeichnet wurde, am 28. November Manjača besucht hatte, dachten sie, ihre Freilassung stünde unmittelbar bevor.

»Elie Wiesel versprach uns, daß wir alle befreit würden«, sagte ein Gefangener, der 31 Jahre alte Refik Bosnić. »Ich werde alles tun, was ich kann, um Sie hier rauszuholen«, zitierte er Wiesel. Manjača wurde am 13. Dezember geschlossen und mehrere tausend Gefangene befreit, aber für Bosnić und 500 andere war das nur der Beginn eines Hütchenspiels mit Menschen.

Nach Angaben von Oberstleutnant Petar Dmitrović, dem Leiter des Lagers hier, wurden 532 Gefangene aus Manjača nach Batkovići gebracht; 130 wurden nach Sarajevo geschickt und in einem Gefangenenaustausch befreit, während 401 in Batkovići blieben. Das Rote Kreuz konnte die Entlassung der 130 nicht bestätigen und führt sie als verschwunden.

Die Männer, die Wiesel getroffen haben, haben sich damit vielleicht eine Verlängerung ihrer Haftzeit eingehandelt. Von den zehn Männern, die ihn in Manjača informierten, darunter Bosnić, sind neun immer noch in Haft, sagte Bosnić. Wiesel war an den beiden letzten Tagen nicht für eine Stellungnahme erreichbar.

Das Internationale Rote Kreuz in Genf schickt regelmäßig Lebensmittel, Kleidung und Zigaretten, aber seine Mitarbeiter konnten bis zu dieser Woche keine Öfen auftreiben, die in diesen Räumen, die eigentlich nicht angemessen beheizt werden können, auch nur ein Mindestmaß an Wärme spendeten. Und sie haben wenig unternommen, um die sanitären Anlagen zu verbessern. Die Gefangenen können Wasserhähne im Freien benutzen und sich in dem Trog darunter waschen, wenn das Wetter es erlaubt, aber Bosnić sagte, er habe schon seit vier Monaten nicht mehr gebadet.

Einiges hat sich jedoch verbessert, berichten Gefangene, die seit Mai hier sind. Nach Protesten von serbischen Dorfbewohnern haben die Behörden die Wachen, die die Gefangenen geschlagen haben, durch andere ersetzt.

Den Zahlenangaben zufolge, die sie dem Roten Kreuz zur Verfügung stellten, halten die bosnischen Serben 1 300 Muslime und Kroaten gefangen; die muslimischen Truppen halten 900 Serben fest und die Kroaten 530 serbische Zivilisten – unter Bedingungen, die mit denen in Batkovići vergleichbar sind. Das sind die offiziellen Zahlen, aber das US-Außenministerium glaubt, daß immer noch nicht weniger als 70 000 Zivilisten in Bosnien gefangengehalten werden, vor allem von den Serben. Das Rote Kreuz kann diese Zahl nicht bestätigen, räumt aber ein, daß es eines der berüchtigsten serbischen Gefängnisse, das in der Stadt Foča, nicht besuchen konnte.

Bosnić, ein Vertreter und Kaffeehausbesitzer, sagte, daß er am 25. Juni vergangenen Jahres zusammen mit 41 anderen in seiner Heimatstadt Bosanska Dubica verhaftet worden sei. »Sie haben alle Leute geholt, die ein Geschäft oder einen Betrieb hatten. Niemand von uns wurde auch nur über den Krieg gefragt. Niemand von uns hatte irgendwelche Waffen. Sie haben uns gesagt, wir würden in zehn bis vierzehn Tagen freikommen.« Er blieb fast sechs Monate in Manjača, dann wurde er nach Batkovići verlegt.

Zlata Jakupović, 19, wurde Anfang Mai in der Stadt Kozarac festgenommen. Batkovići ist sein viertes Lager. Zuerst wurde er nach Keraterm gebracht, außerhalb von Prijedor, wo er täglich geschlagen wurde, wie er sagte. Dann kam er nach Omarska, wo nach Auffassung von Beauftragten der US-Regierung nicht weniger als 5 000 Männer ermordet wurden. Omarska wurde Anfang August geschlossen, und er wurde nach Manjača gebracht. Er sagte, er habe dort mit anderen Gefangenen in Bussen vor dem Lagertor gewartet und gesehen, wie die Wachen acht Männer töteten, indem sie ihnen die Kehle aufschlitzten. »Sie waren alle sehr reich, und die Wachen wollten wissen, wo sie ihr Geld hatten.«

Jakupović feierte seinen 19. Geburtstag in Manjača und wurde am 13. Dezember hierher verlegt. Als er gefragt wurde, ob er von seiner Familie gehört habe, traten ihm Tränen in die Augen. »Ich weiß nicht, ob noch irgend jemand am Leben ist. Ich habe keine Briefe bekommen«, sagte er. Kozarac wurde im Juli von der serbisch geführten bosnischen Armee dem Erdboden gleichgemacht, und die 30 000 Einwohner wurden massakriert, deportiert oder in Konzentrationslager geschickt.

Josica Cendrić, ein 31 Jahre alter Automechaniker aus der kroatischen Stadt Slunj, wurde von der serbischen Armee am 18. November 1991 zusammen mit zwei anderen Kroaten verhaftet, als er im Bus von Cazin nach Zagreb fuhr. Sie wurden in ein serbisches Gefängnis in Stara Gradiška gebracht und dann Anfang Juni letzten Jahres nach Manjača. »Wir waren keine Soldaten. Es wurde nie Anklage gegen uns erhoben«, sagte er.

Auf der anderen Seite des Speichers, gegenüber von Cendrić, lag Alija Drljačić, 62, unter einem Stapel Decken. Die serbischen Behörden hatten ihn und 700 andere seit Anfang des Sommers vorigen Jahres in Bosanski Šamac gefangengehalten, bis sie dieses Lager am 27. Dezember schlossen und ihn nach Batkovići überwiesen. Wie die anderen schwört er, nie eine Waffe gehabt und keinen Versuch unternommen zu haben, gegen die serbischen Eroberer zu kämpfen.

Die Häftlinge von Šamac sagten, sie seien noch nicht bereit, die von ihnen beobachteten Greueltaten zu beschreiben. »Wir werden darüber reden, wenn wir hier rauskommen«, sagte Amis Bihić, 19.

Dmitrović gab zu, daß alle Häftlinge seines Lagers Zivilisten sind. »Wir haben keine Kriegsgefangenen«, sagte er. Warum sind sie dann verhaftet worden und werden hier gefangengehalten, in Mißachtung der Genfer Konventionen zum Kriegsrecht, die die willkürliche Festnahme von Zivilisten verbieten? Dmitrović zufolge befanden sich ihre Städte und Dörfer zufällig in einem Kriegsgebiet. »Viele kämpften als Zivilisten«, behauptete er, »und wurden festgenommen.« Ihre Häuser sind inzwischen »bei den Kämpfen zerstört worden, und es gibt keinen Ort, wohin sie gehen können«.

Fünf Monate, nachdem dieser Artikel erschienen war, waren die meisten Gefangenen immer noch in Batkovići. Mitte Juni zeigten die Zahlen des Internationalen Roten Kreuzes, daß die Serben noch 1 023 Zivilisten gefangenhielten, 809 von ihnen in Batkovići; die bosnische Regierung 993 und die bosnischen Kroaten 400. Die US-Regierung hatte Anfang 1993 die Zahl der Gefangenen auf 70 000 geschätzt; Gewährsleute vom Roten Kreuz sagten jedoch, sie könnten diese Zahl nicht bestätigen. Zur gleichen Zeit war dem Roten Kreuz der Zugang zu mehreren bekannten Gefangenenlagern in den von den Serben eroberten Städten an der Drina verwehrt worden, und Tausende blieben vermißt.

Dorfbewohner helfen Lagerhäftlingen

Batkovići, Bosnien-Herzegowina, 24. Januar 1993

Während des ganzen letzten Sommers rumpelten Busse und Lastwagen voller muslimischer und kroatischer Gefangener an Ilija Gajićs Gemüsefeldern vorbei die enge Landstraße hinunter. Die Dorfbewohner wurden nicht um ihre Meinung gefragt, bevor die Armee das Lager in den staatlichen Getreidespeichern einrichtete. Gajić befürchtete, daß sich die schlimmsten Ereignisse der Geschichte des Balkans wiederholen würden. »Konzentrationslager bringen nie und niemandem etwas«, sagte der 62 Jahre alte Serbe, Vorsteher der Dorfversammlung in diesem 4 000-Seelen-Ort. »Ich hatte ein ungutes Gefühl, als ich sah, was da passierte.«

Als Berichte über Schläge und Todesfälle bekannt wurden, beschlossen er und andere einflußreiche Dorfbewohner zu protestieren. Seine Geschichte gehört zu den Geschichten, die nicht erzählt werden in diesem Krieg unaufhörlicher Grausamkeiten – die Geschichte von Serben, die etwas riskierten, um die Lebensbedingungen ihrer Mitbürger zu verbessern.

»Wir wollten eine Geste des guten Willens machen. Wir wollten, daß man sie so behandelt, wie wir wünschten, daß die andere Seite unsere Gefangenen behandelt«, sagte er.

Anfang September ging Gajić an der Spitze einer Delegation zu dem nahegelegenen Armeehauptquartier in Bijeljina und verlangte, daß die Wachen, die Gefangene geschlagen hatten, durch andere ersetzt würden. »Sie kamen nicht aus der Gegend hier. Sie hatten Opfer in ihren Familien zu beklagen und wollten Rache nehmen«, sagte Gajić. »Deshalb haben wir die Behörden gebeten, Leute von hier einzusetzen.«

Die militärische Führung weigerte sich zunächst, auch nur zu sagen, wer das Lager leite, erinnerte er sich. Der Ton des Gesprächs wurde schärfer. Einer aus der Delegation sagte den Kommandanten: »Wir wollen kein Jasenovac«, ein Hinweis auf das Konzentrationslager, das kroatische Faschisten während des Zweiten Weltkriegs errichtet hatten und wo Zehntausende Serben, Juden und Zigeuner hingerichtet wurden.

»Jeder gute Mensch würde das sagen«, sagte Gajić. »Wir wollten nicht, daß man dem Dorf die Schuld gibt für das, was geschah. Wir wollten das Ansehen des Dorfes wahren.«

In Anwesenheit von Wachen zögern die Gefangenen noch, über die grausame Behandlung in der Zeit davor zu sprechen. Aber sie bestätigten die Berichte entlassener Häftlinge von Schlägen mit Holzknüppeln, den immer weiter um sich greifenden Fällen von Ruhr aufgrund der schrecklichen sanitären Bedingungen und den ausgefeilten Tricks, um den Besucherdelegationen vorzutäuschen, niemand unter 18 oder über 60 befinde sich im Lager.

Nach Angaben der Gefangenen waren bis September mindestens 20 Menschen an Schlägen oder anderen Mißhandlungen gestorben, aber die Zustände verbesserten sich deutlich nach der Intervention der Dorfbewohner.

Die Zustände sind weiterhin primitiv, aber mehrere hundert Gefangene gehen nun sechs Tage in der Woche zur Arbeit in einer nahegelegenen Fabrik, wo sie bessere Mahlzeiten bekommen, aber keinen Lohn. Die Gefangenen loben die Wachen, und diese freuen sich darüber. »Wir meinen, daß man die Gefangenen nicht schlagen muß«, sagte Dragolić, einer der neuen Wachtposten aus dem Ort. »Wir reden mit ihnen.« Es gibt jetzt sogar in jedem Speicher einen Fernseher, und an Neujahr brachten die Wachen den Gefangenen Flaschen mit Slibovitz, einem Pflaumenschnaps.

»Ich denke, die Serben sind nicht so schlecht wie jeder behauptet«, sagte Gajić. »Es gibt wahrscheinlich andere Beispiele dafür, nicht nur in Batkovići.«

»Eine nach der anderen«

Die Qual der vergewaltigten und geschlagenen Frauen in einem bosnischen Lager

Zagreb, Kroatien, 21. Februar 1993

Im Gulag der serbischen Gefangenenlager in Bosnien war Omarska ein Synonym für zahllose Greueltaten. Nach Angaben von Zeugen starben dort nicht weniger als 4000 muslimische und kroatische Männer an Schlägen, Foltern oder Krankheiten. Mehrere wurden vor den Augen ihrer Mitgefangenen kastriert, andere mit Waffengewalt zu oralem Geschlechtsverkehr miteinander gezwungen.

Auch Frauen wurden in Omarska gefangengehalten. Nach Zeugenaussagen, die *Newsday* zugänglich gemacht wurden, litten die 33 weiblichen Häftlinge in Omarska schreckliche Qualen – Vergewaltigungen, Schläge und vielleicht Schlimmeres. Nachdem *Newsday* Augenzeugenberichte über Mißstände in den serbischen Lagern veröffentlicht hatte, wurde im August das Eisenerzkombinat, das man in ein Konzentrationslager verwandelt hatte, geschlossen und nach Angaben einer ehemaligen Gefangenen 29 der Frauen entlassen.

In denselben Räumen, in denen tagsüber die Männer verhört und gschlagen wurden, sollen in der Nacht die Frauen angegriffen worden sein. »Das erste, was wir jeden Abend machen mußten, war, das Blut und den Dreck von denen, die tagsüber gefoltert worden waren, aufzuwischen«, erinnerte sich Jadranka Cigelj, 45, eine ethnische Kroatin aus der nordbosnischen Stadt Prijedor. Jadranka Cigelj, Rechtsanwältin und politische Aktivistin, sagte, sie sei vom 14. Juni bis zum 3. August sieben Wochen in Omarska gefangengehalten worden.

»Sie haben die Frauen eine nach der anderen genommen«, sagte sie, als sie die nächtlichen Schläge und Vergewaltigungen schilderte. »Nicht jede jeden Tag. Sie hatten ein Programm. Ich bin in vier Nächten rausgeholt worden. Jede Nacht ein anderer.« Sie behauptete, daß einer der Männer, die sie vergewaltigten, Željko Mejahić, der Kommandant der Lagerwachen gewesen sei.

Jadranka Cigeljs Bericht wurde von westlichen Diplomaten bestätigt, die Zugang zu den Berichten von anderen Frauen hatten, die in

Omarska gefangengehalten worden waren. Jadranka Cigelj ist eine führende Aktivistin in der immer stärker werdenden Bewegung, die Berichte über mutmaßliche Kriegsverbrechen in Bosnien dokumentiert. Sie erklärte gegenüber *Newsday*, daß elf von den Frauen, die in Omarska gefangengehalten worden waren, sich jetzt in Zagreb aufhalten und bereit sind zu bezeugen, daß sie vergewaltigt wurden.

»Es gibt nicht den geringsten Zweifel«, daß in Omarska Frauen vergewaltigt wurden, sagte ein westlicher Diplomat, der bat, weder seinen Namen noch sein Land zu nennen. Derselbe Diplomat schätzte auf der Grundlage von Zeugenaussagen, daß nicht weniger als 4000 Männer in Omarska getötet worden sind.

Mejahić bestritt, daß es in dem Lager, das er als »Verhörzentrum« beschrieb, zu Vergewaltigungen gekommen sei. Er teilte in einer schriftlichen Erklärung mit, daß nur Jadranka Cigelj und acht weitere Frauen in Omarska gewesen und sie dort nicht länger als ein oder zwei Tage festgehalten worden seien. Verächtlich wies er Jadranka Cigeljs Anklage, sie vergewaltigt zu haben, mit den Worten zurück, er würde nicht einmal »ein Fahrrad an sie lehnen«, geschweige denn sie vergewaltigen.

»Die Frauen wurden korrekt behandelt, und alle Polizisten hatten Anweisungen, Abstand zu wahren«, sagte Mejahić in einer Erklärung, die *Newsday* durch Oberstleutnant Milovan Milutinović, dem Sprecher der serbischen Armee Bosniens in Banja Luka übermittelt wurde.

»Mit bestem Wissen und Gewissen kann ich erklären, daß es keinen Vergewaltigungsversuch gab und schon gar nicht habe ich Jadranka Cigelj vergewaltigt. Ich wüßte nicht, warum ich das tun sollte, denn sie ist 45 Jahre alt, während ich 26 bin, und ich brauche keine Frau, die so alt ist, vor allem weil sie eine schlechte und unattraktive Frau ist. So wie sie war, würde ich nicht einmal ein Fahrrad an sie lehnen, geschweige denn sie vergewaltigen. Das sind alles nur Lügen«, erklärte Mejahić.

Jadranka Cigelj bezeichnete Mejahić als Mörder. Beauftragte der US-Regierung sagten, daß sie bei Gesprächen im Herbst mit den gerade aus Omarska entlassenen Gefangenen diese Beschuldigung wiederholt gehört hätten. »Er befahl Morde. Er selbst ermordete Gefangene«, sagte Jadranka Cigelj.

Mejahić, den *Newsday* im September interviewte, sagte, in Omarska seien nur zwei Männer gestorben und beide eines natürlichen Todes.

Berichte in *Newsday* und anderen Zeitungen und Zeitschriften, wonach die siegreichen serbischen Truppen systematisch muslimische und kroatische Frauen und Mädchen vergewaltigten, lösten eine Flut von Untersuchungen durch internationale Komitees aus. Eine von der EG autorisierte Untersuchung kam zu dem Schluß, daß mindestens 20 000 muslimische Frauen während des serbischen Eroberungszuges vergewaltigt worden sind. Einige der Vergewaltigungen geschahen in speziell für Frauen und Kinder errichteten Haftanstalten.

Omarska, ein Todeslager, wo Männer gefoltert und getötet wurden oder verhungerten, gehörte einer anderen Kategorie an, denn die Frauen dort wurden offensichtlich gefangengehalten, um in der Cafeteria von Omarska zu putzen und das Geschirr zu spülen.

Nach der Zahl der Teller zu urteilen, sagte Jadranka Cigelj, die für das Mittagessen benutzt wurden – der einzigen Mahlzeit des Tages, die die Männer in ein oder zwei Minuten hinunterschlingen mußten – hatten die Serben im Durchschnitt mehr als 2 700 Männer in Omarska gefangengehalten – zehnmal mehr als Mejahić im September in einem Interview mit einem *Newsday*-Reporter im Lager zugestanden hatte.

Jadranka Cigelj war am 14. Juni zusammen mit acht anderen Frauen, die politisch aktiv oder in der lokalen Verwaltung in Prijedor tätig waren, verhaftet und nach Omarska gebracht worden. »Ich putzte gerade meine Wohnung, als zwei mit automatischen Waffen, Granaten und Bajonetten bewaffnete Polizisten mich holen kamen«, sagte sie *Newsday*.

In dem Interview und in einer unterschriebenen Erklärung in den Akten des kroatischen Informationszentrums, wo sie jetzt arbeitet, beschrieb sie die Schläge, die sie erdulden mußte, und berichtete eindringlich, wie Silvije Šarić, der Vorsitzende des Komitees der Kroatischen Demokratischen Union im Verwaltungsbezirk Prijedor vor ihren Augen erschlagen wurde.

Newsday hat bereits über das Verschwinden und den Tod von Muhamed Ćehajić in Omarska berichtet, dem muslimischen Bürgermeister der nahegelegenen Stadt Prijedor, und von anderen führenden Politikern, Akademikern und Geschäftsleuten aus Prijedor. Jadranka Cigelj war die stellvertretende Vorsitzende der Union.

Auf der Polizeiwache in Prijedor verbrachte sie einen ganzen Tag in einem Raum, der »bespritzt war mit dem Blut derer, die dort... wahrscheinlich entweder geschlagen oder ermordet worden waren«, sagte sie. Zusammen mit zwei anderen politischen Aktivistinnen, Edna Dautović, einer Muslimin, und Jadranka Pates, einer Kroatin, wurde sie in einem Polizeiwagen nach Omarska gebracht.

Im Verwaltungsgebäude von Omarska kamen noch sechs weitere Frauen dazu, darunter die führenden Juristinnen von Prijedor: Mirzeta

Tivac, Richterin am Bezirksgericht, Jasminka Hadžibegović, Bezirksstaatsanwältin, und Edina Nautović, eine weitere Richterin des Bezirks. Sie stellten einen *Who's Who* von beamteten und freiberuflichen Akademikerinnen dar, insgesamt vier Lehrerinnen, neben Jadranka Cigelj noch drei Rechtsanwältinnen, zwei Wirtschaftswissenschaftlerinnen, zwei Frauen mit Hochschulexamen in Wirtschaftswissenschaften, zwei Ärztinnen, eine Zahnärztin, eine Elektronikingenieurin, eine Hütteningenieurin; eine war Krankenschwester und die übrigen Oberschulabsolventinnen. Abgesehen von drei Kroatinnen waren alle Muslime, sagte Jadranka Cigelj.

Sie verbrachten den nächsten Tag in der Cafeteria des Bergbaukombinats, dann gingen sie zurück in den Raum, wo sie schlafen sollten. »Der Raum sah ganz anders aus als zuvor. Er war ganz mit Blut beschmiert. Sogar die Wände waren blutbespritzt, und zerbrochene Knüppel lagen auf dem Tisch. Das waren spezielle Knüppel aus gekochtem Buchenholz, und sie wurden benutzt, um Leute zu schlagen, bis ... [die Knüppel] nur noch Splitter waren«, sagte sie.

Die Nachtwachen schlugen ihr »mit einem Knüppel über den ganzen Rücken«. Die ganze Nacht lang wurden zuerst Šarić und dann sie abwechselnd geschlagen. »Sie schlugen mir mit Gewehrkolben auf den Rücken. Ich leide immer noch an den Folgen – gebrochene Rippen und ein deformierter Thorax.« Sie wurde ohnmächtig, und als sie wieder zu sich kam, wurde sie wieder geschlagen, sagte Jadranka Cigelj. Am fünften Tag erfuhr sie die »Anklage«, die gegen sie erhoben wurde: Ihr Name war angeblich auf einer Liste prominenter Nicht-Serben entdeckt worden, die eine Übergangsregierung bilden sollten, um die Bezirksregierung in Prijedor, deren Mitglieder Muslime, Serben und Kroaten waren, abzulösen. Sie sagte, sie habe nie etwas von dieser Liste gehört, bevor man sie ihr zeigte. Die Vergewaltigungen begannen am 18. Juli. Die Frauen schliefen in zwei Räumen, und um 1.15 Uhr morgens stand ein uniformierter Mann im Korridor und rief ihren Namen. »Der Mann hatte den Rang eines Hauptmanns. Er trug Armeeuniform und Zivilschuhe. Ich fand später heraus, daß er aus Omarska kam, ein Reserveoffizier mit dem Namen Nedeljko Grabovac«, sagte sie.

»Plötzlich ging das Licht aus. Er packte mich an der Hand und zerrte mich in den Korridor. Er stieß mich in die Toilette. Er schlug mir mit dem Griff seines Revolvers auf den Kopf, so daß die Haut platzte, dann nahm er das Gewehr von der Schulter und fing an, mich zu schlagen. Er fing an, mich zu vergewaltigen.«

In den drei folgenden Nächten, sagte sie, wurde sie von Mejahić und von Wachtposten namens Mladen Radić und Kos Milojica geschlagen und vergewaltigt. Dann hörte es auf. Außer ihren psychischen Wunden, sagte Jadranka Cigelj, habe sie auch physische Wunden davongetragen. Sie hat mehrere gebrochene Rippen, die ohne ärztliche Behandlung heilten, während sie im Lager war, sagte sie, und sie hat wegen einer Hüftverletzung immer noch Probleme beim Gehen. »Wenn ich huste, kommt manchmal Blut, weil die Rippen auf meine Lunge drücken«, sagte sie.

Nachts wurden sie geschlagen. Tagsüber sahen und hörten sie, wie die Wachen die Männer folterten. »Wir konnten die Schreie hören. Sie folterten einen Mann so lange, wie er es ertragen konnte. Wenn er Glück hatte, überlebte er«, sagte sie. »Wenn er dumm genug war, zu zeigen, daß es ihm nach einigen Tagen besser ging, holten sie ihn wieder raus. Am Morgen konnte man die Leichen im Gras liegen sehen. Dadurch wußten wir, wer vermißt wurde.«

Bis zum letzten Tag des Lagers wurden die Frauen in der Küche eingesetzt. »Wir waren Intellektuelle, und sie brauchten Frauen für die Küchenarbeiten. Sie dachten, sie würden uns demütigen.«

Dann wurde das Lager am 3. August geschlossen. »Wir erhielten den Befehl, die Fenster zu putzen. Sie betonten, daß sie alles blitzblank haben wollten.« Draußen reinigten Männer die Mauer des Gebäudes. »Sie war mit Menschenblut und -hirnmasse befleckt. Sie schrubbten sie wie verrückt ab.« Die »endgültige psychologische Folter« kam, als die Lagerwachen eine Liste von 29 Frauen, die entlassen werden sollten, vorlasen. Ihr Name war dabei. Vier waren nicht dabei. »Man hat sie nie wieder gesehen«, sagte sie.

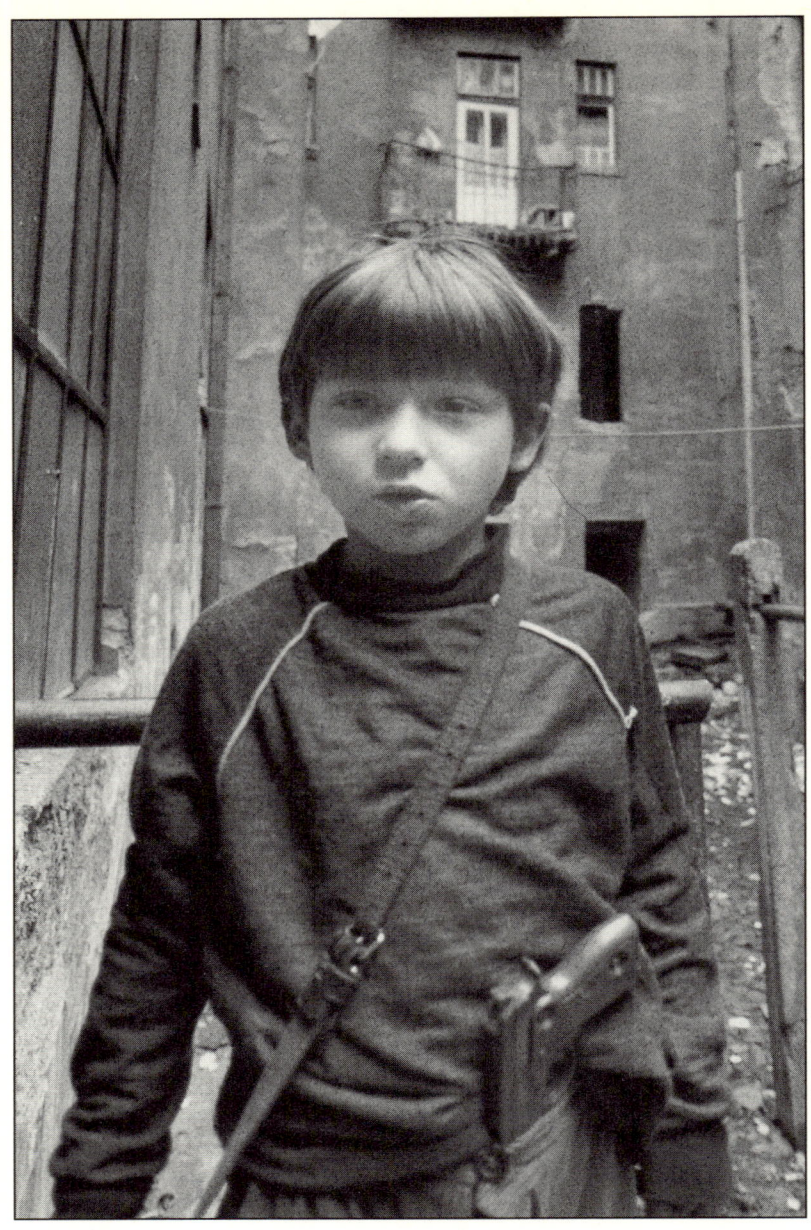

Sarajevo: Ein Junge spielt Krieg, bis er von einer Explosion in der Nähe aufgeschreckt wird.

Auf der Stelle treten:

Die Untersuchungen der UN-Kommission für Kriegsverbrechen über die Todeslager in Bosnien sind
steckengeblieben

Genf, Schweiz, 4. März 1993

Fünf Monate nachdem der UN-Sicherheitsrat zögernd eine formelle
Untersuchung der Berichte über Todeslager, Massenvergewaltigungen
und Deportationen in Bosnien angekündigt hatte, ist das Gremium, das
einen Kriegsverbrecherprozeß vorbereiten sollte, in Konfusion erstarrt.
US-Diplomaten sind wütend, daß ihrer Ansicht nach die sogenannte
Expertenkommission seit ihrer Ernennung im Oktober fast nichts
erreicht hat. Sie hat weder ein Hearing veranstaltet noch eine Delega-
tion nach Bosnien geschickt und nicht einmal die Medien ersucht, ihr
Kopien der einschlägigen Reportagen und Videoaufzeichnungen zur
Verfügung zu stellen.

Morris Abram, der aus dem Amt scheidende US-Botschafter bei den
Vereinten Nationen in Genf, sagte, die Kommission habe keine ernsthaften Anstrengungen unternommen, sich auf einen Kriegsverbrecherprozeß vorzubereiten. »Sie treffen sich ab und zu«, sagte Abram, der bei den
Nürnberger Prozessen gegen die Nazi-Kriegsverbrecher zum Mitarbeiterstab der Anklage gehört hatte. »Sie haben nicht genug Mitarbeiter,
um etwas ausrichten zu können. Sie haben nicht die Mittel und die
Leute, um gerade jetzt Zeugen zu vernehmen, die sagen können, wer
die Lagerwachen waren... Wenn das ernstgemeint ist, dann braucht
man eine große Zahl von Mitarbeitern. Und außerdem muß man die
Sache angehen, solange die Spur noch heiß ist.«

Der Vorsitzende des UN-Gremiums, der emeritierte niederländi-
sche Hochschullehrer Frits Kalshoven sagt, er sei von »maßgeblichen
Personen« bei den Vereinten Nationen angewiesen worden, keine
Untersuchung gegen serbische Politiker wie Slobodan Milošević, den
Präsidenten Serbiens, und Radovan Karadžić, den Führer der bosnischen Serben, durchzuführen. Beide stehen dem früheren US-Außenminister Lawrence Eagleburger zufolge unter dem Verdacht, Kriegsverbrecher zu sein.

Kalshoven gesteht ein, ernste Bedenken gegen die Durchführung von Kriegsverbrecherprozessen zu haben, und erzählt Besuchern, er wisse nicht, warum er die Stelle bekam. Er sagt, er habe von der Rechtsabteilung der UN in New York, die dem UN-Generalsekretär Boutros Boutros-Ghali untersteht, Anweisungen erhalten, seine Untersuchungen einzugrenzen. Aber der stellvertretende Rechtsberater der UN sagt, er habe nie eine solche Äußerung gemacht, und deutete in einem Interview an, daß der Kalshoven erteilte Rat von Cyrus Vance und David Owen, den UN-Vermittlern in der Bosnien-Krise, stammen könnte.

Botschafter Abram deutete das ebenfalls an.

»Reden Sie doch mit Vance und Owen«, sagte er. Vance bestätigte, daß er Kalshoven zweimal getroffen habe, bestritt aber kategorisch jeden Versuch, ihn dahingehend beeinflußt zu haben, gegen führende Regierungsmitglieder nicht zu ermitteln.

Doch alles in allem hat die Kommission, die damit beauftragt wurde, den ersten Kriegsverbrecherprozeß seit Nürnberg in die Wege zu leiten, nach fünf Monaten nahezu nichts erreicht, wie eine Vielzahl von Gewährsleuten berichten. Ihr einziger Bericht, am 26. Januar vorgelegt, stellte fest, daß »gravierende Verstöße« gegen die internationalen Menschenrechte begangen worden sind, sagte aber nicht, wo das geschehen war oder bei wem die Hauptverantwortung dafür liegen könnte.

Kalshoven hat bezweifelt, daß ein Kriegsverbrecherprozeß innerhalb der nächsten zehn Jahre wünschenswert ist. »Ein Gericht kann unmöglich in der gegenwärtigen Atmosphäre anti-serbischer Propaganda, die auf der ganzen Welt herrscht, angemessen arbeiten«, sagte er Ende vorigen Jahres zu einem westeuropäischen Diplomaten. Der Diplomat, der anonym bleiben wollte, teilte die Episode seiner Regierung mit. Seinem Bericht zufolge soll Kalshoven gesagt haben: »Es wird nie möglich sein, ein gerechtes Verfahren zu haben... Und übrigens kann ein Prozeß erst am Ende des Konflikts stattfinden.« Er stimmte zu, daß dies zehn oder mehr Jahre dauern könnte. Die Nürnberger Prozesse begannen im November 1945, Monate nach dem Ende des Zweiten Weltkriegs.

Und obwohl der Sicherheitsrat einem Prozeß inzwischen prinzipiell zugestimmt hat, teilte Kalshoven *Newsday* vorige Woche mit, daß dieser »noch in ziemlich weiter Ferne« liege, und fügte hinzu, er sei »nicht übermäßig optimistisch«, daß es je dazu kommen werde.

Richard Schifter, der Repräsentant der USA bei der UN-Menschenrechtskommission hier in Genf, erklärte am 9. Februar, daß »die Schrekken von Bosnien sicher zu den größten Tragödien gehören, die der Menschheit in der zweiten Hälfte des 20. Jahrhunderts widerfahren sind«.

Aber es gibt viele, die der Meinung sind, daß die mageren Ergebnisse des Kalshoven-Gremiums von den Staaten des Sicherheitsrates gewollt waren. Die Mitglieder des Sicherheitsrates haben oft eine ambivalente Haltung gegenüber Verletzungen der Menschenrechte in der bosnischen Krise eingenommen. Unter Englands Führung hat der Sicherheitsrat der Unterzeichnung einer Friedensvereinbarung Priorität gegenüber der strafrechtlichen Verfolgung eingeräumt. Die Ernennung der Kalshoven-Kommission, ein zögernder erster Schritt zu einem Kriegsverbrecherprozeß, war durch die Nachrichten von den Greueltaten des vorigen Sommers vorangetrieben worden.

»Es ist nicht viel mehr als eine kosmetische Bemühung«, sagte George Kenney über die Pläne der UN für einen Prozeß. Kenney, ein für Jugoslawien zuständiger Referatsleiter des Außenministeriums, trat im vorigen August zurück, um gegen die Passivität der Bush-Regierung im Bosnien-Konflikt zu protestieren. »Gehen Sie empirisch vor«, sagte er. »Wieviel Ressourcen haben sie dafür eingesetzt?«

Das Gesamtbudget der Kalshoven-Kommission beträgt in der Tat, nach Angaben von Ralph Zacklin, dem UN-Beamten in New York, der es verwaltet, 690 000 Dollar für neun Monate. Damit werden Gehälter und Reisekosten bezahlt. US-Diplomaten äußern sich vernichtend über die Arbeitsweise der Kalshoven-Kommission.

»Die Kommission tritt auf der Stelle«, sagte ein Gewährsmann im diplomatischen Dienst der USA, der anonym bleiben wollte. »Als ob man einem Tetraplegiker sagen würde, er soll rausgehen und an einem Rennen teilnehmen.« Ein anderer sagte: »Es wäre besser, wir würden die Sache abschreiben, sofort den Prozeß angehen, ihn mit genug Ressourcen, Computern, Anklägern und so weiter in Gang bringen und noch mal von vorn anfangen.«

Kalshovens Mitarbeiterstab besteht aus zwei von Zacklins Büro delegierten Mitarbeitern und zwei Sekretärinnen. Kalshoven bekommt ein festes Gehalt, aber den vier Teilzeit-Mitarbeitern der Kommission werden nur Tagegelder und Reisekosten bezahlt. Die Kommission besteht nur aus Männern. Nur zwei der vier Mitarbeiter waren aktiv an der Arbeit beteiligt. Torkel Opsahl, 62, ein norwegischer Menschenrechtsexperte, konnte an den meisten Sitzungen nicht teilnehmen. Er sagte *Newsday*, er sei »wahrscheinlich« deshalb ernannt worden, »weil er sehr vorsichtig im Umgang mit der Presse« sei. Keba Mbaye, 69, aus dem Senegal, Mitglied im Ruhestand des Internationalen Gerichtshofs, war es ebenfalls nicht möglich, an allen Sitzungen teilzunehmen.

Am aktivsten waren noch William Finrick, 50, ein Rechtsexperte der kanadischen Armee, und der in Ägypten geborene Cherif Bassiouni, 56. Das Gremium hat eine Datenbank erstellt, um Berichte von UN-Mitgliedstaaten zusammenzutragen. Das hatte Bassiouni ereicht, mit Hilfe von Freiwilligen der DePaul-Universität in Chicago und einer Schenkung von 200 000 Dollar für die Anschaffung von Computern von George Soros, einem Finanzier mit Sitz in New York, der sich für die Sache der Menschenrechte einsetzt. Diese Summe kommt zu dem von der UN getragenen Budget hinzu. Die Datenbank besteht gegenwärtig vor allem aus den von den UN-Mitgliedstaaten, privaten (NRO) Menschenrechtsorganisationen und dem Sonderbeauftragten der UN-Menschenrechtskommission, Tadeusz Mazowiecki, vorgelegten Berichten. Nur zehn Länder, darunter die Vereinigten Staaten, Frankreich und Deutschland, nicht aber England, haben Berichte vorgelegt.

Kalshoven, 69, hat Besuchern gesagt, daß ihn die Arbeit überfordere. Zacklin, der stellvertretende Rechtsberater der UN, der die Aktivitäten der Kommission genauestens verfolgt, sagte, Kalshoven sei in erster Linie deshalb ernannt worden, weil er pensioniert und abkömmlich war. Andere Mitglieder der Kommission sagen, Kalshoven, einer der führenden Experten auf seinem Gebiet, der nie über die mittleren Ränge im niederländischen Staatsdienst hinauskam, sei ungeeignet für die bürokratischen Grabenkämpfe, die zur Sicherung der Ressourcen für die Kommission unumgänglich sind. Sein erster Bericht war größtenteils im Juristenjargon verfaßt und hatte wenig Substanz, sagten Diplomaten.

»Kalshoven faßte seinen Auftrag sehr eng auf: die behaupteten kriminellen Akte in Kategorien sortieren und die wirklichen Verbrechen gegen die Menschlichkeit von denen zu unterscheiden, die der allgemein akzeptierten Definition nicht entsprechen«, sagte J. Kenneth Blackwell, einer der US-Delegierten bei der hiesigen UN-Menschenrechtskommission. »Aber die Frage, ob Kriegsverbrechen begangen wurden oder nicht, ist äußerst akademisch. Man muß die Einbildungskraft eines Jonathan Swift haben, um zu glauben, daß sie den heutigen Definitionen nicht entsprechen. Und wo bleiben dabei der Apparat und die Ressourcen, um die Grundlagen für einen Prozeß zu schaffen? Um in der Lage zu sein, sofort handeln zu können, muß die Arbeit jetzt beginnen.«

Aber Kalshoven fand mit seinem langsamen und begrenzten Vorgehen breite Unterstützung. Kalshoven sagte, ihm seien Anfang November bei dem ersten Treffen mit Zacklin und dessen Vorgesetztem, dem Unterstaatssekretär für Rechtsangelegenheiten, Carl Fleischauer aus Deutschland, restriktive Anweisungen erteilt worden. Er sprach Mitte Januar zum erstenmal über diese Anweisung mit einem amerikanischen Diplomaten und bestätigte sie vorige Woche gegenüber *Newsday*.

»Natürlich diskutierten wir, die anwesenden Mitglieder der Kommission, unseren Auftrag mit ihnen, den Mitgliedern der Rechtsabteilung. Wir interpretierten die Resolution so wie sie«, sagte er. »In der Resolution wird nicht betont, daß wir als erstes nach Personen fahnden sollen, ob sie nun hoch- oder niedriggestellt sind... Unsere Resolution erwähnt einfach keine Personen.«

Zacklin bestritt in zwei Interviews, daß er oder Fleischauer Kalshoven solche Anweisungen gegeben haben. »Es wurde niemals der Vorschlag gemacht, die politischen Führer von den anderen zu trennen... Niemand hat jemals vorgeschlagen, daß wir Herrn Karadžić reinwaschen sollen. Wir wollen nur die Fakten ermitteln, egal, wen es trifft«, sagte er einem *Newsday*-Reporter in New York.

Einige Kommissionsmitglieder sehen in Zacklin den Hauptbremser. Er ist Engländer, und nach Angaben eines Mitglieds der Kommission vertritt er »absolut die Linie der englischen Regierung«. Zacklin sagte, er erhalte seine Befehle von Boutros-Ghali und daß es gegen UN-Richtlinien verstoße, sie von irgend jemand anderem anzunehmen, einschließlich der eigenen Regierung. Er verteidigte jedoch die engen Richtlinien. »Die Kommission hatte den eng begrenzten Auftrag, dem Generalsekretär einen Bericht vorzulegen mit ihren Schlußfolgerungen, inwieweit gravierende Verstöße gegen die internationalen Menschenrechte begangen wurden... Es gehört nicht zum Auftrag der Kommission, nach irgend jemandem zu fahnden.«

Zacklin verwies *Newsday* an Vance und Owen. »Er [Karlshoven] traf zweifellos Vance und Owen recht oft«, sagte er. »War es vielleicht Mr. Vance [der Kalshoven bat, seine Untersuchungen einzugrenzen]? War es vielleicht Mr. Owen? Es ist gut möglich, daß sie in dieser Sache einen bestimmten Standpunkt verfolgen.«

Ein Sprecher von Vance bestritt gestern abend, daß er oder Owen versucht hätten, die Kommission davon abzubringen, gegen bestimmte Personen zu ermitteln. »Sie würden so etwas prinzipiell nicht tun, und... sie würden nichts unternehmen, was die Integrität der Friedensverhandlungen oder ihre eigene Glaubwürdigkeit als unparteiische Vermittler gefährden könnte,« erklärte Vances Sprecher Fred Eckhard.

Botschafter Herbert Okun, ein Stellvertreter von Vance, sagte *Newsday*, daß Zacklins Andeutungen »lächerlich« und »verleumderisch« seien. Eckhard sagte, daß Vance und Owen nur einmal ihren Einfluß auf Kalshoven geltend gemacht hätten, als sie ihn drängten, die einzige Untersuchung im Zusammenhang mit der Kommission zu bewilligen, nämlich die geplante Exhumierung von Hunderten von Leichen in der Nähe von Vukovar. Es handelte sich Berichten zufolge um kroatische Patienten, die bei der Eroberung eines Krankenhauses in Vukovar durch die Serben bei deren Angriff auf Kroatien 1991 festgenommen worden waren. Zur Deckung der Kosten in Höhe von 220 000 Dollar mußte die amerikanische Organisation *Physicians for Human Rights* (Ärzte für Menschenrechte, Anm. d. Übers.) um private Spenden bitten, und auch diesmal unterschrieb der Finanzier Soros den Scheck.

Obwohl Vance und Owen Unterstellungen, daß sie auf die Untersuchung der Kriegsverbrechen Einfluß genommen hätten, ganz entschieden zurückweisen, befinden sich die Friedensverhandlungen und das Gerichtsverfahren auf einem Kollisionskurs.

»Es fällt sehr schwer, zu entscheiden, ob man mit dem Finger auf die Leute zeigen oder mit ihnen verhandeln soll«, bemerkte Abram. »Als Rechtsanwalt würde ich natürlich gern jeden strafrechtlich verfolgen, der solcher abscheulicher Verbrechen schuldig ist. Als Diplomat oder Politiker oder Staatsmann würde ich aber auch gern das Morden beenden, ihm Einhalt gebieten. Sie haben hier einen wirklichen Konflikt zwischen zwei Positionen... Ich weiß auch nicht, was die richtige Mischung ist.«

All das läßt nichts Gutes für den Prozeß ahnen. Die Resolution des Sicherheitsrates vom 19. Februar, die das Tribunal im Prinzip guthieß, sah weder die Ernennung eines Anklägers noch Mittel für die vorbereitenden Untersuchungen vor und setzte nicht einmal eine genaue Frist für den abschließenden Bericht darüber, wie das Tribunal strukturiert sein sollte. Vorbereitet werden soll dieser Bericht von Zacklin. Nach Angaben von Kommissionsmitgliedern und Zacklin selbst wird jedoch das Tribunal, wenn es denn dazu kommt, in Ermangelung eines Anklägers und finanzieller Mittel am Anfang auf Kalshovens Arbeit angewiesen sein.

Zu diesem Artikel haben Ron Howell und Dele Olojede bei den Vereinten Nationen in New York beigetragen.

Im Mai 1993 stimmte der Sicherheitsrat einem Vorschlag von UN-Generalsekretär Boutros Boutros-Ghali zu, ein internationales Tribunal zur Untersuchung von Kriegsverbrechen im früheren Jugoslawien abzuhalten. Die Richtlinien legten fest, daß das Tribunal dazu ermächtigt sei, Personen, die Völkermord und Verbrechen gegen die Menschlichkeit begehen, strafrechtlich zu verfolgen. Es wurde ferner festgelegt, daß zu den strafrechtlich zu verfolgenden Personen alle die gehörten, »die an der Planung, Vorbereitung oder Ausführung schwerwiegender Verstöße gegen die internationalen Menschenrechte im früheren Jugoslawien beteiligt sind«.

Drei, die Vergewaltigung und Mord planten

Engerer Kreis der politischen Führer errichtete
Vergewaltigungslager in muslimischer Stadt

Sarajevo, Bosnien-Herzegowina, 19. April 1993

Mit Taschenlampen und Fackeln aus Papier stahl sich die serbische Militärpolizei durch die dunkle Sporthalle auf der Suche nach weiblichen Opfern. Jede Nacht selektierten sie zehn oder mehr muslimische Frauen. Mit vorgehaltener Waffe führten die Männer sie zu einem nahegelegenen Haus und vergewaltigten sie. Eine andere Frau wurde in der Sporthalle vor den Augen ihrer Mitgefangenen vergewaltigt, sagten Zeugen.

Der Ort dieser Verbrechen, der als Partizan-Sporthalle bekannt ist, befand sich im Zentrum von Foča, einer kleinen, überwiegend muslimischen Stadt in Ostbosnien. Die Sporthalle war von Zeit zu Zeit als ein Transitlager für Frauen und Kinder benutzt worden, die aus der Stadt deportiert werden sollten. Aber zwei Monate lang, zwischen Juni und August 1992, diente sie mit ihren 74 Insassen, darunter etwa 50 Frauen, als Vergewaltigungslager.

Partizan war eines von Dutzenden serbischer Vergewaltigungslager in Bosnien – einige sollen immer noch in Betrieb sein –, und es war leicht zu finden, gleich neben dem Polizeirevier. Muslimische Vergewaltigungsopfer sagten, sie hätten sich bei der Polizei über die Routine-Vergewaltigungen beklagt, aber die Polizei sagte, es stünde nicht in ihrer Macht, einzugreifen.

Die Macht in Foča hatten drei leitende Mitarbeiter des Führers der bosnischen Serben, Radovan Karadžić, ergriffen. Velibor Ostojić, ein Minister in Karadžićs sezessionistischer Regierung, und zwei andere enge Berater, Vojislav Maksimović und Petar Čančar, organisierten den militärischen Angriff auf Foča im April 1992 und übernahmen das Kommando in der Stadt. Sie postierten sogar ihre eigenen Wachen vor dem Polizeirevier.

Die Berichte über die »ethnischen Säuberungen« haben sich bislang auf die Männer und Frauen konzentriert, die diese Politik ausführten – paramilitärische Gruppen, angeführt von radikalen nationalistischen

Aktivisten aus dem benachbarten Serbien, mit Beihilfe der örtlichen serbischen Extremisten. In Foča trugen die paramilitärischen Einheiten Tarnanzüge und nannten sich die »Serbische Wache«.

Aber eine dreimonatige Untersuchung von *Newsday* über »ethnische Säuberungen« in Foča deutet darauf hin, daß die dafür Verantwortlichen zu Karadžićs engsten Mitarbeitern gehörten. Sie holten die paramilitärischen Einheiten, um die Stadt einzunehmen und gaben die Befehle, Foča von allen Nicht-Serben zu »säubern«, sagten zahlreiche Zeugen. Sie errichteten nach Angaben verschiedener Gewährsleute in der Regierung und unter den Muslimen Konzentrationslager und Vergewaltigungslager, und auf ihren Befehl hin zerstörten serbische Einheiten die Moscheen und fast alle anderen Zeugnisse eines halben Jahrtausends muslimischer Kultur.

Karadžić sagte in einem Telefoninterview vorige Woche, daß ihm von systematischen Vergewaltigungen irgendwo in dem von den Serben eroberten Bosnien nichts bekannt sei. »Uns sind insgesamt etwa 18 Fälle von Vergewaltigung bekannt, aber das war nicht organisiert, sondern die Tat von Psychopathen«, sagte er *Newsday*. Angebliche Massenvergewaltigungen seien von »muslimischen Mullahs« erfundene »Propaganda«, fügte er hinzu. (Eine Sonderdelegation der EG schätzte, daß 20 000 oder mehr bosnisch-muslimische Frauen bis Ende letzten Jahres von serbischen Soldaten vergewaltigt worden waren; zahlreiche Untersuchungen von Regierungs- und Nicht-Regierungsorganisationen sind allesamt zu dem Schluß gekommen, daß Vergewaltigungen weit verbreitet waren.)

Aber Karadžić bestätigte, daß Ostojić, Maksimović und Čančar zur Zeit des militärischen Angriffs vor einem Jahr »die Einsetzung ziviler Behörden beeinflußten« und die Macht in Foča übernommen hatten. Karadžić wurde von dem früheren US-Außenminister Lawrence Eagleburger verdächtigt, ein Kriegsverbrecher zu sein.

In Sarajevo, der belagerten Hauptstadt des verwüsteten Bosnien, ermittelt die bosnische Staatliche Kommission für Kriegsverbrechen unter Vorsitz des Kroaten Stjepan Kljujić gegen alle drei Männer. Ihre Anschuldigungen allein gegen Ostojić lesen sich wie eine Seite aus den Protokollen der Nürnberger Kriegsverbrecherprozesse. So heißt es, Ostojić plante und organisierte Kriegsverbrechen in der Region Foča, half die Bewaffnung der Mitglieder der Serbischen Demokratischen Partei zu planen und zu organisieren, bereitete den Angriff vor und veranlaßte paramilitärische Einheiten aus Serbien »zur bewaffneten Eroberung eines großen Teils des Territoriums von Bosnien-Herzegowina und zu ethnischen Säuberungen durch Vernichtung, Terror, Verfolgung, Haft, Mißhandlung und Mord.«

Ostojić verweigerte jeden Kommentar dazu. Ein *Newsday*-Sonderkorrespondent in Belgrad legte Ostojić schriftlich sieben Fragen über seine Rolle bei der Einnahme Fočas im April 1992 vor und bat ihn, die Struktur und die Machtbefugnisse des Krisenstabes zu erläutern und die ausführlichen Augenzeugenberichte über das Vergewaltigungslager in der Stadtmitte von Foča zu kommentieren.

Auf Drängen Ostojićs hin wurden die Fragen per Fax vorgelegt, aber nachdem er sie sich mehrere Tage überlegt hatte, weigerte er sich zu antworten. »Ich beantworte hypothetische Fragen nicht«, sagte er in einem Telefoninterview. Bei einem späteren Besuch in Belgrad verweigerte er wiederum einen Kommentar.

Bosnisch-serbische Gewährsleute, die ihren Namen nicht nennen wollten, bestätigten, daß Ostojić in der Zeit des schlimmsten Terrors in Foča gewesen war, und sagten, er sei häufig zu Beratungen nach Pale gefahren, Karadžićs Kriegshauptquartier auf einem Berg in der Nähe von Sarajevo.

Die serbischen Truppen verwehren seit der Eroberung der Stadt ausländischen Reportern und internationalen Organisationen den Zugang nach Foča, und die *Newsday*-Untersuchung war auf die Aussagen von Zeugen und Opfern angewiesen, die nun in Deutschland, der Türkei, Bosnien-Herzegowina und dem übrigen Jugoslawien sind, sowie auf bosnische Regierungsvertreter in Sarajevo und im Ausland.

Sieben Opfer in einem Flüchtlingslager in Kirklareli, Türkei, und in Südserbien wiederholten die Berichte über systematische Vergewaltigungen in Foča und Umgebung und über das Vergewaltigungslager in der Stadtmitte. Schriftliche Erklärungen von zehn anderen wurden von dem Gynäkologen zur Verfügung gestellt, der die Opfer nach ihrer Entlassung im August letzten Jahres als erster untersucht hatte. Alle gaben ihre Erklärung unter der Bedingung ab, daß sie nicht mit Namen genannt werden. Aber gegenwärtige und frühere bosnische Regierungsvertreter äußerten sich offiziell.

Foča, von dessen 40 000 Einwohnern vor der Einnahme durch die Serben 52 Prozent Muslime waren und 45 Prozent Serben, gehörte zu den ersten Städten in Bosnien, die von serbischen Truppen eingenommen wurden, und einige Beobachter glauben, daß die Ereignisse dort ein Modell für die »ethnischen Säuberungen« im übrigen Bosnien darstellten. Foča könnte eine Fallstudie sein über die Rolle der zivilen

Behörden bei der brutalen Verfolgung der nicht-serbischen Bevölkerung.

Ostojić war nach Angaben eines Zeugen der Sprecher der siegreichen Serben, während Maksimović derjenige war, der tatsächlich zum Telefon griff und die Truppen in die Stadt holte. Ostojić war mit der Rolle vertraut. Vor dem serbischen Aufstand vor einem Jahr war er Informationsminister in der bosnischen Koalitionsregierung aus Muslimen, Serben und Kroaten gewesen und hatte bis Januar denselben Posten in Karadžićs selbsternannter Regierung der »Serbischen Republik« Bosniens. Der berühmte Nazi-Jäger Simon Wiesenthal nannte ihn in einem Interview mit *Newsday* den »Goebbels« der bosnischen Serben. Ostojić ist gegenwärtig Minister in Karadžićs Regierung in Pale. Karadžić und Ostojić wurden in zwei benachbarten Dörfern am Fuß des montenegrinischen Berges Durmitor geboren, aber sie trafen sich erst 1990, sagte Karadžić. Beide sind 47 Jahre alt.

Maksimović war Literaturprofessor an der Universität von Sarajevo und der Führer von Karadžićs Serbischer Demokratischer Partei im bosnischen Parlament. Karadžić hat ihn gerade erst zum Rektor der »Universität der Serbischen Republik« ernannt, die, wie er sagte, in dem serbisch kontrollierten Teil Sarajevos gegründet werden wird. Čančar, ein Rechtsanwalt, war früher Präsident der Gemeindekammer, der zweiten Kammer des bosnischen Parlaments. Er ist jetzt Mitglied in Karadžićs Parlament.

Nach Angaben bosnischer Muslime spielte Ostojić eine entscheidende Rolle bei den planmäßigen Vorbereitungen für die Mißhandlung von Frauen. Alija Delimustafić, der bosnischer Innenminister war, als Foča eingenommen wurde, sagte, er habe durch Abhörgeräte direkte Beweise dafür, daß Ostojić die Vergewaltigung von Frauen in Foča befohlen habe. Delimustafić ist vor einigen Monaten aus der bosnischen Regierung ausgeschieden und arbeitet nun als privater Geschäftsmann in Wien.

Jusuf Pušina, Delimustafićs Nachfolger in Sarajevo, sagte, er könne solche Beweise nicht in seinen Akten finden und verwehrte *Newsday* direkten Zugang dazu. Obwohl Delimustafić in Regierungskreisen mit Mißtrauen betrachtet wird, seit er seinen Posten verlassen hat, sagte Kemal Kurspahić, Herausgeber von Sarajevos unabhängiger Tageszeitung *Oslobodjenje,* daß Delimustafić ein zuverlässiger Gewährsmann sei.

In einer schriftlichen Erklärung gegenüber *Newsday* wies Pušina jedoch darauf hin, daß Ostojić als Oberschullehrer entlassen worden sei wegen »seines sexuell abweichenden Verhaltens gegenüber jungen Schülerinnen, das bei vielen Gelegenheiten zu handgreiflichen Auseinandersetzungen mit den Eltern geführt hat«. Als er in der Personalabteilung beim Fernsehen Sarajevo angestellt war, seiner nächsten Stelle, »befriedigte (Ostojic) weiterhin sein krankhaftes Begehren nach Mädchen, indem er ihnen eine ›bestimmte‹ Arbeit versprach, falls sie seine Wünsche erfüllten«, sagte Pušina. Seine letzte Stelle war die eines Korrektors beim Fernsehen Sarajevo, aber er war auch Sekretär der Kommunistischen Partei gewesen.

Ostojić, der ein Protégé Karadžićs war und von ihm zum Mitglied der bosnischen sowie der bosnisch-serbischen Regierung ernannt wurde, benutzte diese Vorfälle sogar zur Förderung seiner politischen Karriere. Im Mai 1991, erklärte das Ministerium, wurde Ostojić vor seiner Haustür von einem wütenden Ehemann verprügelt, aber er »und der radikale Flügel der SDS [Karadžićs Demokratischer Partei] machten daraus einen Politthriller von einer... Mudschaheddin-Verschwörung, die der Beginn einer Nacht der langen Messer gegen die serbischen Prinzen sei«, erklärte das Ministerium.

Ostojić kam etwa am 5. April vorigen Jahres in Foča an, drei Tage vor dem Angriff, nach Angaben von Enver Pilav, 58, der damals Vorsitzender der muslimischen Demokratischen Aktionspartei (SDA) war. Bei einer öffentlichen Sitzung verlangte Ostojić, daß die Muslime alle Waffen abgeben und Foča als serbisches Territorium anerkennen.

»Er gab den Muslimen fünfzehn Minuten Zeit, um sich das zu überlegen. Aber niemand konnte seine Einwilligung geben, weil sie dazu nicht autorisiert waren«, sagte Pilav, der später nach Sarajevo floh, wo er interviewt wurde.

Ostojić verlangte dann, daß alle Muslime Foča verlassen und sich in ein Konzentrationslager beim nahegelegenen Berg Jabuka begeben, »sonst werden die Muslime in Foča mit Stumpf und Stiel ausgerottet werden«, zitierte das bosnische Innenministerium eine öffentliche Erklärung.

Am folgenden Tag trafen sich Ostojić, Maksimović und Čančar in ihrem Stammrestaurant, dem *Ribarski dom.* »Ich war draußen, als Maksimović rauskam und seinen Leuten sagte, er würde Verstärkungen aus Serbien kommen lassen, wenn sie nicht zu den Waffen greifen und anfangen würden, Muslime zu erschießen«, sagte Pilav.

In Anwesenheit seiner zwei Mitarbeiter ging Maksimović ans Telefon und »bat« Truppen aus den nahegelegenen Städten Nikšić in Montenegro und Užiće in Serbien »herein«, sagte Pilav. Pilav erklärte, er habe den Anruf durch die offene Tür gehört.

»Ich hab zu den dreien gesagt: ›Schämt ihr euch nicht, so etwas zu tun?‹« sagte Pilav. Als die ersten von 4 000 paramilitärischen Soldaten in Lastwagen und Bussen eintrafen, bereiteten sich Pilav und seine Familie auf die Flucht vor.

Die Angriffe auf muslimische Frauen begannen fast sofort. Am 11. April, dem dritten Tag nach dem Angriff auf Foča, hörte Pilav von einem engen Mitarbeiter, daß ein serbischer Nationalist aus Foča eine muslimische Frau vergewaltigt habe. Ostojićs Truppen begannen auch, muslimische Zivilisten zu verhaften und sie ins Zuchthaus von Foča zu bringen, wo nach Angaben der bosnischen Regierung mehr als 1 000 Männer hingerichtet wurden.

Mitte April schlug das Trio sein Hauptquartier in einer Villa mit Blick auf den Fluß Čehotina am Stadtrand von Foča auf, neben dem staatlichen Frauengefängnis Velečevo. Dort setzten sie, von mehreren hundert paramilitärischen Soldaten bewacht, ein Militärgericht ein, das im Schnellverfahren Recht sprach, sagten Zeugen. *Newsday* liegt die eidesstattliche Erklärung eines ehemaligen jugoslawischen Armeeoffiziers serbischer Abstammung vor, der sagte, er sei ihnen und anderen serbischen Führern vorgeführt worden. Auf den Rat eines höheren serbischen Offiziers hin verschonten sie ihn. Nach Angaben von Gewährsleuten in der bosnischen Regierung und der muslimischen Partei entschieden Ostojić, Maksimović und Čančar über das Schicksal von vielen hundert Muslimen der Region – die drei entschieden, ob sie von den paramilitärischen Einheiten hingerichtet oder in das Konzentrationslager im Gefängnis von Foča gebracht wurden. Nach Angaben von Pilav und Muharem Omerdžić, einem Vertreter von Riyaset, einer muslimischen Wohlfahrtsorganisation in Sarajevo, machten sie dann aus dem Frauengefängnis Velečevo ein Konzentrationslager für Frauen.

Sowohl Pilav wie Omerdžić erklärten, ihre Informationen stammten von Flüchtlingen oder den Familien der Frauen, die noch in Bosnien gefangengehalten werden. Omerdzić sagte, er glaube, daß die nach Velečevo gebrachten Frauen entweder getötet wurden oder noch gefangengehalten werden. Nach seiner Schätzung werden noch Tausende muslimischer Frauen in serbischen Lagern in Bosnien gefangengehalten, wo auch weiterhin viele Vergewaltigungen vorkommen. *Newsday* konnte ihre Behauptungen nicht bestätigen.

Karadžić erklärte gegenüber *Newsday*, er sei seit der Eroberung der Stadt nicht mehr in Foča gewesen, und es sei ihm nicht bekannt, daß

Berater von ihm ihr Hauptquartier in Velečevo aufgeschlagen hätten. Er sagte auch, er habe nicht gewußt, daß es in Velečevo ein Frauengefängnis gibt. Karadžić sagte, er habe nichts davon gehört, daß in der Partizan-Sporthalle Frauen gefangengehalten und zwei Monate lang jede Nacht vergewaltigt worden seien. »Wir werden alle Vergewaltigungsvorwürfe untersuchen, einschließlich diesem«, sagte er.

Ein tägliches Ritual sexueller Mißhandlung

Kirklareli, Türkei, 19. April 1993

Zuerst verhafteten die serbischen Soldaten Bebas Mann und brachten ihn in ein Konzentrationslager in der Stadt Foča in Südostbosnien. Die Zwei Monate später, sagte sie, kamen bewaffnete Serben wieder in das Dorf, um die dort zurückgelassenen schutzlosen muslimischen Frauen zu vergewaltigen. Beba wurde vergewaltigt. Sie floh nach Foča, und dort beobachtete sie von einer Wohnung, die einer muslimischen Familie gehörte, das tägliche Ritual sexueller Mißhandlung im Partizan-Sportzentrum.

»Ich habe dieselben Männer jeden Tag rein- und rausgehen sehen«, die die Frauen wegschleppten, erklärte die 24 Jahre alte Muslimin, die bat, mit einem Pseudonym genannt zu werden, gegenüber *Newsday*. »Ich kann sagen, in Foča waren 50 Männer an Vergewaltigungen beteiligt. Sie schliefen tagsüber und vergewaltigten nachts.«

Bebas Beobachtungen organisierter und systematischer Vergewaltigungen über einen Zeitraum von zwei Wochen wurden von sechs anderen Vergewaltigungsopfern bestätigt, die mit dem *Newsday*-Reporter in diesem Flüchtlingslager in Kirklareli, nördlich von Istanbul, und in einer überwiegend muslimischen Stadt in Südserbien sprachen.

Ihre Berichte lassen vermuten, daß die serbischen Behörden die systematischen Vergewaltigungen muslimischer Frauen in Foča nicht nur guthießen, sondern auch die Vergewaltigungen in der Partizan-Sporthalle zu einem öffentlichen Schauspiel machten. Eine Frau, die dort gewesen war, sagte, sie sei in zwei Monaten über hundertmal vergewaltigt worden. Ein Gynäkologe, der sie kurz nach ihrer Entlassung untersuchte, sagte *Newsday*, ihr Bericht sei durchaus glaubwürdig.

»Die ersten Vergewaltigungen begannen ein oder zwei Wochen nach der serbischen Machtergreifung Anfang April« vorigen Jahres, sagte Alija Delimustafić, der damalige bosnische Innenminister. »Sie haben Listen zusammengestellt. Sie haben die Männer verhaftet. Sie befahlen den Frauen, in ihren Heimatdörfern zu bleiben. Sie drohten ihnen, sie würden ihre Väter oder Männer töten, wenn sie wegzögen.«

In einem Intervall von wenigen Wochen bis zu zwei Monaten durchkämmten entweder Polizeireserven, Milizen oder andere paramilitärische Einheiten die Dörfer und führten von Haus zu Haus Verhöre durch. Nach Angaben mehrerer von *Newsday* interviewter Opfer begannen die »Verhöre« mit Fragen nach versteckten Waffen, verwandelten sich aber schnell in Vergewaltigungen mit vorgehaltener Waffe.

Bebas Mann wurde im Mai festgenommen, und über sein Schicksal ist nichts bekannt. Mitte Juli, unter dem Vorwand, nach Waffen zu suchen, drangen die bewaffneten und uniformierten Männer in das Haus einer Siebzehnjährigen ein und befahlen ihr, sie zu Bebas Haus zu begleiten. Vor ihren Augen, sagte Beba, wurde die junge Frau vergewaltigt.

Beba kam wenige Tage später an die Reihe, und obwohl sie gerade ihr Neugeborenes versorgte, wurde sie zusammen mit der Siebzehnjährigen zu einem Haus außerhalb Focas gebracht und nach einem Scheinverhör vergewaltigt.

Beba entkam den Schrecken, indem sie auf eigene Faust nach Foca floh und zwei Wochen in der Nähe des Partizan verbrachte. Die Frauen, die von der Polizei in das frühere Sportzentrum gebracht worden waren, wurden wochenlang wiederholt vergewaltigt. Statt einzugreifen, um den Verbrechen Einhalt zu gebieten, sagten Opfer, verwiesen die örtlichen Polizeikräfte muslimische Frauen manchmal an das Partizan, wo sie auf sicheres Geleit aus der Region warten sollten.

Eine 41 Jahre alte Frau sagte, sie habe sich nach einer Gruppenvergewaltigung, bei der uniformierte Männer sie und eine 19jährige enge Verwandte mißbraucht hätten, bei der Polizei beklagt. Die Polizei sagte, es sei nicht nötig, zum Arzt zu gehen, »aber wir sollten zum Partizan gehen und auf einen Konvoi warten«, sagte die Frau, die bat, nur mit ihrem Initial »B.« genannt zu werden. Aber nachdem sie gesehen hatten, wie die Wachen vier Frauen aus dem Partizan verschleppten, flohen B. und ihre Verwandte und versteckten sich einen Monat lang auf dem Dachboden von Verwandten.

Für M. C., eine 28 Jahre alte Ladenbesitzerin in Foca, die bat, nur mit ihren Initialen genannt zu werden, gab es kein Entkommen. Sie erzählte *Newsday,* daß die Serben ihr Dorf Trošanj am 3. Juni angegriffen hätten, und etwa 50 Leute, die meisten von ihnen Frauen, mit Lastwagen und Privatfahrzeugen zu Arbeiterunterkünften, Buk Bijela genannt, gebracht worden seien. »Die Vergewaltigungen begannen sofort. Zweimal an diesem Tag«, sagte sie.

Dann wurden sie für zehn Tage an eine Oberschule beordert, wo sie von drei Männern vergewaltigt wurde, und schließlich zum Partizan. Von den 74 Menschen im Partizan waren 50 Frauen, die übrigen Kinder und einige ältere Leute. Etwa 30 jüngere Frauen waren das Hauptziel der Gewalt. »Nur die Frauen über 50 waren sicher«, sagte M. C. »Sie holten immer die zehn Jüngsten« aus der Sporthalle, sagte sie in einem Interview in einem Flüchtlingslager in der Türkei. Die Frau sagte, sie sei in den zwei Monaten ihrer Tortur etwa 150mal vergewaltigt worden.

Nachdem sie die Frauen für die Nacht ausgesucht hatten, brachten die Wachen sie zu einer Wohnung oder einem Haus in der Nähe, sagten die Opfer. Einmal, kurz bevor die Hauptgruppe freigelassen wurde, wurde eine vierzigjährige Frau mitten in der Sporthalle vergewaltigt. »Die Wachen haben sie geschlagen. Sie hat geweint«, sagte eine Frau, 44, die bat nur mit ihren Initialen R. C. genannt zu werden.

Am 12. August beorderten die Wachen M. C. in ein Stadion, wo Gruppen uniformierter Soldaten sie und andere Frauen vergewaltigten. »Ich habe 29 von ihnen gezählt. Dann wurde ich ohnmächtig«, sagte die Mutter von zwei kleinen Kindern. Als sie wieder zu sich kam, hörte sie, wie der Kommandant der Truppen sagte: »Genug ist genug.« Es gab Streit, Schüsse, und dann fuhr der Offizier, der an den Vergewaltigungen teilgenommen hatte, sie zur Partizan-Sporthalle zurück.

Die Vergewaltigungen in der Partizan-Sporthalle stellen nur einen winzigen Bruchteil der an muslimischen Frauen in Foča begangenen Gewalttaten dar. Es schien eine Sonderbehandlung für die schönsten und klügsten Frauen zu geben, die ausgesondert wurden, um am häufigsten vergewaltigt zu werden, sagten mehrere Zeugen. Sie sagten, diese Frauen seien seitdem nicht mehr gesehen worden.

»Vier junge Mädchen aus dem Partizan wurden weggebracht und kehrten nie zurück«, sagte R. C. Drei waren Teenager – 14, 16 und 17 Jahre alt. »Wenn sie dich wegbringen, töten sie dich vielleicht. Also, wenn du vergewaltigt wirst, hast du das Gefühl, du hast Glück gehabt. Du lebst wenigstens noch«, sagte sie. R. C. bestätigte, vergewaltigt worden zu sein, wollte aber nicht sagen, wie oft.

Die in der Partizan-Sporthalle festgehaltenen Frauen stiegen schließlich am 13. August in die von den serbischen Behörden bereitgestellten Busse und wurden nach Montenegro gebracht, dem ersten Aufenthalt in einer, wie es scheint, permanenten Deportation. M. C. ist erleichtert, fern von ihrer Heimat zu sein. Von den Hunderten Frauen, die die Torturen des letzten Sommers lebend überstanden, waren nach Angaben eines muslimischen Arztes in Südserbien mindestens 40 schwanger geworden und ließen Abtreibungen vornehmen; einige hatten die Kinder ausgetragen. »Jeder sagte, wenn wir nicht aus Foča weggingen, würde jede zweite Frau schwanger sein«, fügte M. C. hinzu.

Serben finanzieren Vorträge von
Ex-UN-Befehlshaber

Vereinte Nationen, 22. Juni 1993

Der ehemalige UN-Befehlshaber in Bosnien hat an einer Vortragsreise teilgenommen, finanziert von einer serbisch-amerikanischen Organisation, die die serbische Position aktiv unterstützt und bemüht ist, Kritik an der international akzeptierten Ansicht zu schüren, daß die serbischen Truppen in erster Linie für die Massenmorde, Vergewaltigungen und »ethnischen Säuberungen« verantwortlich waren, die die ehemalige Jugoslawische Republik zerstört haben.

In einem Interview mit *Newsday* sagte der kanadische Generalmajor im Ruhestand Lewis MacKenzie, er habe im Zusammenhang mit der Vortragsreise des vorigen Monats nichts Unethisches oder Unehrenhaftes getan. MacKenzie bestätigte in einem Telefongespräch aus Ottawa, daß seine Vortragsreise von der Organisation SerbNet finanziert wurde, behauptete aber, er wisse nicht, wieviel man ihm gezahlt habe. MacKenzie sagte, er erhalte üblicherweise bis zu 10 000 Dollar für einen Auftritt und daß er nicht überrascht wäre, wenn SerbNet diesen Betrag über einen Agenten entrichtet habe.

SerbNet bestätigte später, ihm für mehr als ein Dutzend Reden und Interviews in den zwei Tagen des vorigen Monats in Washington 15 000 Dollar plus Spesen gezahlt zu haben.

Bei seinen öffentlichen Auftritten, einschließlich der Anhörung im Kongreß im vorigen Monat, hatte MacKenzie niemals die finanzielle Unterstützung durch SerbNet offengelegt.

Geld von einer Interessengruppe anzunehmen, verstößt nicht gegen die Gesetze oder die offiziellen Richtlinien der Vereinten Nationen, aber ein Spitzenvertreter der UN, der anonym bleiben wollte, sagte: »Wir sind offengestanden verstimmt über diesen Mangel an Urteilskraft.«

MacKenzie, der von März bis August 1992 als oberster Befehlshaber der UN-Friedenstruppen in Bosnien diente, vertritt die Ansicht, daß alle Seiten im Balkankrieg für Greueltaten verantwortlich sind. »Wenn man mit Bosnien zu tun hat, das ist ein bißchen als hätte man es mit drei

Massenmördern zu tun – einer hat fünfzehn ermordet, einer hat zehn ermordet, einer hat fünf ermordet«, sagte MacKenzie vorigen Monat bei einer Anhörung vor dem Ausschuß des Abgeordnetenhauses für die Streitkräfte. »Sollen wir dem helfen, der nur fünf ermordet hat?«

Diese Ansicht MacKenzies steht im Widerspruch zu den Berichten der UN, der Vereinigten Staaten und internationaler Menschenrechtsorganisationen, die festgestellt haben, daß die Serben in erster Linie für die »ethnischen Säuberungen« und Massenmorde verantwortlich sind. Die eigenen Berichte des US-Außenministeriums halten 285 Fälle von Kriegsverbrechen fest, von denen nur 18 mit den Aktionen muslimischer Truppen zu tun haben. Die serbischen nationalistischen Organisationen unterstützen MacKenzies Position, die dazu tendiert, die Rolle der kriegführenden Serben herunterzuspielen.

SerbNet, eine Abkürzung für Serbian American National Information Network, wurde in Chicago gegründet, um nach der negativen internationalen Berichterstattung über angebliche serbische Greueltaten gegen bosnische Muslime »die serbische Position zu vertreten«, sagte Schatzmeister Milan Visnick. »Den Serben ist im vergangenen Jahr von den internationalen Medien ganz übel mitgespielt worden.« Im Vorstand von SerbNet sitzen überwiegend Vertreter führender nationalistischer Organisationen der Serben.

»Wir waren sehr erfreut, daß es jemanden gab, der positiver von den Serben spricht«, sagte Visnick über MacKenzie. In der neuesten Ausgabe ihrer Monatsschrift »Media Watch« stellte diese Organisation MacKenzies Vortragsreise als den Höhepunkt ihres bislang erfolgreichsten Monats dar, die serbisch-amerikanische Sicht dem breiten Publikum nahezubringen.

Während seiner Reise äußerte McKenzie, 53, in mehr als einem Dutzend Reden und Interviews Zweifel am Sinn einer militärischen Intervention der USA zur Rettung der bosnischen Muslime. SerbNet sagte, MacKenzie sei in den landesweit ausgestrahlten Larry King-Fernseh- und Radio-Talk Shows aufgetreten, habe sich mit der Redaktion von *US News and World Report* getroffen und mit zehn Reportern der *Associated Press*-Nachrichtenagentur im Washington gesprochen. Er wurde von der *Washington Times,* dem *National Journal,* dem *Time*-Nachrichtenmagazin und den Radiosendern *Gannett* und *ABC* interviewt. Er traf außerdem mehrere führende Kolumnisten der *Washington Post* und trat in einer *CNN*-Sendung auf.

Während seiner zahlreichen öffentlichen Auftritte wiederholte MacKenzie häufig seine Behauptung, daß die überwältigende Mehrzahl der von ihm beobachteten Waffenstillstandsverletzungen in Bosnien von den überwiegend muslimischen Regierungstruppen begangen worden seien. Andere UN-Offiziere, die unter ihm dienten, sagen, diese Behauptung verzerre die Fakten, denn oft hätten serbische Artilleristen einen Waffenstillstand dazu ausgenutzt, ganz bewußt provokativ vorzugehen.

»Ich vertrete immer eine objektive Haltung, weil ich nicht nur die Serben beschuldige«, teilte er *Newsday* mit. »Ich werde auch weiterhin die Dinge genau so darstellen, wie ich sie sehe.«

Ein Sprecher des Generalsekretärs Boutros Boutros-Ghali erklärte, die UN finde MacKenzies Verhalten nicht problematisch. »Der Mann dient wieder seinem Land und hat nichts mehr mit der UN zu tun«, sagte Ahmad Fawzi, der Sprecher. »Wenn der Generalsekretär sich dazu überhaupt äußern würde, würde er ihm viel Erfolg wünschen.«

Aber andere stimmten dem nicht zu. »Für eine serbische Organisation, deren einziges Ziel Propaganda ist, auf Vortragsreise zu gehen, das überschreitet meiner Meinung nach die Grenze des Erlaubten und ist schlichtweg unethisch«, sagte George Kenney, ein Beamter des Außenministeriums, der voriges Jahr aus Protest gegen die Passivität der amerikanischen Regierung angesichts der serbischen Greueltaten im Krieg zurückgetreten war. Kenney sagte, daß zu der Zeit, als er noch im Außenministerium arbeitete, die Beamten dort häufig keine Tatsachenbeweise für MacKenzies Behauptungen finden konnten, wonach die Regierungstruppen auf ihre eigenen Zivilisten feuerten.

Auf die Geschäftsbeziehungen MacKenzies mit SerbNet angesprochen, sagte Muhamed Šaćirbey, der Gesandte der bosnischen Regierung bei der UN, das beweise, daß der ehemalige UN-Befehlshaber auch dann parteiisch war, als er den blauen UN-Helm trug. »General MacKenzie hat schon von Anfang an seine einseitige Haltung gezeigt«, sagte Šaćirbey. »Womit sich die Frage stellt, ob er von Anfang an gekauft und bezahlt war.«

Während des Krieges in Bosnien hat es auch andere Public Relations-Kampagnen gegeben. Die bosnische Regierung beschäftigte 1992 *Ruder-Finn,* eine Public Relations-Firma in Washington, aber ein Sprecher der Agentur sagte, das Konto sei gegenwärtig umsatzlos. UN-Sanktionen verbieten es dem serbisch dominierten Restjugoslawien, eine Public Relations-Firma zu beschäftigen, aber dieses Verbot gilt nicht für die serbisch-amerikanischen Organisationen. Seinen eigenen Veröffentlichungen zufolge beschäftigt SerbNet gegenwärtig zwei führende Public

Relations-Firmen – *McDermott/O'Neill & Associates,* eine Firma, die der liberalen Demokratischen Partei nahesteht, und deren Chef Thomas P. O'Neill III ist, der Sohn des früheren Sprechers des Repräsentantenhauses sowie *David A. Keene & Associates in* Arlington, Virginia. Keene ist Vorsitzender der *American Conservative Union.* Beide Firmen halfen nach Angaben ihrer Sprecher bei der Vorbereitung von MacKenzies Medien- und Vortragsreise im Mai.

MacKenzie eine Vortragsreise machen zu lassen, bei der er gegen das militärische Eingreifen der USA in Bosnien argumentierte, war ein Propaganda-Coup für die Anhänger der bosnischen Serben. Als UN-Befehlshaber im früheren Jugoslawien war er eine respektgebietende und glaubwürdige Persönlichkeit. Unkompliziert und unverwechselbar als Soldat, hat MacKenzie nach eigener Zählung bei neun Einsätzen der UN-Friedenstruppen überall auf der Welt gedient, so etwa im Mittleren Osten, Afrika und Mittelamerika. Es soll sein Verdienst als Befehlshaber der UN-Schutztruppen gewesen sein, den Flughafen Sarajevo für Hilfsflüge offengehalten zu haben, als die serbische Belagerung der Stadt Tausende Menschen mit dem Hungertod bedrohte.

MacKenzies Popularität in Kanada nahm weiter zu, und einige Zeitungen verglichen ihn mit Dwight Eisenhower – ein General mit einer großen Zukunft in der Politik. Eine Zeitungsumfrage ergab, daß er ebenso populär war wie die Toronto Blue Jays, die erste Baseballmannschaft, die die World Series gewann und nicht aus den USA kam.

MacKenzie mußte aber auch einige Kritik einstecken, als er noch in der kanadischen Armee diente. Deren Oberbefehlshaber, General John de Chastelain, ließ im vergangenen Herbst MacKenzie, der ein Fernsehinterview gegeben hatte, eine Mahnung zukommen, daß die offiziellen Richtlinien verlangten, um Erlaubnis nachzufragen, bevor er Interviews gebe oder öffentliche Reden halte.

Ende April, einen Monat nachdem MacKenzie aus der Armee ausgeschieden war, brachte Alex Kindy, Parlamentsmitglied aus Calgary, im kanadischen Unterhaus eine Anfrage über die öffentlichen Auftritte des Generals ein. »Wer bezahlt für Mr. MacKenzies Reisen? Ist er ein Lobbyist? Ist er ein Lobbyist für die serbische Seite? Diese Fragen sind, glaube ich, durchaus legitim«, sagte Kindy.

MacKenzie betont seit langem, daß die bosnischen Serben zwar mehr als die anderen gemordet, vergewaltigt und geplündert haben mögen, aber die Darstellung der bosnischen Muslime als Opfer falsch sei. Er hob dies auch während seines Auftritts vor dem Ausschuß des

Abgeordnetenhauses hervor, bei Begegnungen mit einflußreichen Kongreßabgeordneten, darunter Senator John Kerry (Abgeordneter der Demokratischen Partei aus Massachusetts), einem Mitglied des Ausschusses für auswärtige Politik, in einer Rede vor der konservativen *Heritage Foundation* und in seinen Zeitungsinterviews und Fernsehauftritten. MacKenzie tritt auch als Prominenter in einem halbstündigen, von Serb-Net produzierten Film mit dem Titel »Die Wahrheit ist das Opfer in Bosnien« auf.

In seiner Aussage vor dem Ausschuß des Abgeordnetenhauses sprach sich MacKenzie für die Schaffung eines muslimischen Kleinstaates in Zentralbosnien aus, während zugleich dem Drängen der Kroaten und Serben nach einem Großkroatien und Großserbien nachgegeben wird. (Die europäischen Länder haben zu erkennen gegeben, daß sie eine ethnische Aufteilung Bosniens akzeptieren werden, die den Muslimen ein Territorium um die Hauptstadt Sarajevo ohne Zugang zum Meer überlassen würde. Präsident Bill Clinton deutete letzte Woche an, daß er, falls die betroffenen Seiten zustimmen, keine Einwände erheben würde.) MacKenzie sagte auch, ein militärisches Eingreifen des Westens sei zum Scheitern verurteilt.

»Wenn es das Ziel nicht ist, alles Unrecht der Vergangenheit wiedergutzumachen, was offensichtlich unmöglich ist, sondern das Morden zu beenden und die Bedingungen für einen dauerhaften Frieden in Bosnien-Herzegowina zu schaffen, dann sollten wir lieber zugeben, daß es zu spät ist, Bosnien wieder zusammenzusetzen«, schloß er.

MacKenzie sagte, eine Reise, die er im April nach Belgrad gemacht habe, sei auf Einladung des Führers der bosnischen Serben, Radovan Karadžić, erfolgt. Er sagte, er habe nur deshalb sein Schwätzchen mit Karadžić gehalten, um die Bewegungen der kanadischen Truppen zu sichern, die von serbischen Milizen daran gehindert werden, nach Srebrenica zu gelangen, wo sie den Plan des Sicherheitsrates für eine Schutzzone überwachen sollten.

MacKenzie sagte, der Beschuß, unter den er geraten sei, sei in einem solchen Konflikt zu erwarten. Jeder UN-Befehlshaber, sagte er, wäre auf ähnliche Weise von allen Seiten beschuldigt worden.

»Ich habe vor über 450 Organisationen gesprochen, von Indien bis zu den USA, von den Pfadfindern bis zu allen sechzehn NATO-Ländern, immer auf deren Wunsch«, sagte er. »Ich habe vor muslimischen und kroatischen Organisationen an Orten wie Chicago und Detroit gesprochen. Ich bin objektiv und verurteile alle Seiten.«

»Es ist eine abscheuliche Lüge zu behaupten, er tanze nach unserer Pfeife«, sagte Nicholas Trkla, der nationale Koordinator für SerbNet. »Wir haben nur dafür gesorgt, daß er die Gelegenheit hatte, seine Ansichten vorzustellen.« Trkla insistierte auch darauf, daß SerbNet keine Interessengruppe für die bosnischen Serben sei. Das verstieße gegen die Gesetze, sagte er, weil SerbNet als eine gemeinnützige Organisation eingetragen sei.

»Die Folgerung, daß wir eine Deckorganisation für die jugoslawische Regierung sind, ist absolut falsch«, sagte Trkla. »Es geht uns nur um die Wahrheit.«

Dies ist die erweiterte Fassung eines Artikels, dessen Mitverfasser Newsday *UN-Korrespondent Dele Olojede war.*

Ausschreitungen in Bosnien

Ex-Häftlinge beschuldigen UN-Truppen der sexuellen
Gewalt an inhaftierten Frauen

Sarajevo, Bosnien-Herzegowina, 1. November 1993

Nach Aussagen muslimischer Zeugen und des örtlichen Kommandanten der Serben haben Mitglieder der UN-Friedenstruppe regelmäßig
ein von Serben betriebenes Bordell außerhalb von Sarajevo besucht.
Dort hätten sich einige von ihnen mit muslimischen und kroatischen
Frauen vergnügt, die zur Prostitution gezwungen worden waren.

Obwohl die bosnische Regierung wiederholt darauf hingewiesen
hatte, daß bosnische Serben auf dem gleichen Gelände ein Konzentrationslager errichtet hätten, war die UN-Friedenstruppe weder diesen Vorwürfen nachgegangen noch hatte sie ihre Vorgesetzten informiert, wie
ehemalige Gefangene und UN-Sprecher mitteilten.

Die Besuche in »Sonja's Kon-Tiki«, einer Pension mit Restaurant in
Vogošća, knapp zehn Kilometer nördlich von Sarajevo, fanden im Sommer und Herbst 1992 statt, berichten zwölf muslimische und drei serbische Zeugen. Eine Untersuchung wegen angeblichen Schwarzhandels
und anderen Vergehen von UN-Soldaten in Sarajevo wurde jetzt auch
auf diese Anschuldigungen ausgedehnt.

Die Pension »Sonja« wurde nach der Festnahme und Verurteilung
von Borislav Herak bekannt. Herak, ein serbischer Soldat, der im März
1993 von der bosnischen Regierung wegen Vergewaltigung und Ermordung von muslimischen und kroatischen Frauen im »Sonja« im Sommer
1992 zum Tode verurteilt wurde, sagte bei seiner Verhandlung aus, er sei
zwei- oder dreimal wöchentlich bei »Sonja« gewesen, wo er Frauen vergewaltigt habe. Er erklärte, er habe bei einem seiner Besuche dort auch
UN-Soldaten gesehen.

Der Aussage von Branislav Vlaco zufolge, dem bosnischen Soldaten,
der von Mai bis November 1992 den Oberbefehl über das serbische
Lager hatte, gehörten UN-Soldaten zu den regelmäßigen Gästen des
»Sonja«.

»Während ich dort das Lager leitete, kamen sie mehrmals in der
Woche«, sagte er. Er erklärte, die UN-Soldaten hätten dort gegessen,
getrunken und ferngesehen, »und wegen der Mädchen kamen sie auch«.

Vlaco, der später Polizeipräsident in Vogošća wurde, schätzte, daß bis zu 50 Soldaten der UN-Friedenstruppe gekommen seien: Offiziere aus Kanada, Neuseeland, Frankreich, der Ukraine und aus einem afrikanischen Staat. Auch ein Mitglied der selbsternannten bosnischen Serben-Regierung und ein Angestellter des Restaurants bestätigten die Besuche der UN-Offiziere.

Vlaco leitete auch das Gefängnislager in einem halb eingestürzten Bunker ungefähr 50 Meter hinter dem Restaurant, wo 80 bis 100 Menschen, hauptsächlich muslimische Männer, unter unmenschlichen Bedingungen festgehalten wurden.

Überlebende des Camps berichteten in Gesprächen mit *Newsday,* daß bei mindestens sechs Gelegenheiten im Sommer und Herbst 1992 uniformierte UN-Truppen in UN-Fahrzeugen gekommen und in das Restaurant gegangen seien. Manchmal hätten bis spät in die Nacht wilde Parties stattgefunden. An anderen Tagen beobachteten sie, wie muslimische oder kroatische Frauen gezwungen wurden, in gepanzerte UN-Truppentransporter oder Zivilautos einzusteigen, die dann den UN-Fahrzeugen folgten. Der Bunker sei niemals von UN-Personal untersucht worden, so die Zeugen.

Augenzeugen des Geschehens im »Sonja« waren unter anderem neun Männer aus Vogošća und den nahe gelegenen Städten Semizovac und Svrake, die im Bunker inhaftiert waren, sowie drei muslimische Frauen, die zu verschiedenen Zeiten in dem Restaurant festgehalten wurden. Zwei der Frauen sagten unserem Reporter, sie seien in dem Bordell vergewaltigt worden, eine von einem UN-Offizier, die andere von einem Soldaten der bosnischen Serben. Eine dritte Frau berichtete, sie habe gesehen, wie zwei muslimische Mädchen von Offizieren der bosnischen Serben vor den Augen gefangengehaltener muslimischer Frauen vergewaltigt und getötet worden seien.

Es gibt ein Dutzend muslimischer Zeugen der Besuche von UN-Soldaten im »Sonja«, die über einen Zeitraum von sechs Monaten an verschiedenen Orten befragt wurden, in Sarajevo, im von der Regierung kontrollierten Zentralbosnien oder in anderen Ländern, und jeder oder jede waren völlig davon überzeugt, daß Soldaten der UN-Hilfstruppen, die nach Bosnien entsandt wurden, um die Not der leidenden Bevölkerung zu lindern, an sexuellen Gewaltakten gegen weibliche Gefangene beteiligt gewesen seien.

Diese Vergehen fanden ungefähr zu der gleichen Zeit statt, als die Serben ihre Vergewaltigungslager unterhielten, in denen sie muslimische und kroatische Frauen als Teil ihrer Kampagne zur »ethnischen Säuberung« systematisch vergewaltigten, um so alle Nicht-Serben aus Bosnien zu vertreiben.

Vlaco versicherte, daß die Frauen, die im »Sonja« festgehalten wurden, Mädchen aus der Stadt »mit zweifelhaftem Ruf« gewesen seien, die er »eingeladen« habe, in die Pension zu kommen. Aber muslimische Gefangene sagten aus, sie hätten die Frauen erkannt, sie seien aus Vogošća und den umgebenden Dörfern Svrake und Semizovac gewesen. 1991 hatte Vogošća 11 700 Einwohner, Svrake 1 240 und Semizovac 2 100.

Die drei Frauen, mit denen *Newsday* sprach, erzählten, sie seien gewaltsam von den serbischen Machthabern aus ihren Häusern verschleppt und mit Waffengewalt im »Sonja« festgehalten worden. Die muslimischen Zeuginnen glaubten, daß die meisten der dort festgehaltenen Frauen zuerst vergewaltigt und anschließend getötet worden seien. Einige Zeugen behaupteten, die Leichen der Frauen gesehen zu haben. Herak wurde für schuldig befunden, sechzehn Frauen vergewaltigt und zwölf getötet zu haben.

Newsday spürte auch Zeugen auf, die über häufige Besuche von UN-Soldaten im Park Hotel in Vogošća berichteten, wohin Einwohnerinnen der Stadt regelmäßig mit Waffengewalt verschleppt und dort von serbischen Militärführern vergewaltigt wurden. Ein Augenzeuge erzählte, zweimal habe er uniformierte UN-Soldaten beobachtet, die mit serbischen Militärs tranken und dabei von Frauen umgeben waren, und ein Kommandant der bosnischen Serben bestätigte, daß UN-Soldaten häufig die Nacht dort verbrachten.

Die Führung des UN-Hauptquartiers in Zagreb, Kroatien, lehnte jeden Kommentar zu diesen Anschuldigungen ab. Die damaligen Leiter des Hauptquartiers in Sarajevo zeigten sich von den Vorwürfen sexueller Gewalt überrascht, aber zumindest einer von ihnen bestätigte, er habe von dem Gerücht gehört, das »Sonja« sei möglicherweise ein Konzentrationslager.

Obwohl die Berichte die schrecklichsten Greueltaten und Menschenrechtsverletzungen in Europa seit dem Holocaust der Nazis aufdeckten, meinte die militärische Führung der UN in Sarajevo kein Mandat zu haben, den Beschuldigungen nachzugehen, daß in den Konzentrationslagern Menschen mißhandelt würden. Ein hoher Offizier sagte, sie hätten die Berichte in den örtlichen Medien, in denen die UN-Truppen öffentlich solcher Vergehen beschuldigt wurden, nicht verfolgt.

Newsday sprach mit einem halben Dutzend früherer ranghoher Offiziere, darunter General Lewis MacKenzie aus Kanada, und jeder einzelne von ihnen war der Ansicht, die Untersuchung der Vorgänge in den Konzentrationslagern habe nicht in ihrem Verantwortungsbereich gelegen.

Dagegen meinte ein Beamter des Internationalen Roten Kreuzes in Genf, die UN-Offiziere hätten eine moralische Verpflichtung, mögliche Konzentrationslager zu melden. »Auch wenn die UN-Kräfte nicht offiziell dazu verpflichtet sind, nach Konzentrationslagern zu suchen oder Verletzungen der Menschenrechte zu überwachen, haben sie doch ohne Zweifel eine moralische Pflicht, schwerwiegende Verstöße gegen die Genfer Konvention zu melden und den Versuch zu unternehmen, den Opfern zu helfen, wenn sie solche Vorgänge bemerken«, sagte der stellvertretende Direktor des Internationalen Roten Kreuzes Louis Bougnion, ohne im Detail auf die Anschuldigungen einzugehen.

Fred Eckhard, Sprecher der UN in New York, leitete alle Anfragen an das UN-Hauptquartier in Zagreb weiter. Die Sprecher der UN in Zagreb lehnten jeden Kommentar auf schriftliche oder telefonische Anfragen zu den Vorwürfen ab, aber ein Pressesprecher berichtete, daß UN-Generalsekretär Boutros-Ghali eine spezielle Untersuchungskommission eingesetzt habe, die diese und andere Anschuldigungen, es habe Übergriffe gegeben, erforschen solle. Mitglieder dieser Kommission bestätigten in Sarajevo, daß sie der Behauptung, UN-Soldaten seien im »Sonja« gewesen und hätten dort festgehaltene muslimische und kroatische Frauen sexuell mißbraucht, nachgehen würden.

Die ehemaligen Gefangenen beschreiben den Bunker als überfüllt, dunkel und feucht. Ein einziger Eimer diente den 80 bis 100 Männern und den ein oder zwei Frauen, die hier festgehalten wurden, als Toilette. Häufig wurden die Männer aus dem Lager von serbischen Wächtern unter Waffengewalt dazu gezwungen, Gräben an der Front auszuheben und als lebender Schutzschild für die serbischen Truppen zu dienen, wenn sie in die Nähe der Linien der bosnischen Regierungstruppen kamen.

Überlebende des Lagers berichteten, daß männliche Gefangene regelmäßig in der Öffentlichkeit sexuell gedemütigt wurden. Sie mußten sich ausziehen und wurden zu homosexuellen Handlungen mit anderen Gefangenen gezwungen. Der Journalist Esad Muračević, der sieben Monate lang festgehalten wurde, erzählte, daß in diesem Zeitraum insgesamt 800 Gefangene durch den Bunker geschleust wurden, von denen mindestens 250 verschwanden und vermutlich an der Front getötet wurden, entweder bei Exekutionen oder als lebender Schutzschild.

Eigentlich konnten die Gefangenen die Gäste des Restaurants vom Bunker aus nicht sehen, aber gelegentlich befahl Vlaco den Männern, bei den Vorbereitungen zu helfen und Holz zu hacken, Wasser zu schleppen, Lammfleisch am Spieß zu grillen oder den Speisesaal herzurichten. Einige Tage vor einem Besuch Anfang Juni kam Vlaco in den Bunker, »um uns zu sagen, wie wir uns verhalten sollten, und was wir sagen sollten, wenn jemand käme. Wir sollten nichts von Prügel oder schlechter Behandlung sagen«, erzählte Muračević. Er fügte hinzu, daß kein UN-Soldat jemals den Bunker betreten habe. Einen Tag vor dem Besuch beobachtete er fünf »sehr attraktive muslimische Mädchen im Garten des Restaurants. Am nächsten Tag haben wir sie nicht mehr gesehen.«

Rifat Durak, 37, ein muslimischer Polizist aus Vogošća, hackte gerade Holz, als die UN-Fahrzeuge am frühen Abend vorfuhren. »Ich war ungefähr zehn bis fünfzehn Meter von dem Wagen entfernt, der vor dem Restaurant angehalten hatte. Die hinteren Türen gingen auf. Die Soldaten stiegen aus. Sie trugen Uniformen von UNPROFOR [UN-Schutztruppe].«

Er berichtete, sie seien ungefähr 90 Minuten im Haus geblieben. »Dann fuhren vier oder fünf Mädchen mit ihnen weg. Es waren hübsche Mädchen, zwischen 20 und 25 Jahre alt. Sie wurden in einem roten Volkswagen weggefahren. Ich dachte, vielleicht ist irgendwo eine Party.« Durak sagte, er habe eines der Mädchen erkannt. »Sie war eine Kroatin. Ich konnte sehen, daß sie Angst hatte und nicht freiwillig mitging.«

Die Wachen erzählten Durak, daß diese UN-Einheit unter dem Befehl von MacKenzie selbst stünde, aber zu diesem Zeitpunkt war MacKenzie in Belgrad. Vlaco und andere Serben im Lager informierten *Newsday*, daß alle UN-Offiziere »MacKenzie« genannt wurden. MacKenzie hat vehement bestritten, jemals im »Sonja« gewesen zu sein.

Bisher kennt niemand die Namen der UN-Soldaten, die angeblich Gäste des »Sonja« und des Park Hotels waren oder weiß, zu welchen Einheiten sie gehören. Ohne Einsichtnahme in die Akten der UN, auch in die Tagesprotokolle, dürfte eine Identifizierung schwierig sein. Von MacKenzie und aus anderen Quellen der UN erfuhren wir, daß es wahrscheinlich Militärbeobachter der UN waren, eine multinationale Gruppe von unbewaffneten Offizieren, die Beobachtungsposten in der Nähe von serbischen Artilleriestellungen errichteten. Ihre Aufgabe war es, täglich über die Anzahl von Artillerieangriffen auf Sarajevo und andere Ziele an das UN-Hauptquartier zu berichten.

Laut den Augenzeugenberichten, die *Newsday* vorliegen, waren UN-Soldaten während des ganzen Sommers 1992 Gäste des »Sonja«.

Ahmed Hido, der frühere Vorsitzende des Gemeinderats in Svrake, erinnerte sich an einen Besuch von UN-Soldaten im »Sonja« Anfang Juli 1992. Hido, der damals in dem Bunker festgehalten wurde, mußte bei einem Gartenfest Lammfleisch grillen. Am Nachmittag kamen die UN-Fahrzeuge, mit einem Jeep und einem luxuriösen Auto, und das Fest dauerte bis in die späten Abendstunden, erzählte er.

»Wir konnten das Zeichen der UN an der Seite der Fahrzeuge sehen«, sagte er. Und: »Ich sah, daß man Mädchen für die Männer bereithielt.« Ein anderer Zeuge berichtete, die Mädchen seien kurz vor der Ankunft der UN-Soldaten gezwungen worden, sich schön anzuziehen und sich zu schminken.

»Am nächsten Morgen sollte ich da drin saubermachen«, sagte Hido. »Es sah wild aus. Fleischstücke lagen auf dem Boden, halbleere Weinflaschen. Auf dem Tisch war eine große serbische Flagge, und in einer Ecke die der UN.«

Sechs Frauen waren noch in ihren Zimmern, und die serbischen Wachen brachten sie zur Straße und ließen sie frei. »Ich hörte, wie sie *Sretno* [Gute Reise] sagten«, erzählte er. Hido ging in das Haus, um sauberzumachen. »Die Betten waren ganz zerwühlt. Überall lagen die Bettücher herum. Es sah aus wie im Schweinestall.« Hido meinte, so wie die Zimmer aussahen, habe er das Gefühl gehabt, »daß ein paar der Mädchen vergewaltigt wurden«.

Muhamed Ruhotina, 30, ein muslimischer Telefonmechaniker aus dem nahegelegenen Dorf Nahorevo, erinnerte sich an einen Besuch von Soldaten der UN-Friedenstruppe Mitte Juli 1992 im »Sonja«. Ruhotina war dazu eingeteilt worden, auf dem Grill im Garten Lamm zu braten und konnte dabei beobachten, daß die Besucher mitten am Nachmittag gekommen und 60 bis 90 Minuten später wieder gefahren sind.

»Um das Restaurant herum waren lauter Četniks mit Maschinengewehren«, sagte er und meinte damit die paramilitärischen Truppen der Serben, die sich selbst gern so bezeichnen. Ein Truppentransporter und zwei weiße Allrad-Fahrzeuge mit UN-Emblem und -Nummernschildern fuhren vor. Ungefähr zehn Männer stiegen aus, erzählte er.

Er konnte die Stimme einer Frau hören, die im Restaurant mit schmachtender Stimme serbische Lieder sang. »Sie aßen und tranken ...

und dann gingen fünf oder sechs Mädchen, die schönsten und jüngsten« der Frauen, die dort festgehalten wurden, »mit den Soldaten weg«. Er berichtete, daß einige der Frauen in den UN-Truppentransporter stiegen, aber »einige wurden in Autos gestoßen«, die den UN-Fahrzeugen folgten.

Abid Pandžić, 31, ein Mechaniker, war auch unter den Dutzenden von Gefangenen, die Vlaco und Jovan Tintor, der Kommandant der bosnischen Serben in Vogošća, für die Vorbereitungen des Empfangs an diesem Tag ausgewählt hatten. »Man sagte uns während der Arbeit, daß eine Delegation mit MacKenzie käme«, erinnerte er sich. »Wir brachten ein Schild an, auf dem ›Dobro došli‹ [Willkommen] stand, an der Wand waren die serbische Flagge und der serbische Adler.« Pandžić wurde während des Besuchs im Keller des Restaurants eingesperrt und konnte die Gäste nicht sehen.

Tintor, der jetzt Sonderberater des bosnischen Serbenführers Radovan Karadžić ist, bestätigte, daß Soldaten der UN-Friedenstruppe häufig ins »Sonja« kamen, aber von nächtlichen Festen wisse er nichts. »Ich saß oft mit UNPROFOR-Offizieren im Restaurant [»Sonja«]. Aber das war immer tagsüber.«

MacKenzie, der bis August 1992 die UN-Schutztruppe in Sarajevo kommandierte, gehörte zu den Offizieren, die annahmen, wenn jemand im »Sonja« verkehrte, dann waren es Militärbeobachter. *Newsday* gegenüber erwähnte er, daß er, nachdem er von den Anschuldigungen gehört und versucht hatte, sie zu überprüfen, nun davon ausginge, daß Militärbeobachter nach Vogošća gereist seien, um einen »Austausch von Bevölkerungsgruppen« zu arrangieren. Dabei handelte es sich um einen Austausch von muslimischen Bürgern, die von Serben festgehalten wurden, gegen serbische Zivilisten, die in von bosnischen Regierungstruppen kontrollierten Gebieten lebten.

»Ich habe mir gedacht, vielleicht sind sie [im »Sonja«] aufgetaucht und haben ein paar Teenager, darunter auch Mädchen, mitgenommen und sie haben sie ausgetauscht und zurückgebracht«, meinte MacKenzie in einem Telefoninterview.

MacKenzies Stellvertreter, Colonel Michael Jones, gab zu, daß man auf Führungsebene von dem Lager im »Sonja« gehört habe, aber er fügte hinzu: »Es war nicht unsere Aufgabe, in diese Lager zu gehen. Wenn jemand in diese Lager ging, dann war es Richard Gray.« Der neuseeländische Colonel war Leiter der militärischen Beobachtung. »Das lag in seinem Zuständigkeitsbereich. Er war für den Austausch von Gefangenen zuständig.«

Doch Gray ist der Ansicht, daß die militärischen Beobachter mit Gefängnislagern »nichts zu tun haben«. »Es war eher unwahrscheinlich, daß wir auf Lager stießen. Wir sollten auch keine Lager finden. Das gehörte nicht zu unserem Aufgabengebiet. Man stolpert nicht einfach so über diese Lager. Wir waren nicht daran interessiert.« Zur Zeit ist Gray Militärattaché der UN-Mission Neuseelands in New York.

Vlaco behauptet, Gray sei auch »zwei- oder dreimal« im »Sonja« gewesen, habe etwas getrunken und sei dann wieder gegangen. Gray bestritt, daß Militärbeobachter der UN im »Sonja« verkehrten.

»Ich bin tatsächlich nie dort [im »Sonja«] gewesen, noch einer meiner UNMOs-[UN military observers – UN-Militärbeobachter]«, beteuerte Gray gegenüber *Newsday*. Und er fügte hinzu, selbst wenn dies der Fall gewesen sei, so könne er daran nichts Schlimmes finden: »Was soll das alles? Wenn man in ein Restaurant geht, dann geht man eben in ein Restaurant.«

Er leugnete auch, jemals im Park Hotel gewesen zu sein. Aber als wir ihn daran erinnerten, daß Vlaco und andere serbische Offiziere davon erzählt hätten, daß sie Gray dorthin zum Essen eingeladen hatten, konnte auch er sich wieder erinnern. »Ach, Moment mal. Jetzt, wo Sie davon sprechen, wir hatten ein Treffen, dann gingen wir zu dem Hotel und hatten dort ein weiteres Treffen,« meinte er dann.

Der damalige Kommandant der Militärbeobachter, der australische Brigadegeneral John Wilson, gab zu, daß UN-Soldaten möglicherweise unter seinem Kommando Gäste des »Sonja« gewesen sein könnten, aber Besuche im Frühsommer des Jahres 1992 konnte er nicht bestätigen. »Es ist natürlich möglich, daß einige vom rechten Pfad abwichen... Obwohl es höchst unwahrscheinlich ist. Aber Soldaten sind nun mal Soldaten und gehen aus«, sagte er bei einem Telefoninterview in Zagreb, Kroatien.

Ob sie nun dort waren oder nicht, ihm sei jedenfalls nie etwas von Unregelmäßigkeiten im »Sonja« gemeldet worden.

Seit Anfang Juni 1992 war der Bunker beim »Sonja« als »vermutliches Konzentrationslager« bei der bosnischen Regierung registriert. Es stand auf fast jeder von der Regierung herausgegebenen Liste, so auch auf der, die Ende Juli von der Regierung erstellt und als offizielles Dokument an den UN-Sicherheitsrat weitergeleitet wurde. Doch Wilson behauptete, unter seinem Kommando habe die UN kein Lager untersucht. Wilson befehligte die UNMOs in Sarajevo von März bis Juni und beaufsichtigte bis Mitte November alle Einsätze von Zagreb aus. Jetzt ist er Militärberater von Thorvald Stoltenberg, dem UN-Vermittler in der Bosnienkrise.

»Wir wußten nicht, daß es dort irgendwelche Lager gab. Immer wieder hörten wir von der angeblichen Existenz von Gefangenenlagern und ich habe mich des öfteren, sechs- bis zehnmal, an beide Seiten [die überwiegend muslimische bosnische Regierung und die Serben] gewandt und um Erlaubnis gebeten, diese Lokalitäten zu sehen. Sie lehnten es entweder ab oder stellten unmögliche Bedingungen«, sagte er. Noch dazu habe damals »UNPROFOR kein Mandat dafür gehabt. Als ich dort war, bestand unsere Aufgabe darin, die Flagge zu zeigen oder Hilfe anzubieten«. Er habe alle Informationen an das Hauptquartier in Zagreb weitergeleitet.

Offensichtlich ignorierten es die UN-Befehlshaber sogar, wenn in aller Öffentlichkeit von Übergriffen ihrer eigenen Soldaten berichtet wurde.

Ekrem Piknjač, der im Bunker beim »Sonja« festgehalten und später freigelassen wurde, berichtete in der größten Tageszeitung in Sarajevo, *Oslobodjenje*, in der Ausgabe vom 14. August 1992, daß die serbische Führung UN-Soldaten mit inhaftierten Prostituierten versorgt habe. Das Interview trug die Schlagzeile »Auschwitz im ›Sonja‹«. Wilson will von den Beschuldigungen nichts gewußt haben. »Niemand hatte Befehl, die Zeitungen zu lesen. Ich kannte auch niemanden, der serbokroatisch verstand.«

Über Vergewaltigungen und andere Vergehen im Park Hotel sind wenig Einzelheiten bekannt, da dort niemand längere Zeit festgehalten wurde.

Hier stellt sich die Frage nach der Moral, da scheinbar UN-Offiziere viel Zeit an einem Ort verbrachten, wo paramilitärische Serbenführer systematisch Vergewaltigungen und andere Gewalttaten begingen.

Von Ende Juni bis Oktober parkten jeden Tag gepanzerte Personenfahrzeuge der UN für viele Stunden vor dem Park Hotel, sagte M. H., eine muslimische Bosnierin, die in einer Wohnung fast direkt gegenüber wohnte. Sie hatte beobachtet, daß meist fünf oder sechs Soldaten in UN-Uniformen ausstiegen und in das Hotel gingen.

»Zuerst hatte ich gehofft, daß sie uns helfen würden«, war sie bereit zu erzählen, nachdem wir ihr zugesichert hatten, ihre Anonymität zu wahren. »Und dann kam mir das reichlich seltsam vor. Warum gingen sie nicht zu den Menschen, um zu sehen, wie sie lebten? Warum sprachen sie nicht mit den Menschen?«

M. H. sagte, sie sei fünfmal von uniformierten Soldaten der bosnischen Serben aus ihrer Wohnung zu verschiedenen Orten verschleppt worden, wo sie von hohen serbischen Offizieren vergewaltigt wurde. Zweimal sei sie im Park Hotel vergewaltigt worden.

Einmal, am 6. August, habe sie »Schreie von Frauen und Männern« gehört. »Ich hatte den Eindruck, daß sie Menschen schlugen und daß sie jemanden töteten.«

Ein serbischer Angestellter des Park Hotel, der anonym bleiben wollte, sagte, daß oft UN-Offiziere kamen und »einige blieben gelegentlich über Nacht. Ich weiß nicht, ob sie da Freundinnen hatten.«

Momčilo Mandić, damals »Justizminister« der selbsternannten bosnischen Serbenregierung unter Radovan Karadžić, behauptete, daß einige UN-Offiziere im Sommer 1992 »im Park Hotel untergebracht« gewesen seien.

Es ist möglich, daß die serbischen Kräfte den UN-Truppen auch im Park Hotel gefangengehaltene Frauen angeboten haben. Zenita Šabanović, 48, die nur etwa 200 Meter vom Hotel entfernt wohnte, ist zwischen dem 15. Juni und dem 15. Juli zweimal in das Park Hotel gegangen, um dort Führer der paramilitärischen Serbentruppen zu suchen. Sie erzählte, sie habe um die Freilassung ihrer zwei erwachsenen Söhne bitten wollen, die im Bunker beim »Sonja« festgehalten wurden.

»Sie richteten ein Gewehr auf mich. Sie sagten ›Balija, geh weg‹«. *Balija* ist ein Schimpfwort für Muslim. Die Serben hätten gedroht, sie zu töten. Währenddessen hätten die Leute von der UNPROFOR »dort mit den Četniks zu Mittag gegessen. Und beide Male«, fuhr sie fort, »sah ich auch Frauen dort«.

Dieser Bericht entstand mit Unterstützung des Sonderberichterstatters Colin Soloway

Aus dem Englischen von Monika Doser

Dem Tod trotzen

In Mostar liegt jedes Haus an der Front

Mostar, Bosnien-Herzegowina, 21. Dezember 1993

In einem Raum des provisorisch eingerichteten Krankenhauses, in dem es vor Fliegen wimmelt, liegt der zwölfjährige Amel Demić im Koma. Seine Augen wandern von der Wand zur Decke, aber er kann sich nicht bewegen, denn sein Arm ist am Bettrahmen festgebunden.

Anfang September wurde sein Haus von einer Granate getroffen. Die Splitter verletzten ihn am Kopf, seine Mutter am Bauch. Sie erholt sich zu Hause, weil in dem überfüllten Krankenhaus keine Betten frei sind.

Im Gegensatz zu den meisten Einwohnern von Mostar erhält Amel wenigstens regelmäßig Nahrung – durch Schläuche. Für die meisten anderen der über 50 000, zumeist muslimischen Bewohner, mehr als die Hälfte davon Flüchtlinge, gibt es nach siebenmonatiger Blockade und Belagerung unter Artilleriegeschützfeuer durch die unbarmherzigen Kroaten aus Herzegowina fast nichts mehr.

Jeden Tag sterben mindestens zwei, drei Menschen an Hunger oder Krankheiten, die durch Nahrungsmangel verursacht wurden – Schwache, Alte, Kranke, Diabetiker. Tag und Nacht wird die überwiegend muslimische Altstadt am Ostufer des Flusses Neretva von hunderten von Granaten getroffen, die vom westlichen, überwiegend von Kroaten bewohnten Teil der Stadt abgefeuert werden, jeden Tag werden bis zu acht Menschen tödlich getroffen und bis zu 30 verwundet. Jedes Haus, jedes Gebäude liegt an der Front.

Die Altstadt ist der Schauplatz einer unbarmherzigen Zerstörung, wie damals Vukovar, die kroatische Stadt im Osten, die 1991 während des serbokroatischen Kriegs zerstört wurde. Verglichen mit dem östlichen Teil von Mostar sieht sogar Sarajevo unbeschädigt aus. Dennoch denken weder die Verantwortlichen noch die Bevölkerung daran, Mostar in diesem, dem zweiten Krieg in Bosnien, aufzugeben.

»Noch nie in der Geschichte ist es jemandem gelungen, ein ganzes Volk auszurotten,« sagt Bürgermeister Smail Klarić. »Sie [die Kroaten] können nicht alles zerstören. Sie können Leben zerstören. Mehr können wir nicht verlieren. Unseren Stolz können sie nicht zerstören.«

Früher war Klarić ein Topmanager bei Sokol, einem Flugzeughersteller mit Sitz in Mostar. Im Juni 1993 floh er vom Westteil der Stadt in den Ostteil, seine alte Mutter trug er auf den Armen hierher.

Trotziger Widerstand ist auch die Grundhaltung der Kroaten in Herzegowina. Kommandeur Slobodan Praljak rechtfertigte die Zerstörung der Altstadt mit dem Argument, daß die Briten im Zweiten Weltkrieg Dresden dem Erdboden gleichmachten und die Vereinigten Staaten die Atombombe auf Hiroshima und Nagasaki warfen. »Die westlichen Länder haben kein Recht, moralische Überlegenheit für sich zu beanspruchen,« erklärte er.

Dresden und Hiroshima sind passende Bilder für die Reste des einstigen Paradestücks der Architektur des ottomanischen Reichs. Neun von zehn Gebäuden sind zerstört, laut den Angaben von Sulejman Budaković, dem bosnischen Militärbefehlshaber, zwei Drittel davon während der jüngsten Kämpfe. Am 9. November brachte die kroatische Artillerie mit einem Hagel von über 40 Granaten die ehrwürdige alte Steinbrücke über den Fluß zum Einsturz. Nach ihr war die Stadt, deren Symbol sie war, benannt worden. 427 Jahre lang hatte sie dort gestanden. »Sie wurde als militärisches Ziel eingestuft«, sagte ein Berater des herzegowinischen Kroatenführers Mate Boban.

Im neuen Teil von Mostar, der vom Kroatischen Verteidungsrat kontrolliert wird, gibt es für Muslime keinen Zufluchtsort mehr. Doch sowohl die Einwohner als auch die Flüchtlinge sagen, sie wollen wieder mit Kroaten und Serben zusammenleben.

»Wir wollen ein Mostar für alle Bürger. Wir wollen keinen ethnischen Staat. Es gibt nur einen Staat für die Bürger. Ich persönlich würde mich ohne Serben und Kroaten ärmer fühlen«, meinte Klarić.

Unter den gegebenen Umständen ist das eine ganz außergewöhnliche Vorstellung. Serben und Kroaten haben dafür gesorgt, daß es in der Altstadt keine Geschäfte gibt, kein fließend Wasser, keine Stromversorgung und auch keine Kommunikationsmöglichkeiten mit der Außenwelt. Um ein Ei zu kaufen, das den Lohn für eine Woche Arbeit kosten würde, wenn es hier noch bezahlte Arbeit gäbe, muß ein Bewohner der Altstadt für eine Wegstrecke 14 Stunden lang zu Fuß über einen schmalen Bergpfad nach Jablanica gehen, wo wenigstens Bauern ihre Produkte auf dem Markt verkaufen.

Dennoch, die Organisation im Ostteil von Mostar funktioniert. Bis Ende Oktober, als alle Vorräte aufgebraucht waren, versorgte die städtische Suppenküche jeden Tag 35 000 Menschen mit Nahrung. Radio

Mostar strahlt täglich 16 Stunden lang ein 250 Watt starkes Signal aus, und die Antikriegs-Propaganda und multikulturelle Popmusik verärgern die Kroaten, die, wie Angestellte berichten, ständig versuchen, den Sender zu stören.

»Es ist nicht so, daß ich alle Kroaten hassen würde. Ich glaube nicht, daß alle Kroaten Ustascha sind,« sagte eine junge Frau, die bei Radio Mostar arbeitet. Dabei bezog sie sich auf das faschistische Regime der Kroaten während des Zweiten Weltkriegs.»Es sind auch nicht alle Muslime gute Menschen. Auch unter den Muslimen gibt es Kriminelle.« Wer bei Radio Mostar arbeitet, gibt seinen Namen nicht preis. Die meisten von ihnen flohen vom Westufer und fürchten um ihre Verwandten, die noch auf der anderen Seite leben.

Praljak verteidigte die Belagerung von Mostar und den ganzen Krieg als einen »Kampf um Lebensraum« (im Orig. deutsch, Anm. d. Übers.), eine Phrase, die man seit Hitlers Drittem Reich nicht mehr gehört hat. Damit meint er das ethnische Ungleichgewicht, das verursacht wurde durch die Flut von in der Mehrzahl muslimischen Flüchtlingen aus den von Serben kontrollierten nördlichen und östlichen Gebieten Bosniens in Gegenden, in denen seit Jahrhunderten die Kroaten dominiert hatten.

Schon seit längerem strebten Nationalisten innerhalb der kroatischen Bevölkerung Herzegowinas danach, das weitgehend unfruchtbare Land in das angrenzende Kroatien einzugliedern, mit Mostar als Landeshauptstadt der Kroaten, obwohl deren Anteil an der Gesamtbevölkerung gerade 34 Prozent ausmachte und sie somit nach den Muslimen mit 35 Prozent die zweitstärkste Bevölkerungsgruppe bildeten. Eine ethnisch reine Stadt ist jedoch unvorstellbar. In Mostar gab es die meisten Mischehen in Bosnien-Herzegowina: etwa 35 Prozent.

Praljaks erstaunlichste Bemerkung ist schon beinahe von Rassismus geprägt: »Europa will keinen muslimischen Staat.« Großbritannien und Frankreich hätten auf diplomatischem Wege ein militärisches Eingreifen der USA verhindert, um einen solchen Staat zu verhindern, behauptete er.

Darauf wußte Klarić eine passende Antwort: »Die Welt wollte eine Aufteilung von Bosnien-Herzegowina zwischen den Serben und den Kroaten sanktionieren. Aber das war ein Fehler. Als sie beschlossen, Bosnien-Herzegowina aufzuteilen, dachte niemand an das muslimische Volk. Und um uns geht es.«

Die Reaktionen der westlichen Regierungen sind unverständlich für ihn. »Wir sind europäische Muslime«, sagte er. »Wir sind gebildete Menschen. In dieser Gegend sind wir die gebildetsten Menschen. Wir sind ein Teil Europas und ein Teil der Welt. Ich frage Sie, ist dieses Europa das wirkliche Europa?«

Aus Angst vor dem ständigen Granatenbeschuß und den Heckenschützen drängen sich die muslimischen Flüchtlinge aus dem überwiegend kroatischen Westteil der Stadt in stickigen Kellern, wo sie zu dritt in einem Bett schlafen. Auch hier herrscht eine Atmosphäre des trotzigen Widerstands, und das Bewußtsein, die Bürgerrechte eines modernen Staates zu verteidigen. »Wir sind ein europäisches Volk,« sagt Enver Salmanović, 37, ein Programmierer, der mit seiner Frau und seinen beiden jugendlichen Söhnen im Keller eines Wohnhauses ausharrt, in dem jetzt 40 Menschen leben. »Wir sind gebildete Europäer. Wir sind keine Wilden.«

Ähnliche Worte hört man auch in dem provisorischen Krankenhaus mit den völlig ungenügenden sanitären Einrichtungen, das ständigen Granatenangriffen ausgesetzt ist. Arnel Demić, 20, kommt jeden Tag nach seinem Militärdienst hierher und wartet darauf, daß sein kleiner Bruder Amel aus dem Koma aufwacht. Sogar Arnel hofft auf eine friedliche Lösung.

»Der HVO [kroatischer Verteidigungsrat] will Zivilisten töten,« erklärte er. »Ich bin Soldat, aber so etwas würde ich nicht tun.«

Arnel sagte, er wolle sich nicht für seinen Bruder rächen. »Ich würde sie gern hier vor Gericht bringen und sie dafür verantwortlich machen«, sagte er. »Ich will sie nicht töten.«

Inzwischen gibt es kaum noch Hoffnung, daß sein Bruder aus dem Koma aufwachen wird. *Newsday* besorgte die Medikamente, die sein Arzt empfahl und ließ sie mit Unterstützung des Internationalen Hilfskomitees der Vereinigten Staaten nach Mostar bringen. Doch der Junge sprach auf die Medikamente nicht an. Eine Mitarbeiterin des Internationalen Roten Kreuzes meinte, die Verletzungen durch die Granatsplitter und die inneren Blutungen seien so schwer, daß er keine Überlebenschancen habe.

Aus dem Englischen von Monika Doser

Kroatisch-muslimischer Konflikt
Krieg im Krieg

Mostar, Bosnien-Herzegowina, 21. Dezember 1993

Der Mann, der für die Zerstörung von Mostars historischem muslimischem Stadtteil verantwortlich ist, machte nicht viel Worte, als er seinen Befehl rechtfertigte, die Stadt Tag und Nacht zu bombardieren. Es sei eine Machtprobe gewesen, sagte General Slobodan Praljak vom kroatischen Verteidigungsrat. »Wir haben hier die Oberhand.«

Auch für die Unterbrechung der Landverbindungen nach Zentralbosnien, die über eine Million Zivilisten im Winter einem verzweifelten Kampf gegen den Hunger überläßt, suchte er keine Entschuldigung. »Das habe ich getan«, sagte der Stabschef in einem Interview kurz vor seiner Absetzung im November. »Krieg ist Krieg. Ein Bürgerkrieg ist immer ein totaler Krieg.«

Die Kroaten in Bosnien-Herzegowina sind tatsächlich mit der überwiegend muslimischen Regierung in einen Kampf auf Leben und Tod verwickelt. Und Mostar ist die größte Kriegsbeute. Noch vor einem Jahr kämpften sie Seite an Seite, um diese Stadt gegen die von Serben geführte jugoslawische Armee zu verteidigen.

Schon seit längerer Zeit gab es Spannungen zwischen den beiden nationalen Gruppen, doch der Plan, durch den Verbündete zu Feinden wurden, hat einen ganz anderen Ursprung – die internationalen Friedensvermittler.

Nach Ansicht von Beobachtern der führenden humanitären Hilfsorganisationen ist der kroatisch-muslimische Konflikt der Krieg im Krieg, den die internationale Diplomatie hätte verhindern sollen, den sie aber vielleicht sogar verschärft hat und gegen den sie heute nichts unternimmt.

»Der totale Krieg fing eigentlich mit dem Vance-Owen-Plan an«, sagte ein ranghoher Berater der UN in Zagreb, der anonym bleiben wollte. Der Berater bezog sich auf den früheren US-Staatssekretär Cyrus Vance und den ehemaligen britischen Außenminister David Owen.

Hohe Offiziere räumen ein, daß sie die Landnahme im April begannen, mit der von Vance und Owen skizzierten Landkarte als Richtlinie.

»Vance und Owen haben uns diese Gebiete zugestanden«, erklärte Ivan Drniš, der politische Führer der Kroaten in Tomislavgrad gegenüber ausländischen Journalisten, als die Kämpfe begannen. »Jetzt werden wir die Kontrolle übernehmen.«

Heute will fast niemand, daß das Ausland seine Aufmerksamkeit auf diesen zweiten Krieg richtet – weder die internationalen Friedensvermittler noch die Clinton-Regierung, nicht einmal die bosnische Regierung. Die einzig mögliche Ausnahme ist die Regierung des angrenzenden Kroatien, das sich wegen der Waffen- und Munitionslieferungen an Kroaten in Bosnien wachsendem internationalen Druck ausgesetzt sieht, aber bisher hat Kroatien keine definitiven Schritte unternommen, um den Krieg zu beenden.

Im allgemeinen behandelt die internationale Gemeinschaft diesen Krieg als eine eher peinliche Angelegenheit. Betrachtet man die Gründe für die Auseinandersetzungen, beginnt man zu verstehen, warum die Friedensvermittler scheinbar keinerlei Fortschritte bei der Lösung des Bosnienkonflikts machen.

Der Vorschlag, den Vance und Owen Anfang 1993 unterbreiteten, sah eine schwache Zentralregierung in Bosnien mit zehn autonomen Provinzen vor, die so angelegt sind, daß die Teilgebiete zu gegenseitigen wirtschaftlichen Beziehungen gezwungen sind. Den Kroaten gestand dieser Plan einen großzügigen Anteil von 26 Prozent des Gebiets zu, obwohl sie nur einen Anteil von 17 Prozent an der Gesamtbevölkerung haben.

Mostar sollte die Hauptstadt der überwiegend kroatischen Gebiete sein, obwohl mehr Muslime als Kroaten in der Stadt lebten. Der bosnische Kroatenführer Mate Boban unterzeichnete sofort. Der bosnische Präsident Alija Izetbegović folgte ihm etwas zögerlich im März, weil er hoffte, durch Konzessionen an die Kroaten die Allianz retten zu können, wie ein hoher bosnischer Diplomat erklärte. Aber die bosnischen Serben lehnten den Plan im April ab.

Als offensichtlich wurde, daß die Friedensvermittler nur auf die Verschärfung der wirtschaftlichen Sanktionen gegen Serbien zurückgreifen konnten, machten die Kroaten ihren taktischen Schachzug. Am 15. April verlangte die kroatische Führung die militärische Kontrolle über die drei »kroatischen« Gebiete des Vance-Owen-Plans, einschließlich Mostar. Mit der Forderung nach einem ethnisch reinen Staat »Herzeg-Bosna« blockierten die Kroaten Konvois und begannen am 9. Mai die Belagerung Mostars.

»Es konnte als Präventivschlag betrachtet werden«, sagte der kroatische Sprecher des HVO [des kroatischen Verteidigungsrates], Tony Vučić. »Es gab da diese Überlegung: Jetzt regeln wir erst mal das, und dann werden wir sehen, wer stärker ist.« Auch die Belagerung erklärte er auf ähnliche Weise: »Für uns ist Mostar wertvoll, und für die Muslime ist es strategisch wertvoll.«

Der norwegische Diplomat Thorvald Stoltenberg, der Vance am 1. Mai ablöste, erklärte, daß er und Owen schwer daran gearbeitet hätten, einen regelrechten kroatisch-muslimischen Krieg zu verhindern. Die Liste der Erklärungen und Gespräche untermauert diese Behauptung.

Nachdem die bosnische Regierung zwei Monate lang Sturmangriffen auf ihre Truppen zusehen mußte, startete sie eine große Gegenoffensive und eroberte fast die Hälfte des Territoriums, das von den kroatischen Truppen beansprucht wurde. Die Kroaten wandten die Terrormethoden an, die sie bei den Serben gesehen hatten, bis zu 30 000 Muslime rund um Mostar wurden Opfer von »Säuberungsaktionen«.

Sie trieben auch über 10 000 muslimische Männer zusammen und brachten sie in Lager, wo noch heute mindestens 2 500 von ihnen leben. Weitgehend unabhängige kroatische paramilitärische Truppen sprengten Moscheen, überfielen Zivilisten und zwangen Zehntausende zur Flucht in den Ostteil der Stadt, über die einzige noch funktionsfähige Brücke, die 427 Jahre alte »Stari Most«. Praljak faßt den Krieg so zusammen: »Meiner Ansicht nach ist alles außer Kontrolle geraten. Sie müssen kämpfen, und wir werden kämpfen.«

Tadeusz Mazowiecki, Sonderbeauftragter der UN für Menschenrechte, verdächtigte kürzlich sowohl bosnische Regierungstruppen als auch kroatische Soldaten der Greueltaten und Massaker. Der bosnischen Armee warf er aber nicht vor, auf Befehl zu handeln oder einer Ideologie wie die der serbischen oder kroatischen »ethnischen Säuberung« zu folgen.

Im November hielt Owen in London eine Rede, in der er die Clinton-Regierung beschuldigte, den Vance-Owen-Plan zunichte gemacht zu haben. Doch auch er und Stoltenberg trugen ihren Teil zu dessen Scheitern bei, als sie einen neuen Plan unterschrieben, der von dem serbischen Präsidenten Slobodan Milošević und dem kroatischen Präsidenten Franjo Tudjman entworfen worden war. Auf den ersten Blick scheint dieser neue Plan drei ethnische Republiken in einem Staat vorzusehen, aber das Dokument, das veröffentlicht wurde, macht deutlich, daß dies nur ein kaum verschleierter Plan für eine Teilung ist, nach der es nur einen kleinen muslimischen Rumpfstaat geben würde. Die bosnische Regierung lehnte den Plan ab, weil er weder einen gesicherten Zugang zur Adria durch kroatisches Gebiet noch zu den Enklaven in Ostbosnien vorsah, die seit dem serbischen Eroberungsfeldzug isoliert sind.

Ein hoher amerikanischer Beamter erklärte, daß Owen und Stoltenberg sich während der letzten Monate nur wenig um eine Lösung der muslimisch-kroatischen Problematik gekümmert hätten. »Es ist richtig, daß diese Frage für die Friedensvermittler nicht auf der Tagesordnung gestanden hat«, sagte der Beamte in Bezug auf einen Waffenstillstand im kroatisch-muslimischen Krieg. Er wollte anonym bleiben.

Der ehemalige US-Diplomat Mort Abramovitz, einer der führenden Kritiker von Clintons Bosnienpolitik, pflichtete ihm bei. »Ich habe das Gefühl, daß Stoltenberg und Owen sich nicht gerade übermäßig darum bemüht haben«, erklärte Abramovitz, der jetzt die Carnegie Stiftung leitet, eine Denkfabrik in Washington. Er fügte hinzu, die Clinton-Regierung habe noch keine ernsthafte Initiative auf höherer Ebene gestartet.

Die beiden Unterhändler scheinen von dem Krieg, der in dieser Region wütet, seltsam losgelöst zu sein. Owen, zum Beispiel, bezweifelte Praljaks einfache Erklärung für die Zerstörung Mostars. Die Kroaten würden Mostar nicht zerbomben, »nur weil es da ist«, sagte Owen zu *Newsday*. Er zitierte Boban, der gesagt haben soll: »Mostar ist unsere Hauptstadt ... die einzige Stadt, die wir haben ... unser historisches Zentrum ... der einzige Ort mit einem Flugplatz«.

In den Forderungen gebe es »einen Funken Wahrheit«, erklärte Owen, und fügte lachend hinzu: »Das Problem ist nur, daß dort nun mal so viele Muslime leben.«

Owen lag nicht ganz richtig. Tatsache ist, daß Herzeg-Bosna, ein dünn besiedeltes Gebiet mit Felsen und kahlen Hügeln, keine staatliche oder rechtliche Grundlage hat, und daß Bobans einzige Legitimation die Anerkennung ist, die ihm die Unterhändler selbst gegeben haben.

Auch Stoltenberg betrachtet die Belagerung als zweitrangiges Problem. In Gesprächen mit Boban vermied er es, das Wort »Belagerung« auszusprechen. Wie Vučić berichtete, sprach er lediglich von »zwei sich bekämpfenden Armeen« und von »Presseberichten, die kroatische Armee habe eine Belagerung begonnen«.

Zu *Newsday* sagte Stoltenberg: »Ich weiß nicht, welchen Begriff ich verwendet habe ... ›Belagerung‹ oder nicht ›Belagerung‹«. Diese Zurückhaltung, die Dinge beim Namen zu nennen, war ein deutliches

Zeichen für die Kroaten: »Beschwichtigungspolitik für die derzeitigen Machthaber«, meinte der Sprecher der Kroaten, Vučić.

Der Plan der Friedensvermittler selbst ist auf scharfe Kritik gestoßen. »Er entschuldigt gewaltsame Landnahme, ethnische Säuberung und die Situation der Flüchtlinge« und verneint schließlich »wichtige Prinzipien, die von der Europäischen Gemeinschaft und dem Sicherheitsrat aufgestellt wurden«, als die Verhandlungen im August 1992 begannen, kommentierte Kiro Gligorov, der Präsident von Makedonien.

»Das kann keine Grundlage für einen dauerhaften Frieden sein. All die Ungerechtigkeiten, die in Bosnien-Herzegowina begangen wurden, werden wie ein Bumerang zurückkommen«, sagte Gligorov in einem Interview in Skopje. Als Beispiel führte er an: »Was werden sie mit drei Millionen Flüchtlingen machen? Das wird immer Anlaß für ständige Konflikte sein.«

Stoltenberg sagte, er schätze Gligorov sehr, er nannte ihn einen »weisen Mann« und zeigte sich von dessen Kritik schwer getroffen. Owen und er hielten ihm jedoch entgegen, es gebe kein höheres Ziel als ein Ende der Kampfhandlungen. »Wir können nicht akzeptieren, daß Land gewaltsam erobert wird«, sagte Stoltenberg. »Aber die ganze Menschheitsgeschichte ist voller gewaltsam eroberter Gebiete.«

»Noch mehr Menschen töten zu lassen, noch mehr Menschen leiden zu lassen, das ist auch nicht im Sinne der Prinzipien der Londoner Vereinbarung, die 1992 dem Start der Verhandlungen vorausging«, meinte Stoltenberg. Die einzige Alternative zu dem vorgelegten Vorschlag sei, so fügte er hinzu, »den Krieg weiterzuführen«.

Aus dem Englischen von Monika Doser

Epilog

Zehn Tage bevor Deutschland 1939 in Polen einmarschierte, befahl Adolf Hitler die Oberbefehlshaber seiner Armee zu seinem »Horst« auf dem Obersalzberg, um ihnen seine Absichten für die Zeit nach der militärischen Eroberung des Landes zu offenbaren. Sein Plan sah »ethnische Säuberungen« im Stil der Nazis vor.

»Polen wird entvölkert und mit Deutschen besiedelt werden«, sagte Hitler in seiner Geheimrede. So wie Dschingis Khan »bewußt und leichten Herzens Millionen von Frauen und Kindern in den Tod geschickt« hätte, sagte Hitler, habe er den SS-Totenkopf-Verbänden befohlen, ohne Gnade oder Mitleid »viele Frauen und Kinder polnischer Abstammung und Sprache« zu töten. Nur so »können wir den Lebensraum gewinnen, den wir benötigen. Wer spricht schließlich heute noch von der Vernichtung der Armenier?«

Seine Zuhörer waren von der Rede so geschockt, daß einer der Anwesenden, ein Admiral, eine Zusammenfassung der wesentlichen Punkte der britischen Botschaft in Berlin zuspielte, in einem vergeblichen Versuch, das Gemetzel abzuwenden.

Historische Präzedenzfälle gaben Hitler Grund zu der Annahme, daß er mit dem Völkermord in Polen ungestraft davonkommen könne, und das feige Verhalten der westlichen Politiker bestätigte ihn in seiner Zuversicht. »Ich habe diese armen Würmer Daladier und Chamberlain in München erlebt«, sagte er seinen Führungsstäben, sich auf den britischen Premierminister Neville Chamberlain und den französischen Premierminister Edouard Daladier beziehend. »Sie werden zu feige sein, uns anzugreifen. Sie werden nicht über eine Blockade hinausgehen.«[1]

Doch die Alliierten schlugen zu ihrer Selbstverteidigung zurück, und nachdem sie Deutschland besiegt hatten, schufen sie mit dem Internationalen Militärtribunal gegen die Hauptkriegsverbrecher in Nürnberg einen historischen Präzedenzfall. Aber Hitlers Annahme, daß er mit dem Völkermord ungestraft davonkommen könne, erwies sich als richtig.

---

1 *Documents on British Foreign Policy 1919–1939,* 3rd Series, VII. London: 1954, S. 257–260. Der (englische, Anm. d. Übers.) Originaltext, wie er am 25. August an das englische Außenministerium geschickt wurde.

Ein halbes Jahrhundert später beweist Serbiens Krieg in Bosnien, daß eine regionale Macht mit einem rücksichtslosen Führer, militärischer Überlegenheit und einer extremen nationalistischen Ideologie auf europäischem Boden »ethnische Säuberungen« durchführen kann, falls dies nicht direkt gegen die Interessen einer der großen Mächte verstößt. Diesmal wurden die Absichten nicht durch eine anderen zugespielte Geheimrede offenbart, sondern durch eine Fülle von Presseberichten und Dokumentationen westlicher Regierungen und internationaler Hilfsorganisationen. Noch während der Konflikt tobte, stimmte der UN-Sicherheitsrat einem Kriegsverbrecherprozeß zu, um diejenigen vor Gericht zu stellen, die des Völkermords und der Verbrechen gegen die Menschlichkeit verdächtig waren. Aber wie Zuschauer einer Fernsehserie sahen die USA und Europa weiterhin passiv zu, wie die Verbrechen begangen wurden.

Einige sehen in dieser Passivität den Orientierungsverlust einer Generation schwacher politischer Führer am Beginn einer neuen Ära. Nach dem Ende des Kalten Krieges, dem Zusammenbruch des Kommunismus in Europa und der Demontage des sowjetischen Imperiums folgten die Ereignisse einander so schnell, daß die Vereinigten Staaten, als die einzige übriggebliebene Supermacht, und ihre Verbündeten weder ein Modell, das die bipolare Weltordnung ersetzen könnte, ausgearbeitet, noch einen angemessenen politischen Entscheidungsprozeß eingeführt hatten. Es gibt jedoch reichlich Beweise dafür, daß die westliche Indifferenz auf die Entscheidung der Vereinigten Staaten zurückzuführen ist, bei Beginn der Krise wegzusehen. Was auch immer die Gründe sein mögen, der Westen ist auf dem Balkan mit einem Fiasko konfrontiert, das er größtenteils selbst zu verantworten hat. Nachdem sie ein Land mit einer rechtsstaatlichen Verfassung anerkannt hatte, verwehrte die Weltgemeinschaft es ihm, seine Souveränität und sein Volk zu verteidigen. Sie überließ es dem Aggressor.

So unberechenbar die Ereignisse auf dem Balkan auch sein mögen, die Experten stimmen zumindest darin überein, daß die Krise nicht auf Bosnien-Herzegowina begrenzt werden kann. Der Virus des aggressiven Nationalismus breitet sich ungehindert aus, und lange unterdrückte Kräfte sind entfesselt worden. Jederzeit kann ein Konflikt ausbrechen, sei es im Kosovo, in Makedonien oder Kroatien, und zu einem europäischen Krieg führen. Der Westen ist vor die Wahl gestellt, entweder die Aggression gegen Kroatien und Bosnien-Herzegowina zuzulassen und damit eine Rückkehr zur dunkelsten Epoche der modernen Geschichte einzuleiten, oder irgendeine Art von Ordnung wiederherzustellen, wie sie in den letzten Jahren des Kalten Krieges herrschte. Wenn der Westen wieder Einfluß auf die Ereignisse in Südosteuropa gewinnen und einen Rückfall in das Gesetz des Dschungels, wo Macht Recht setzt, vermeiden will, werden seine politischen Führer aus ihren Fehlern lernen und ihre Prinzipien überdenken müssen. Einige Lektionen hätten sich von selbst verstehen sollen.

Amerikas Engagement oder Nicht-Engagement hat sich im Frieden wie im Krieg als der entscheidende Faktor erwiesen. Die beiden großen Kriege dieses Jahrhunderts wurden in Europa begonnen zu einer Zeit, als die Vereinigten Staaten sich politisch isolierten, und für beide erwies sich das militärische Eingreifen der USA als entscheidend. Der eindeutige Sieg des Westens im dritten und längsten Konflikt, dem fünfundvierzigjährigen Kalten Krieg gegen die Sowjetunion und ihre Verbündeten, wäre ohne die amerikanische Führung nicht vorstellbar gewesen.

Durch einen doppelten Fehler der Bush-Regierung im Jahre 1991 war die Reaktion des Westens wahrscheinlich schon vom Ausbruch der Balkankrise an zum Scheitern verurteilt. Die politischen Führer der USA ignorierten die Anzeichen dafür, daß das Auseinanderbrechen Jugoslawiens unvermeidlich war, und statt eine Strategie zu erarbeiten, die sich der Realität stellte, verließen sie den Kampfplatz und schworen der Anwendung von Gewalt ab. Es wurde das Argument vorgebracht, der Balkan sei im Vergleich zu Kuwait von geringer strategischer Bedeutung für die Vereinigten Staaten, da es in Bosnien-Herzegowina kein Erdöl gebe; aber es ist Wahnsinn zu glauben, daß die Stabilität Mitteleuropas nicht im strategischen Interesse der USA liege, bedenkt man die Ursachen zweier Weltkriege. Die militärischen Führer der USA ignorierten ihrerseits die Beweise unverhüllter Aggression und nahmen der serbisch geführten jugoslawischen Armee ihre Propaganda ab, daß jedes Eingreifen den Westen in einen zweiten Vietnamkrieg verstricken werde. In dem von ihnen gewählten Vorgehen wurden sie noch bestärkt durch die privat und öffentlich vorgebrachten Ratschläge Lewis MacKenzies, des früheren UN-Befehlshabers, der zum selbsternannten führenden »Militärexperten« des Westens wurde und eine Intervention ablehnte. Trotz seiner früheren Stellung war MacKenzie nicht neutral. Nachdem er im Rang eines Generalmajors aus der kanadischen Armee ausgeschieden war, trat er in die Dienste einer serbisch-amerikanischen, nationalistischen Organisation, die die serbischen Eroberer unterstützte.

Nachdem sie davon Abstand genommen hatten, eine politische und/ oder militärische Rolle zu spielen, konnten die Vereinigten Staaten ihre Führungsposition nicht wiedergewinnen, und aus der europäischen Diplomatie wurde eine Neuauflage des Völkerbundes. Die einzigen Mittel, die dem Völkerbund zur Verfügung gestanden hatten, Wirtschaftssanktionen und die Nichtanerkennung gewaltsamer Eroberungen, beeindruckten die Diktatoren in den dreißiger Jahren dieses Jahrhunderts nicht. Dem Völkerbund gelang es nicht, den wiederholten Landraub zu beenden, der zum Zweiten Weltkrieg führte – Japans Besetzung der Mandschurei 1931, Italiens Annexion Äthiopiens 1936 oder Deutschlands Einmarsch ins Rheinland im selben Jahr –, und seine Schwäche wird indirekt die Aggressoren ermutigt haben. Nachdem Großbritannien und Frankreich 1938 Hitlers Teilung der Tschechoslowakei zugestimmt hatten, brach der Völkerbund zusammen.

Die Verhandlungen über Bosnien-Herzegowina unter der Schirmherrschaft der UN, die in Genf im *Palais des Nations* stattfanden, dem früheren Sitz des Völkerbundes, verließen sich auf dieselben Mittel und führten zu ähnlichen Ergebnissen.

Die Haltung des Westens gegenüber den Flüchtlingen stellte ein weiteres Déjà-vu-Erlebnis dar. Im Juli 1938 bot Adolf Eichmann, der die »Zentralstelle für jüdische Auswanderung« der Nazis in Wien leitete, einer internationalen Flüchtlingskonferenz im französischen Evian-les-Bains an, das Leben von 180 000 Wiener Juden für einen Preis von 400 Dollar pro Kopf zu retten, oder, falls es keine Interessenten gebe, 200 Dollar pro Kopf. Die Vereinigten Staaten weigerten sich, ihre Einwanderungsquoten zu erhöhen. Andere Länder folgten diesem Beispiel und bereiteten so die »Endlösung« der Nazis für die Juden Mitteleuropas vor.[1]

Im Fall Bosniens öffneten zwar die Vereinigten Staaten und Europa ihre Türen einen Spalt breit, um Überlebende der Konzentrationslager einzulassen, aber die Hauptlast von mehr als 200 000 Flüchtlingen mußte von Kroatien getragen werden. Als Kroatien seine Grenzen schloß, schwieg der Westen. Das war ein Signal für die serbischen Nationalisten, ihren wahnsinnigen Plan weiterzuverfolgen. Wenn es eine Lektion gibt, die die Nachkriegsgeneration, die nun im Westen die Regierung antritt, aus dem Holocaust gegen die europäischen Juden gelernt hat, dann die, daß man nie wieder einen Völkermord in Europa

---

1 Erzählt in *Stella* von Peter Wyden. Steidl Verlag, Göttingen 1992, S. 59–67.

zulassen darf. Ohne die Führung der USA scheint es jedoch keinen Weg zu geben, dies zu verhindern.

Der Grund dafür, daß Hitler 1939 prahlen konnte, niemand erinnere sich mehr an die Vernichtung der Armenier, lag teilweise in Veränderungen der amerikanischen Politik zu Beginn der zwanziger Jahre. Unter dem Druck der Alliierten, insbesondere aber des amerikanischen Botschafters in Istanbul, Henry Morgenthau, erhob die pro-westliche Regierung der Türkei nach dem Ende des Ersten Weltkrieges Anklage gegen Hunderte Nationalisten wegen der Organisierung und Durchführung eines Völkermords gegen schätzungsweise eine Million Armenier. Aber nach einem Regierungswechsel in Washington und mit dem Aufstieg des nationalistischen »Jungtürken« Kemal Atatürk, änderten sich die Prioritäten der Vereinigten Staaten, die humanitäre durch rein ökonomische Interessen ersetzten, als sie sich um einen Anteil an den Ölfeldern des Ottomanischen Reiches bemühten. Da die Wirtschaftsinteressen der USA mit denen Großbritanniens und Frankreichs konkurrierten, wandten sich US-Diplomaten gegen die Verfolgung von Verbrechen gegen die Menschlichkeit mit dem rein juristischen Argument, daß es ein solches Verbrechen im internationalen Recht nicht gebe.

Das große Engagement der USA war ein entscheidender Faktor für die Durchführung der Nürnberger Prozesse nach dem Zweiten Weltkrieg, wobei Morgenthau, damals Franklin Roosevelts Finanzminister, den energischsten Druck ausübte. Aber amerikanische Geschäftsinteressen – man war eifrig bedacht, seine Investitionen wieder hereinzubekommen – übten erheblichen Einfluß darauf aus, die Prozesse gegen führende deutsche Industrielle zu verhindern, obwohl zwingende Beweise vorlagen, daß sie vom Einsatz von Sklavenarbeitern aus den Konzentrationslagern profitiert hatten.[1]

Nach dem Völkermord in Kambodscha ergriff kein Land die Initiative, um Kriegsverbrecherprozesse gegen die Roten Khmer zu fordern, und nach der vietnamesischen Invasion Kambodschas unterstützten die Vereinigten Staaten sogar eine Zeitlang die Roten Khmer finanziell.

Die Erneuerung amerikanischer Führung in Europa impliziert die Anerkennung der Realität, daß die einzige Art, mit Gewalt fertig zu werden, Gegengewalt ist. Der Westen hatte reichlich Gelegenheit, die Bos-

---

1 Christopher Simpson, *The Splendid Blond Beast, Money, Law and Genocide in the Twentieth Century,* New York: Grove Press, 1993, S. 27–37; und Cherif Bassiouni, »The Time Has Come for an International Criminal Court«, *Indiana International & Comparative Law Review,* Bd. 1 Nr. 1, Frühjahr 1991, S. 2–3.

nier ihren Staat und ihr Volk dadurch retten zu lassen, daß er ihnen Waffen lieferte. Nach Ansicht vieler unabhängiger Beobachter vor Ort erforderte die Situation kein Eingreifen des Westens mit Bodentruppen; Bosnien brauchte vielmehr Waffen, um die gewaltige serbische Überlegenheit auszugleichen, und Beistandsgarantien gegen eine Intervention des serbischen Staates. Die westlichen Länder schoben die Entscheidung jedoch hinaus, solange die Verhandlungen andauerten. Als die bosnischen Serben das Ergebnis der Vermittlungen zurückwiesen, kümmerten sich die Vereinten Nationen nicht mehr um ihren eigenen Vorschlag. Großbritannien und Frankreich weigerten sich, das Waffenembargo noch einmal zu überdenken. So ließ der Westen Bosnien im Stich und machte die »ethnischen Säuberer« zum Sieger.

Bei der Entscheidung darüber, wo und wie sie ihre Führung wieder geltend machen sollen, können die Vereinigten Staaten sich auf die erprobten und bewährten Prinzipien stützen, die von der Konferenz für Sicherheit und Zusammenarbeit in Europa, manchmal auch die Helsinki-Prinzipien genannt, erarbeitet wurden. Das KSZE-Forum ist eine der unbesungenen diplomatischen Errungenschaften der Zeit des Kalten Krieges; diese Prinzipien entwickelten sich über einen Zeitraum von fünfzehn Jahren und erleichterten im früheren Sowjetimperium den friedlichen Übergang von der kommunistischen Diktatur zur unerfahrenen Demokratie. Die KSZE-Mitglieder stimmten alle darin überein, sich der gewaltsamen Änderung der Grenzen entgegenzustellen, die Rechte der Minderheiten zu garantieren, die Menschen- und Bürgerrechte westlichen Stils zu achten und den freien Austausch von Waren, Dienstleistungen und Informationen zu gewährleisten. Die KSZE, bei der alle Länder Europas sowie die Vereinigten Staaten und Kanada vertreten sind, vereinbarte im Juli 1992, sich in die höchste Autorität in Europa für Sicherheitsbedrohungen zu verwandeln, mit der Befugnis, militärische Reaktionen durch die NATO oder andere europäische Sicherheitsbündnisse zu autorisieren. Aus dem Plan, der das Pech hatte, während des amerikanischen Präsidentschaftswahlkampfs bekanntgegeben zu werden, wurde nicht viel.

Es wird die Arbeit von Staatsmännern sein, das internationale System nach den ihm eigenhändig zugefügten Schäden der frühen neunziger Jahre wiederherzustellen. Es wird die Aufgabe der Nachrichtenmedien sein, die Staatsmänner zu überwachen und die Regierungen zu beunruhigen. Die Balkankrise zeigt die Grenzen des journalistischen Handwerks auf. 1939 bediente sich Admiral Wilhelm Canaris, der Leiter der deutschen Spionageabwehr, Mittelsmännern, um Großbritannien die Warnung vor Hitlers geheimen Plänen in Polen zukommen zu lassen, aber der Mann, der sie der Botschaft überbrachte, war Louis Lochner, der Leiter des *Associated Press*-Büros in Berlin. Ohne den Namen seines Gewährsmannes zu nennen, teilte Lochner Botschafter Neville Henderson mit, daß die Warnung von jemandem komme, der »hoffe, daß ein Wahnsinniger gebändigt werde«. Aber die britischen Diplomaten waren von ihren fieberhaften Bemühungen, eine Verhandlungslösung für die deutsch-polnischen Spannungen zu finden, rund um die Uhr in Beschlag genommen, und die Botschaft leitete den Text an das Außenministerium weiter mit einer wegwerfenden Notiz, daß die Bemerkungen »interessant« seien, aber zum »privaten Gebrauch« bestimmt und »der für angemessen erachteten Erledigung«. Lochner veröffentlichte sie 1942. Damals wie heute kann der Bote nur die Botschaft überbringen.

In der Balkankrise haben die europäischen und amerikanischen Politiker Zeit vertan, und die Öffentlichkeit abgelenkt, indem sie nach einer Verhandlungslösung suchten, wo keine zu finden war. Um die Besorgnis der Öffentlichkeit zu dämpfen, leugneten sie die offensichtlichen und von den Nachrichtenmedien ausführlich publizierten Fakten. Mit ihrer Behauptung, Aggressor und Opfer seien moralisch gleichzusetzen, revidierten sie Geschichte, um ihre Unentschlossenheit zu vertuschen. Aber eine solche Reaktionsweise hat sich letztlich immer als kurzsichtig herausgestellt. Sie schiebt bestenfalls den Tag der Abrechnung hinaus, wenn auch auf Kosten vielleicht Zehntausender Menschen. Die Führer der westlichen Welt müssen sich nur des Diktums von George Santayana erinnern, daß »wer die Vergangenheit verdrängt, gezwungen ist, sie zu wiederholen«. Die Staatsmänner werden zu entscheiden haben, ob »ethnische Säuberungen«, die zu Europas Vergangenheit gehörten, auch zu seiner Zukunft gehören werden. Früher oder später werden sie sich der Realität Südosteuropas stellen müssen, einer Realität, die außer Kontrolle geraten ist, weil sie es zugelassen haben.

Nachwort

von Tilman Zülch

Europa hat bisher erfolgreich verhindert, daß der Völkermord in Bosnien gestoppt wird. Es versteckt sich hinter Begriffen wie »Bürgerkrieg«, »Bruderkrieg« oder »Religionskrieg« und erklärt die serbische und kroatische Aggression damit zu einer »innerjugoslawischen Angelegenheit«.

»Ihre moralische und humanitäre Hilfe heißen wir willkommen«, schreibt das Internationale Friedenszentrum an die deutsche Friedensbewegung. »Aber wenn es die einzige Hilfe bleibt, dann werden wir alle sterben. Da wir zwischen dem Tod und der Militärintervention wählen müssen, entscheiden wir uns für die Intervention.« Dieser Hilfeschrei aus der bosnischen Hauptstadt wurde von der deutschen Friedensbewegung erst nach Monaten veröffentlicht. Er paßt nicht in ihr Konzept der kategorischen Ablehnung von Gewalt. Ihr Leben steht ja nicht auf dem Spiel. Damit hat die Mehrheit der Friedensbewegten nicht anders entschieden als die Mehrheit der europäischen Parteien, der Kirchen, der Gewerkschaften und der Intelligenz: gegen die Eingeschlossenen von Sarajevo, Goražde, Srebenica und Maglaj. Die Bosnier wurden alleingelassen. Es gab keine Massendemonstrationen jener, die sonst auf den Straßen zu finden sind, keine Aufrufe führender Intellektueller, selten Auseinandersetzungen in den nationalen Parlamenten.

Die Medien, Politiker und Bischöfe verdrängen, verschleiern, tabuisieren: Die »drei Kriegsparteien« im »ehemaligen Jugoslawien« erobern, verhandeln, begehen Menschenrechtsverletzungen. Es wird nicht mehr unterschieden zwischen Angreifern und Angegriffenen, Opfern und Tätern. Es wird verschwiegen, daß Bosnien ein international anerkannter souveräner Staat ist. Die Bosnier kämpfen um ihre letzten Städte und Dörfer, für sie steht auf dem Spiel, für immer vertrieben zu werden – all das wird nicht mehr deutlich.

Europa läßt den Völkermord an den bosnischen Muslimen zu. Alles ist wieder erlaubt, was wir seit den vierziger Jahren – wenigstens von unserem Kontinent – für immer verbannt glaubten: Angriffskrieg, Genozid, Massendeportationen, die Vertreibung eines ganzen Volkes,

Flächenbombardements eingekesselter und ausgehungerter europäischer Städte.

Roy Gutman hat all diese Verbrechen detailliert aufgelistet. Er hat immer wieder Zeichen in der internationalen Berichterstattung gesetzt. Seine Bosnien-Berichte in *Newsday* erreichten weltweites Echo, fanden Eingang in die internationalen Medien, veranlaßten Kollegen aus vielen Ländern, weiter zu recherchieren.

Es besteht kein Zweifel, daß die »jugoslawische« Armee gemeinsam mit serbischen Četnik-Verbänden in weiten Teilen Bosnien-Herzegowinas Genozid begangen hat. Den Außenministerien Frankreichs, der Vereinigten Staaten, Deutschlands und Österreichs liegen jeweils mehrere tausend Zeugenaussagen vor. Menschenrechts- und Hilfsorganisationen wie die *Gesellschaft für bedrohte Völker (GfbV), American Watch,* das internationale Helsinki-Komitee, *Médecins du Monde* und *Médecins sans Frontières* sowie der Sonderbeauftragte der UN-Menschenrechtskommission, Tadeusz Mazowiecki, haben dieses Verbrechen dokumentiert.

Jüdische Organisationen und Persönlichkeiten in Nordamerika wie in Europa haben Parallelen zum Schicksal ihres Volkes gezogen. »Europa hat aus dem Holocaust nichts gelernt«, sagte der letzte überlebende Kommandant der Aufständischen des Warschauer Ghettos, Marek Edelmann, im November 1993 bei einer Bosnien-Kundgebung der GfbV in der Gedenkstätte des ehemaligen Konzentrationslagers Buchenwald. Aufgeschreckt durch die Berichte Roy Gutmans über serbische KZs waren internationale Kamerateams in die Lager Omarska und Trnopolje vorgedrungen. Die Bilder ausgemergelter KZ-Häftlinge weckten Mitleid und Protest. Andere Kommentatoren verbaten sich den Begriff »Konzentrationslager«. Längst wissen wir, daß in den serbischen Konzentrationslagern von Omarska, Trnopolje, Keraterm, Luka Brčko und Foča im späten Frühjahr und Sommer 1992 weit über 10 000 Häftlinge ermordet wurden. Die serbischen Behörden boten im Herbst 1992 den Regierungen Westeuropas 6 000 Überlebende zur Auslieferung an, doch diese verzögerten monatelang die Aufnahme. Als die Gefangenen endlich nach Kroatien entlassen wurden, fehlten 1 000 von ihnen.

Wie in den dreißiger Jahren für Flüchtlinge aus Nazi-Deutschland sind die Grenzen vieler europäischer Staaten für muslimische Flüchtlinge aus Bosnien verschlossen. Ein Drittel der bosnischen Muslime ist bereits über die Welt verstreut. Sie mußten selbst bis nach Israel, Malaysia, Pakistan, Kanada und Australien fliehen.

950 von 1 200 Moscheen in Bosnien-Herzegowina wurden von den Aggressoren dem Erdboden gleichgemacht, darunter befanden sich die

ältesten und schönsten im Osten Mitteleuropas. Alle Zeugnisse dieser 500 Jahre alten muslimischen Kultur wurden systematisch zerstört: Koranschulen, Bibliotheken, historische Altstädte, das bedeutendste orientalische Institut Europas in Sarajevo, selbst die alte »Türkenbrücke« von Mostar. Bosnische Imame und Hodschas wurden mit ihren Gemeindemitgliedern vertrieben, inhaftiert, gefoltert oder ermordet. In alle Winde zerstreut wurde auch die jüdische Gemeinde Sarajevos. Der bosnische Vielvölkerstaat soll zerschlagen werden, der noch immer von Angehörigen aller Nationalitäten und Religionen in den eingeschlossenen Städten Sarajevo und Tuzla verteidigt wird.

Der Vorschlag der EG- und UN-Vermittler Vance und Owen, Bosnien in »ethnisch reine« Kantone zu teilen, hat im April 1993 auch die kroatische Regierung ermutigt, Bosnien anzugreifen. Dies löste neue Vertreibungen und Massenfluchten aus.

Noch einigt der Konsens über die Verdrängung des Völkermordes in Bosnien die deutschen Politiker mit wenigen Ausnahmen. Sie bewältigen die deutsche Vergangenheit mit ständigen Sonntagsreden. Warum beherzigen sie nicht die Mahnung des *American Jewish Congress:* »Wenn das Gedenken an die Holocaust-Opfer uns nicht dazu bewegt, auf das Leiden in Bosnien zu reagieren, welchen denkbaren Zweck soll diese Erinnerung haben?«

Tilman Zülch
Bundesvorsitzender der Gesellschaft für bedrohte Völker (GfbV)
im Januar 1994

GEORG BÖNISCH/
HANS LEYENDECKER

Das Geschäft mit der Sterbehilfe

272 Seiten, Paperback, DM 24,00

*

Hinter der Fassade der Barmherzigkeit
machte jahrelang eine Zyankali-Bande
Geschäfte mit der Sterbehilfe, ihre
Gewinnspanne übertraf die des Drogen-
marktes bei weitem. Skrupellos wurden
Hunderte von Jungen und Alten, Liebes-
kranken und Lebensmüden mit Kalium-
zyanid versorgt. Die geldgierigen Helfer
residierten unter dem Dach der Deutschen Gesellschaft für Humanes Sterben
(DGHS), die mit über 50 000 Mitgliedern weltweit zu den größten Gesell-
schaften im Suizid-Busineß zählt. Soll
Euthanasie, der »gute sanfte Tod« erlaubt
oder verboten sein? Wird zunehmend
Wirtschaftlichkeit zum Maßstab für den
Umgang mit Menschen? Dieses Buch
greift vehement in die Euthanasiediskus-
sion ein, es ist ein Appell gegen das
Geschäft mit dem Mitleid.

Bitte fordern Sie das kostenlose Gesamtverzeichnis an:
Steidl Verlag · Düstere Str. 4 · 37073 Göttingen